초판 1쇄 인쇄 | 2023년 9월 4일
초판 1쇄 발행 | 2023년 9월 11일

지은이 | 정구복
펴낸이 | 박영욱
펴낸곳 | 깊은나무

주　소 | 서울시 마포구 월드컵로 14길 62 북오션빌딩
이메일 | bookocean@naver.com
네이버포스트 | post.naver.com/bookocean
페이스북 | facebook.com/bookocean.book
인스타그램 | instagram.com/bookocean777
유튜브 | 쏠쏠TV·쏠쏠라이프TV
전　화 | 편집문의: 02-325-9172　영업문의: 02-322-6709
팩　스 | 02-3143-3964

출판신고번호 | 제2013-000006호

ISBN 979-11-91979-43-5 (43370)

Prologue

연일 폭염이 쏟아집니다.

수없는 사건 사고가 터집니다.

"오늘, 당신의 하루는 평안합니까?"

"내일, 한국의 학교는 안전할까요?"

지금 우리는 어디로 가고 있습니까? 결코 단 하루의 행복을 보장할 수 없는 오늘, 여기, 우리의 삶 속에서 나는 무엇을 할 수 있을까 자문합니다. 교사가 되고 싶어서 교직에 들어섰고 제자 앞에 부끄럽지 않은 선생으로

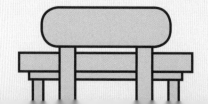

서고 싶었습니다. 그렇게 달려온 세월이 30년을 넘었습니다. 학교에서 많은 학생, 학부모, 동료를 만났습니다. 그 속에 제 삶이 묻어 있습니다.

아침 6시 헐렁한 복장에 큰 가방을 메고 나오는 아이들. 급식을 넘기며 책장에서 떨어지지 않는 시선, 자습실로 향하는 길에 나누는 반가운 인사, 묻고 답하며 배움의 기쁨을 나누는 미소, 경쟁 속에서 서로를 격려하는 몸짓, 자정이 다 되어 처진 어깨를 지탱하며 기숙사로 들어오던 발길……

인천국제고에서 바라본 아이들의 모습이었습니다. 특목고 교사로 근무한 7년은 치열하고 특별함이 있었습니다. 특목고 입시를 기획 운영하고 입학사정관 연수를 진행했으며, 교육개발원 업무로 특목고를 들여다봤습니다. 모든 국제고를 방문했고, 대원외고를 비롯한 외국어고, 용인외고를 비롯한 자사고, 인천과학고를 비롯한 과학고, 경기과학고를 비롯한 영재학교 등 수없이 많은 학교의 교육 프로그램을 봤고, 일부 내용을 평가했습니다. 그런 경험들이 오늘 이 책을 쓰는 자양분이 되었습니다.

이 책은 크게 세 부분으로 구성되었습니다. 특목고의 장점과 고교 선택에서 고려할 사항, 특목고의 현황과 준비사항, 특목고 합격을 위한 전략을 담았습니다.

Chapter 1에서는 특목고 진학이 왜 유리한지와 특목고에서 성공하는 학생의 특성을 기술하여, 특목고 진학을 판단하는 데 도움을 주고자 했습니다.

Chapter 2에서는 고등학교 유형과 고교 선택을 위해 고려할 사항을 설명함으로써, 중학생과 학부모가 고입에서 유의할 점을 살펴봤습니다.

Chapter 3~7은 8개 국제고, 30개 외국어고, 20개 과학고, 8개 영재학교, 10개 전국 단위 자사고의 현황과 특성, 특색 교육활동 및 입시 준비 사항을 서술했습니다.

Chapter 8은 특목고 입시로 자기주도학습전형을 분석하고 자기소개서를 작성하는 방법과 실전 면접에서 필요한 사항을 세세하게 설명하였습니다.

이 책의 자료는 고등학교 홈페이지를 기본으로 학교알리미와 인터넷 정보를 편집한 것입니다. 제 경험을 바탕으로 직접 작성한 것이기에 오류 사항이 있을 수도 있습니다. 특목고의 현주소와 고교입시에 도움을 주고자 노력한 것이니, 부족한 부분에 대해서는 널리 양해를 구합니다. 중 3이 되면, 반드시 지원하는 학교의 홈페이지에서 정확한 정보를 확인하여 불이익을 당하는 일이 없기를 특별히 당부합니다.

부디 이 책이 중학생과 학부모의 특목고 정보 부족과 고입 부담에 도움이 되면 좋겠습니다. 시중에 나와 있는 난잡한 특목고 입시 정보가 정선되길 바랍니다. 이 책이 또 다른 특목고 입시와 사교육을 부추기는 일이 될까 염려됩니다. 특목고 근무 시절 "너희들이 사회에 나가 특목고를 없애기를

바란다." 이렇게 말했습니다. 낡은 일기장을 다시 꺼내듯 그 기억을 떠올립니다. 이 책을 쓰면서 더 벌어진 일반고와 특목고의 차이를 발견했습니다. 특목고가 우리 사회를 갈라치고 양극화하여 불공정한 세상으로 치닫게 하지 않기를 간절히 소망합니다. 특목고는 그들만의 것이 아닙니다. 교육은 우리 모두의 것이고 우리 사회의 희망이어야 합니다.

　인천국제고에서 동고동락했던 그리운 얼굴들이 많습니다. 특별히 윤영선 선생님과 어여쁜 제자들에게 이 책을 바칩니다.

2023년 교사 정구복

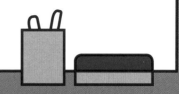

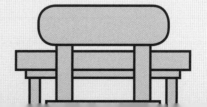

Contents

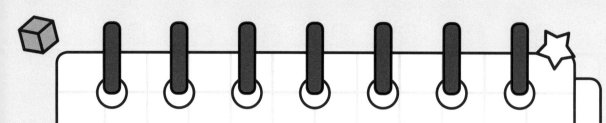

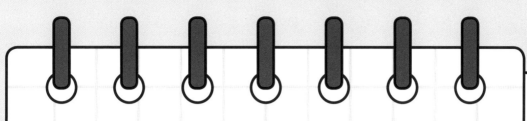

Chapter 8 특목고 합격의 길

국제고   외국어고   과학고   영재학교   자사고

Chapter 1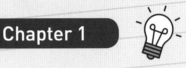

왜, 지금 특목고인가?

① 특목고 진학의 가치

"특목고로 진학해야 할까요?"

"갈 수만 있다면 가야지요!"

"왜, 가야 하는데요?"

"좋으니까요."

"뭐가 좋아요?"

"그걸 일일이 다 말해야 하나요?"

왜, 지금 특목고인가를 묻는다면 답은 간명이다. 특목고 진학이 대학 입시에서 절대적으로 유리하고, 사회에서 우월적 지위를 누릴 수 있기 때문이다. 권력과 부, 명성과 가치의 독점 현상은 심해지고, 기득권층과 앞선 자를 따라가는 것이 불가능해지고 있다. 대학의 서열화가 무너지고 능력이 중시되며 모두가 존중받는 지극히 인간적인 세상이 오지 않는 한, 시간이 흘러도 특목고 쏠림 현상은 해소되지 않고 불평등은 심화될 가능성이 높다.

그렇다면 특목고가 대학 입시에서 얼마나 유리한지 아래 도표를 보자.

〈 2023 서울대 고교별 등록자 기준 Top 10 〉

지역	학교명	수시	정시	합계	고교 유형
서울	서울과학고등학교	55	22	77	영재학교
경기	용인한국외대부설고등학교	24	36	60	전국자사고
경기	경기과학고등학교	46	11	57	영재학교
서울	하나고등학교	42	15	57	전국자사고
서울	대원외국어고등학교	28	25	53	외고
대구	대구과학고등학교	37	6	43	영재학교
서울	세화고등학교	3	40	43	광역자사고
서울	휘문고등학교	3	40	43	광역자사고
광주	광주과학고등학교	38	0	38	영재학교
인천	인천과학예술영재학교	32	1	33	영재학교

위의 도표는 서울대가 정경희(국민의힘) 의원에게 제공한 자료를 베리타스알파가 보도한 내용의 일부를 편집한 것이다. 베리타스알파 보도자료에 의하면 2023 서울대 등록 실적을 기준으로 100위 안에 들어있는 고교를 유형별로 분류하면 영재학교 8개교 335명(18.5%), 광역단위 자사고 19개교 320명(17.7%), 전국단위 자사고 10개교 254명(14.0%), 외고 12개교 201명(11.1%), 과고 7개교 72명(4%), 국제고 7개교 67명(3.7%)이었다. 통계에는 예체능 계열과 특성화고는 제외했다. 고교 유형별 진로 형태가 다르고 학교마다 학생

수(재수생 포함)의 차이가 크기에 단순 숫자로 비교하는 것은 위험하다. 고교의 서울대 합격자는 해마다 변화가 있고 의학 계열 진학자의 특성을 반영하지 않은 자료임을 감안하고 다음 자료를 살펴보자.

영재학교

8개 영재학교는 모두 Top 100에 들었다. 영재학교는 수시 중심의 학교 운영을 하고 정시를 준비하지는 않는다. 정시합격자는 재수생일 가능성이 크다. 한국과학영재학교는 카이스트 부설 학교이기에 서울대보다 카이스트 진학자가 많다는 특성이 있다.

지역	학교명	수시	정시	합계	비고 (신입생 수)
서울	서울과학고	55	22	77	131
경기	경기과학고	46	11	57	127
대구	대구과학고	37	6	43	93
광주	광주과학고	38	0	38	96
인천	인천과학예술영재학교	32	1	33	80
세종	세종과학예술영재학교	31	1	32	89
부산	한국과학영재학교	25	3	28	130
대전	대전과학고	26	1	27	96
8개교 중 8개교		290	45	335	842

자사고

광역 단위 자사고의 등록자를 수시와 정시로 합하면 다음과 같다. 세화고 43명(3명+40명), 휘문고 43명(3명+40명), 중동고 28명(2명+26명), 선덕고 23명 (7명+16명), 보인고 21명(4명+17명), 배재고 18명(5명+13명), 세화여고 15명 (5명+10명), 안산동산고 15명(8명+7명), 현대고 14명(4명+10명), 대건고 13명 (5명+8명), 양정고 11명(2명+9명), 인천포스코고 11명(11명+0명), 충남삼성고 11명(11명+0명), 대전대성고 10명(7명+3명), 신일고 10명(3명+7명), 이화여고 10명(5명+5명), 한가람고 10명(4명+6명), 경희고 7명(7명+0명), 중앙고 7명(4명 +3명) 순이다.

전국 단위 자사고 10개 학교는 아래와 같이 모두 100위 안에 들었다.

지역	학교명	수시	정시	합계	비고 (신입생 수)
경기	용인한국외대부고	24	36	60	370
서울	하나고	42	15	57	203
전북	상산고	4	24	28	344
강원	민족사관고	21	6	27	156
경북	포항제철고	13	9	22	299
충남	북일고	12	8	20	340
울산	현대청운고	2	9	11	185
경북	김천고	9	2	11	253
인천	인천하늘고	6	3	9	230
전남	광양제철고	8	1	9	237
10개교 중 10개교		141	113	254	2,617

외국어고

외고는 30개교 중 12개교가 Top 100에 들었다. 정시보다는 수시에 집중하고 있고 의대와 자연 공학 계열 합격자가 나오기 어려운 구조이며 학교 간, 지역 간 편차가 크다.

지역	학교명	수시	정시	합계	비고 (신입생 수)
서울	대원외국어고	28	25	53	251
서울	한영외국어고	19	7	26	239
서울	대일외국어고	25	0	25	246
서울	명덕외국어고	14	3	17	252
경기	안양외국어고	14	0	14	215
대전	대전외국어고	8	5	13	233
경기	과천외국어고	11	0	11	227
경기	고양외국어고	10	0	10	244
경기	성남외국어고	8	1	9	205
경기	경기외국어고	7	2	9	220
경기	수원외국어고	5	2	7	215
서울	서울외국어고	6	1	7	224
30개교 중 12개교		155	46	201	2,771

과학고

과학고는 20개 학교 중 7개교가 Top 100위 안에 있으며, 전년에 비해 합격자가 줄었다. 의대 진학을 위해 고입에서 우수 학생이 자사고로 유입되는 요인도 있을 것이다. 수시 중심의 교육과정이고 과학특성화대학 진학자가 많다는 것을 고려할 필요가 있다.

지역	학교명	수시	정시	합계	비고 (신입생 수)
서울	한성과학고	13	4	17	145
서울	세종과학고	11	2	13	163
경기	경기북과학고	7	3	10	101
경남	경남과학고	9	0	9	104
부산	부산과학고	6	2	8	95
부산	부산일과학고	8	0	8	90
경남	창원과학고	7	0	7	81
20개교 중 7개교		61	11	72	779

국제고

국제고는 7개교 모두 Top 100위 안에 들었다. 대구국제고는 2024년부터 진학자가 나온다. 정시보다는 수시에 강하다. 국제고 전체 합격자 수는 거의 같고 해마다 성과가 좋은 학교는 차이가 있으나 학교 간의 편차는 적은 편이다.

지역	학교명	수시	정시	합계	비고 (신입생 수)
경기	고양국제고	14	0	14	204
경기	동탄국제고	6	5	11	203
서울	서울국제고	6	3	9	154
인천	인천국제고	7	2	9	137
경기	청심국제고	8	1	9	108
부산	부산국제고	7	1	8	171
세종	세종국제고	6	1	7	104
7개교 중 7개교		54	13	67	1,081

위의 자료를 통해 특목고는 일반고가 따라올 수 없는 성과를 내고 있음을 확인할 수 있다. 더구나 블라인드 평가와 학생 선택을 중시하는 교육과정이 확대되고 절대평가의 과목이 늘어나면 특목고는 입시에서 더 유리해진다. 특목고의 전문 교과와 특화된 프로그램에 우수 신입생 선발 효과와 학생들의 면학 분위기가 강점이다. 특목고는 분명 대학 진학과 진로 선택 시 경쟁력이 있다. 특목고 학생의 전문성과 열정을 대학이 주목하고 있으며, 이에 따라 전공 분야와 유사 학과 진학의 문은 넓어지고 흔들리지 않을 것이다.

일반적으로 특목고 진학의 장점을 정리하면 다음과 같다.

① 특목고에서는 학생의 장점을 특화시킬 수 있다. 집중 몰입 교육은 학생의 특성과 장점을 살려줄 수 있는 학습 환경을 제공한다.

② 특목고에서의 전문 교육은 학생의 경쟁력을 강화시킨다. 특성화된 교육과 교육 프로그램은 대학 진학과 사회 진출 시 경쟁력으로 작용한다.

③ 특목고는 진로 분야와 관련된 다양한 경험과 활동을 제공한다. 연구, 프로젝트, 경시대회, 동아리, 진로활동 등을 통해 경험을 쌓고 역량을 키울 수 있다.

④ 특목고는 특정 분야에 대한 전문 교육을 제공한다. 해당 분야에 대한 깊은 이해와 전문 지식을 쌓을 수 있으며, 미래에 해당 분야로의 진출이 유리하다.

⑤ 특목고에서 인맥을 형성할 수 있다. 비슷한 진로 분야를 가진 학생들의 활동은 특목고 졸업 이후 인맥을 구축하여, 미래에 협력이나 지원을 받을 수 있는 인적 네트워크를 형성한다.

⑥ 특목고는 현 입시 체제에서 대학 진학 시 유리한 점이 많다. 해당 분야에 대한 깊은 관심과 열정을 가진 학생과 학교의 교육적 지원은 대학 진학과 전공 선택 과정에서 유리한 지위를 확보하고 있다.

특목고는 학생들의 창의성 신장 활동으로 4차 산업혁명 시대에 더 큰 경쟁력을 갖추게 될 것이다. 특목고 프로그램은 학생의 창의적인 사고와 문제 해결력을 키우는 활동이 많고 다양하다. 자기 주도적인 학습과 프로젝트 수행을 통해 학생들의 창의성은 신장된다. 학생들은 협업과 자기 관리 능력을 키워 가며 미래 사회가 요구하는 역량을 키워갈 것이고, 그러한 능력은 대학 진학 이후에도 빛을 발하게 될 것이다.

학생들은 좋은 교육환경에서 경험치를 쌓아가며 인맥을 형성하게 된다. 특목고에 진학한 학생들은 비슷한 고민과 관심사를 공유하며 친구, 선후배와 함께 동고동락하는 문화 속에서 생활한다. 대부분의 특목고는 기숙사를 운영한다. 아침 일찍 일어나서 운동과 점호로 하루를 시작하고 공동 식사를 하며 늦은 밤까지 치열하게 살아간다. 멘토-멘티, 동아리 선후배, 동료, 룸메이트 등 돈독한 인간관계도 형성한다. 학창 시절 형성된 인간관계는 명문대 진학에서 그대로 이어져 양질의 정보를 주고받으며 인맥을 쌓아간다.

❷ 특목고에서 성공하는 학생의 특성

특목고 진학이 미래의 성공을 보장하지는 않는다. 오히려 준비가 안 되었거나 자기 주도성이 약한 학생은 실패 가능성이 크다. 체력과 인내심이 부족하고 협업과 소통 능력이 부족한 학생이라면 특목고를 권할 수 없다. 특목고 합격이 중요한 것이 아니라 특목고에서 잠재 가능성을 자아실현으로 연결할 수 있는 준비와 능력을 갖추어야 한다. 특목고 유형에 따라 좀 더 중요한 능력이 있겠으나 여기서는 특목고에서 성공하는 학생들의 일반적인 특성을 살펴보기로 한다.

특목고에서 성공하는 학생은 자기 주도성이 강한 특성이 있다.

특목고에서 절대적으로 필요한 것이 자기 주도성이다. 스스로 학습 계획을 세우고 일정을 관리하며 필요한 정보를 찾아내고 어려움을 해결하려는 의지가 강해야 한다. 생활과 학습 중에 닥친 문제를 해결해 내야 하는 사람은 결국 학생 자신이다. 중학교 때 1등의 경험을 해 본 학생들이 많다. 그런데 그

성적이 부모에 의해 만들어졌다면, 기숙형 학교에서 지속적인 성과를 내는 것은 쉽지 않다. 스스로 공부하는 이유가 있고 자신의 학습 방법을 만들어 가며 성과를 내는 학생들이 있다. 자신의 부족함을 교사와 학생들에게 드러내는 것을 부끄러워하지 않고 하나라도 더 배우려고 노력하는 학생들이 성장한다. 모르는 것을 쌓아 놓고 주말에 집에 가서 학원과 부모와 상의하려는 학생은 분명히 한계가 있다.

특목고에서 성공하는 학생은 학습과 과업을 즐기는 특성이 있다.

비슷한 능력으로 선행학습을 했고 주변의 기대와 응원 속에 저마다 특목고에서 성공하려고 경쟁한다. 쉬운 일은 아니다. 성적 스트레스가 일정 정도를 넘어서게 되고 불안함이 가중되면 집중력을 잃고 아파한다. 자신의 경쟁 대상자가 친구들이 아니라, 자신의 나쁜 습성과 적당주의에 있음을 알고, 자신과 싸워 이겨 내며 현재를 즐기는 학생은 성장해 간다. 중학교 때 전교 최상위권이었는데, 고1이 되어 시험을 보고 크게 당황하여 일반계 고등학교로 바로 전학을 고민하는 학생도 있다. 자신이 공부해야 하는 이유를 자신에게서 찾고 친구들과 함께 공부를 생활처럼 즐기는 학생이 성공한다.

특목고에서 성공하는 학생은 자기 관리 능력과 문제 해결 능력이 뛰어나다.

특목고 생활은 눈을 뜨고 잠을 자는 순간까지 할 일이 많고 생활 자체가 치열하다. 학업과 병행해야 하는 많은 일들을 효율적으로 조절하고 일정을 계획하여 실행해 가는 실천력이 필요하다. 자기 관리와 시간 관리 능력이 있어야 일과 학습에서의 우선순위를 정하고 문제를 풀어갈 수 있다. 성공하는 학생은 새로운 아이디어에 착안하여 복잡한 문제를 해결해 간다. 인내심과 근성으로 포기하지 않고 끈기 있게 노력하여 마침내 문제를 해결하면서 성장한다.

특목고에서 성공하는 학생은 좋은 인성을 가지고 있다.

인간의 일을 인공지능과 로봇이 대신해 주는 세상에서 인성의 중요성은 더욱 강조된다. 혼자 할 수 있는 일은 줄고, 인성의 개념은 개인의 특성이기보다는 사회성에 가깝다. 경쟁하고 있으나 협업을 통해 경쟁력을 키우는 것이 중요한 시대가 되었다. 특목고 생활에서 협력과 소통 능력은 중요하다. 동료 선후배와 협업을 적극적으로 추구하며 타인과 의사소통하며 팀워크를 통해 프로젝트를 수행하는 일이 많다. 공부를 잘하고 싶고 성공하고자 하는 개인적인 욕구만 강하다면 더 큰 어려움에 처할 수 있다. 공부만 잘하겠다는 생각이면 오히려 그 학교 인재상과 거리가 멀 수 있다.

사회에 기여하지 않을 생각이라면 차라리 능력이 없는 사람이 나을 수도 있다. 오늘을 있게 해준 부모님께 감사하고, 자신의 정체성과 삶의 의미를 배우며 실천하는 정신력이 강한 학생이 성공한다. 부모를 떠나 기숙사 생활을 하면서도 자신만을 더 생각하고 존대받으려는 학생, 잦은 감정 변화로 주변 친구들을 불안하게 하는 학생은 가정에서 부모와 함께 집에서 가까운 학교에 다니는 것이 더 좋을 수 있다. 배워서 남 주고, 혜택받고 공부하는 것에 대한 감사함으로 사회와 국가 나아가 인류를 위해 기여하는 사람이 되겠다고 마음을 먹은 학생이 우수 학생이다. 바른 인성과 좋은 습관은 좋은 성적과 행복한 삶으로 이어진다.

❸ 특목고 진학을 위한 준비와 정보 탐색하기

　특목고 진학을 위해 준비해야 할 것은 학업 능력을 키우는 일이다. 특기, 적성, 능력 검사나 진로 탐색 등은 이론적인 수사일 뿐 무엇보다 공부를 잘하는 것이 기본이라고 생각한다. 일반적으로 특목고에 진학하겠다는 목표가 생기면 초등학교 4학년 정도부터 계획을 세워 선행을 시작한다. 먼저 시작했다고 목표 지점에 먼저 도착하는 것은 아니다. 선행학습과 사교육이 필요하다는 것을 강조하는 것이 아니다. 단지 준비하지 않고 닥치면 된다는 식은 통하지 않는다. 학생의 수준과 상황에 맞게 목표를 세워 장기간의 노력으로 학업적 성취를 이루어 내야 한다. 중학교에서 국어, 수학, 영어, 과학 등의 교과에서 좋은 성적을 거두어야 하고 폭넓은 독서는 필수 사항이다. 중학교 과정을 제대로 이해, 심화 학습하지 않고 선행하는 것은 어리석은 일이다. 동시에 중학교 공부에 머물러서는 안 된다. 중학생이지만 고등학교에서 최상위 성적을 거둘 정도의 수학과 영어 공부를 해둬야 특목고 생활이 수월하다.

특목고 진학을 위해서는 진로 탐색을 해야 한다. 특목고 유형이 많기 때문에 자신에게 맞는 학교를 선택하기 위해 중학교 초기에 진로를 탐색하는 것이 좋다. 자신의 관심과 장점을 발견하고 미래 직업에 대해서도 탐색해야 한다. 중학교에서 배우는 교과목 중에서 흥미로운 과목이 있고 좀 더 공부하고 싶은 분야가 생기면 좋은 일이다. 수학, 과학, 언어, 음악, 미술, 체육 등 자신이 특별히 재능이 있는 분야가 있는지, 교과 활동과 체험 학습에서 즐겁게 참여하고 싶은 분야가 있는지 살펴야 한다. 학업, 체험, 문화 활동, 예술 활동 등 다양한 활동에서 자신의 강점을 발굴할 수 있다. 자신의 특기와 적성을 살리는 활동에서 자신감을 키우고 목표를 구체화하는 과정이 필요하다.

특목고 진학을 위해서는 뚜렷한 목표를 정해야 한다. 자신의 관심 분야를 살릴 수 있는 특목고는 어떤 유형인지, 특목고 중에서 어떤 학교에 진학할 것인지, 목표하는 학교는 어떻게 운영되는지, 특목고 진학 후 성공하기 위해서 미리 준비할 것은 무엇인지 등 목표를 세워야 한다. 머릿속에서 정하는 목표가 아니라 꿈을 이루기 위한 노력의 과정, 학습과 생활 속에서 목표를 명확하게 만들어 가야 동기가 부여되고 진학 의지가 커진다. 목표가 정해져야 관심 분야에 대한 열정이 커진다. 특목고는 특별한 목적 달성을 위해 특정 영역의 교육을 강화하는 학교이다.

다양한 활동에 참여하면서 창의성과 문제 해결력을 키워가야 한다. 진학하고자 하는 특목고가 생기면 그 학교에서 이루어지는 활동에 대해 관심을 갖고 정보를 탐색한다. 대부분의 특목고는 예비 신입생을 위한 캠프와 설명회를 개최하고 있다. 특목고에서 진행하는 대외 활동에 참여하여 체험과 경험을 쌓아가는 것이 좋다. 중학교에서는 학업뿐만 아니라 특목고 진학에 도움이 될 만한 동아리 활동, 대회, 대학교 캠프까지도 탐구해 보는 것이 좋다. 특목고에서는 창의성과 문제 해결력이 중시된다. 깊이 있는 탐구와 자신의 관점에서 창의적인 아이디어를 생각해 보는 것이 좋다. 문제 해결을 위한 다양한 관점을 살펴보면서 자신의 접근 방법과 해결 방안을 만들어 보는 습관을 쌓아가는 것이 필요하다.

고등학교의 유형은 다양하고 같은 유형의 고등학교라 하더라도 선발 전형에 차이가 있을 수 있다. 영재학교와 과학고, 국제고와 외국어고, 전국 단위 자사고와 인기 학교의 입시는 중학교 초기부터 준비해도 만만치 않다. 성공적인 고입을 위해서는 우선 지원 희망 학교군의 정보를 입수하는 것부터 시작해야 한다. 그렇다면 어디서 정보를 찾아서 어떻게 준비해야 하는지 차례대로 알아보자.

고등학교와 고입 정보를 알아보는 방식은 다양하다. 가장 기본이 되는 정보는 고등학교 홈페이지와 학교알리미에서 얻을 수 있고 특목고 입시정보를 얻으려면 고입정보포털을 이용하면 된다. 고등학교 홈페이지는 인터넷 포털에서 학교명만 치면 쉽게 접속할 수 있다. 관심을 두고 있는 학교는 학생과 학부모 모두 평소에 시간이 있을 때 이런저런 정보를 부담 없이 클릭하다 보면 그 학교의 기본 정보와 실제 운영 모습을 확인할 수 있다. 입학 정보만을 모아 놓은 곳이 있고, 고입 전형과 세부 사항 및 입시설명회 일정 그리고 문의 사항을 묻고 답변하는 코너가 있다.

고교 입시설명회는 꼭 참석할 것을 권한다. 중3 때 참여하는 것보다는 저학년 때부터 참석하여 학교 현장을 방문해 보고 학교에서 제공하는 다양한 정보를 접하며 학교의 실제 모습도 보고 학교에서 제공하는 입시정보를 미리 접하는 것이 좋다. 단순하게 합격을 위한 정보를 얻기보다는 합격 후 성공적인 고교생활을 위해서 만반의 준비와 실력을 갖추는 것이 더 중요하다. 합격이 눈앞의 목표로 보일 수 있으나 더 중요한 것은 특목고 진학 이후 학생이 원하는 고교생활을 할 수 있도록 능력을 갖추는 일이다.

학교알리미(www.schoolinfo.go.kr) 사이트는 전국 모든 학교의 일반적인 정보를 비교하는 데 도움이 된다. 인터넷 포털에서 학교알리미를 치고 접속해서 몇 번만 살펴보면 필요한 정보를 쉽게 찾아볼 수 있다. 학교알리미 서비스는 교육부에서 정한 공시 기준에 따라 매년 1회 이상 정보를 공시하고 있으며, 학생·교원 현황·시설·학교폭력 발생 현황·위생·교육여건·재정 상황·급식 상황·학업성취 등과 같은 학교의 주요 정보들을 쉽게 확인할 수 있다. 학교 현황과 학업성취도를 보면 그 학교의 대략적인 수준을 가늠해 볼 수 있다.

고입정보포털(www.hischool.go.kr)은 고입 특히 특목고를 준비하는 데 유용한 정보가 거의 다 모여 있다. 지역별 입시정보가 모여 있고, 전형 요강과 입시 일정, 자기주도학습 전형과 선행학습 영향평가, 공지사항 등 공신력이 있는 정보를 제공하고 있다. 영재학교, 과학고, 자사고, 국제고, 외고, 마이스터고 등의 입학 정보를 제공하고 있기에 유튜브나 다른 사이트에 접속하지 않아도 필요한 정보를 모두 찾을 수 있을 것이다.

유튜브와 학원에서 진행하는 특목고 입시설명회는 잘 선택해야 한다. 참고만 하는 정도면 좋겠다. 너무 많은 정보는 오히려 학부모의 걱정을 늘게 하고 결국 유튜브와 업체에서 의도한 그대로 움직일 가능성이 커진다. 특목고 입시를 학생 혼자 준비하는 것은 어렵고, 학교에서 도와주지 못하는 영역도 분명히 있다. 그렇지만 학습의 주도권을 업체에 넘기고 좌지우지하는 것은 장기적인 관점에서 볼 때 결코 좋은 일은 아니다. 입시정보 또한 자기 주도적인 관점에서 준비하는 것이 바람직하다.

국제고 외국어고 과학고 영재학교 자사고

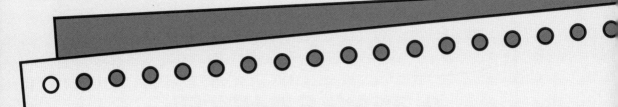

Chapter 2

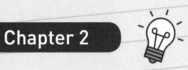

고교 선택이
대학을 결정한다!

❶ 고등학교 유형 살펴보기

　　중학교를 졸업하거나 중학교를 졸업한 사람과 동등한 학력을 인정받으면 고등학교에 입학할 수 있다. 어느 고등학교로 진학하느냐에 따라 대학 진학에 많은 영향을 받게 되므로, 고교 선택은 학부모의 주요 관심사가 된다. 어떤 경우는 미리 고교 진학을 결정하고 이에 따라 중학교 생활을 맞춰가기도 한다. 중학교 생활을 잘해야 원하는 고등학교 진학과 대입에서 유리한 자리를 선점할 수 있다. 따라서 중학생과 학부모는 고등학교 유형과 고교 선택 시 고려할 사항이 무엇인지 고민이 많아진다.

　　고등학교 유형은 크게 볼 때 일반고등학교, 특성화고등학교, 특수목적고등학교, 자율고등학교로 구분할 수 있다. 학생 선발 방법은 시·도 또는 학교 유형별로 차이가 있으므로 주의가 필요하다. 고교 유형과 상세한 내용은 고입정보포털(http://www.hischool.go.kr)을 이용하면 유용한 정보를 얻을 수 있다.

〈고등학교 유형별 현황〉

고교 유형		학교 수	입시 일정	재적 인원(명)	비고
특목고	영재학교	8	6~8월	64,493	• 재적 인원은 3개 학년 총 학생 수임 • 2020년 기준 고교생 약1,337,320명 (중학생 1,315,846명) • 영재학교는 특목고로 분류했음
	과학고	20	9~11월		
	예술고	26	9~10월		
	체육고	17	9~10월		
	마이스터고	52	10~11월		
	국제고	8	12월		
	외국어고	30	12월		
특성화고		489	11월	212,130	
일반고		1649	12월	957,320	
자율고		80	12월	103,200	

일반고등학교

흔히 인문계 고등학교라고 불리고 가장 일반적인 교육을 실시하는 학교이다. 고교 유형 중 가장 많고 공립고와 사립고, 여고와 남고 또는 공학 등으로 분류되어 있다. 지역마다 약간의 차이는 있지만, 중3 12월 중순 정도에 원서를 접수하고 전산으로 추첨 배정하여 다음 해 1월 말경 배정 학교가 발표되고, 배정된 고등학교에서 임시 소집하여 입학과 고교생활을 자세하게 안내한다. 일반고 중에서 과학 중점학교, 예술 중점학교, 체육 중점학교, 영어 중점학교, 창의융합 중점학교 등 특정 과목의 심화 과정을 운영하는 학교도 있다.

일반고 진학자 중에서 중점 학급을 희망한다면, 별도로 희망 원서를 쓰고 고교 입학 후에는 일반 학급으로의 변경이 원칙적으로 불가하다.

특수목적고등학교

특정 분야의 전문적인 교육을 목적으로 설립한 고등학교이다. 과학 계열의 인재 양성을 위한 과학고등학교, 외국어에 능통한 인재를 양성하는 외국어고등학교, 국제 분야 전문가를 양성하는 국제고등학교, 예술인을 양성하는 예술고등학교, 체육인을 양성하는 체육고등학교, 산업계의 수요에 연계된 맞춤형 교육을 운영하는 마이스터고등학교가 이에 해당한다.

특수목적고는 해당 영역에 부합하는 능력을 지닌 학생을 선발하기 위해 학교생활기록부, 자기소개서, 추천서, 면접, 실기 등 다양한 사항을 반영하기에 사전에 정확한 정보를 확인하고 준비하는 것이 필요하다.

특성화고등학교

특정 분야의 소질과 적성 및 능력이 있는 학생을 중심으로 체험 위주의 교육을 전문적으로 실시하는 학교를 특성화고등학교라고 한다. 국어, 수학, 영어, 사회 등과 같은 보통 교과 이외에 농·생명 산업, 공업, 상업 정보, 수산·해운, 가사·실업 등 학교의 특성에 따라 다양한 직업 전문교육을 실시하고 있다. 일반전형과 특별전형으로 나누어 고입 석차 연명부의 내신 성적이나 면접, 실기 등으로 학생을 선발한다.

자율고등학교

다른 고등학교에 비해 학교 교육과정의 자율성을 보장하는 학교가 자율형공립고와 자율형사립고이다. 특히 민사고, 하나고, 용인외고, 상산고 등 전국단위 자사고가 탁월한 대입 실적을 거두고 있어서 학부모들 사이에서 선망의 대상이 되기도 한다. 자율형공립고는 지역에 따라 전산 추첨 방식으로 배정하거나 내신 성적 등으로 선발하지만 자율형사립고는 학교생활기록부, 추천서, 자기소개서, 면접, 실기 등 다양한 방식으로 선발하고 있다. 전국단위 자사고에 관심이 있는 학생은 고입 경쟁과 성공적인 고교생활을 위해 중학교에서도 많은 준비를 해야 한다.

❷ 특목고와 일반고 선택 유의 사항

　중학교는 주거지 중심으로 배정되었지만, 고등학교는 학생이 선택할 수 있기 때문에 생각이 많아진다. 더구나 고교 유형이 다양하고 학교 선택에 따라 고등학교 생활과 대학 진학에 영향을 미치는 요소가 많아 학부모의 고민은 깊어진다. 중학교 입학부터 고교 진학을 염두에 두고 중학교 생활을 설계하는 학부모도 있지만, 대다수 학부모는 자녀의 진로를 계속 고민하다가 중3이 되면 숙제하듯 진학을 결정한다.

　우선 일반고를 선택할 때 고려할 사항부터 살펴보자. 이런 고민을 하는 학부모가 제일 어려울 것이다. 그만큼 고려할 요인이 많고 이것과 저것 모두 선택이 가능한 접점에 있기 때문일 것이다. 일반고 선택을 특목고로 진학할 것인가, 일반고 중에서는 어떤 학교가 더 좋을 것인가로 나눠서 생각해 보자.

일반고와 특목고 중 어디가 더 좋을까?

이 질문에는 자녀의 능력과 특성을 냉정하게 객관적으로 판단하라고 말하고 싶다. 자녀를 있는 그대로 평가하기는 어렵다. 좀 더 긍정적이고 발전적으로 생각하고 싶은 부모 마음은 다 같을 것이다. 우선 자녀의 중학교 성적을 다음과 같이 종합적으로 판단해 보자. 모든 과목 성취평가에서 'A'를 받은 것은 중요하지 않다. 가장 잘했던 한 번의 성적이 기준이 되어서는 안 된다. 보통 20% 이상의 학생이 A를 받는다면 고등학교 성적으로는 2~3등급 정도이다. '전 과목 만점 근처인가, 잘하는 정도가 아니고 전교권 성적인가, 국·영·수·사·과 교과성적 중 특별한 재능과 흥미를 보여 탁월한 능력이 있는가, 많은 독서와 스스로 공부하는 습관이 잘 형성되어 있는가, 중1 때부터 성적이 가파르게 향상되어 중3 현재 최상위권까지 올라왔는가?' 등으로 자녀의 고교 성적을 가늠해 보자. 위와 같은 질문에 긍정적이라면 특목고를 우선 고려해 보자.

다음으로 자녀가 특목고와 일반고 중에서 어디를 가야 대학 진학이 유리할 것인지 판단해 보자. 이는 지금 대학 입시의 방향을 생각하고 결정해야 한다. 지금 생각하고 있는 특목고와 일반고 중에서 어디가 더 대학을 잘 보내고 있는지 비교해 볼 수 있다. 지금은 특목고가 대입 실적이 좋다고 해도 특목고로 쉽게 결정해 버리는 것이 아니라, 내 자녀가 어디로 가야 원하는 대학에 합격할 가능성이 클 것인지 예측해야 한다. 서울 소재 대학의 정시 비중이 높아지고 있으니, 수능 성적이 잘 나오는 학교 또는 국·영·수 과목 1등급 비율이 일정 정도는 나오는 학력 수준이 되는 학교인지를 판단해야 한다. 다음으로 수시에서 교과 전형, 학생부종합전형으로 자녀를 판단해 보자. 교과 전형은 내신 성적이 절대적으로 중요한 입시 전형이다. 즉 일반고로 가서 모든 과목을

1등급(4%/ 100명 중 4등까지)으로 성적을 관리해서 대학에 갈 것인가, 아니면 학생부종합전형으로 특목고에서 일정 정도 등급을 유지하며 비교과 활동으로 진로를 개척할 것인가 등으로 나눠서 비교해 볼 수 있다. 일반고에서 1점대 초반의 성적을 거둔 경우 수시에서 6개의 원서를 쓰는 것을 고려한다면 최상위권 대학에 합격할 것이다. 물론 특목고와 일반고 관계없이 좋은 내신을 거둘 수 있다면 특목고를 권하고 싶다.

끝으로 일반고와 특목고 중 어떤 학습 환경에서 자녀가 더 많은 성장을 할 것인지 생각해 보자. 우선 특목고는 경쟁이 치열하고 학습 분위기가 잘 정착되어 있으며 기숙사 생활이라는 특성이 있다. 자녀가 경쟁하며 치열하게 공부하는 것을 견디며 멘탈 관리를 잘한다면 특목고를 생각할 수 있다. 그리고 부모와 정서적으로 갈등하는 일이 있고 독립심이 강하며 기숙사 생활을 즐길 것 같다면 특목고가 좋을 것이다. 반면 성실하게 주어진 활동을 잘하고 부모와의 유대감 속에 정서적으로 안정되어 있으며 친구들과의 공동생활을 좋아하지 않는다면 일반고가 좋을 것이다. 일반고에서 좋은 성적을 거두고 인정받으며 긍정적으로 자아존중감을 키울 것 같다면 일반고 선택도 나쁘지는 않을 것이다.

일반고 중에서 어떤 학교가 더 좋을까?

이 질문은 다음과 같이 풀어보자. 우선 진학을 고민하는 몇 개 학교의 대입 실적을 비교해 본다. 고등학교 홈페이지나 학교알리미 사이트 또는 주변에서 들리는 이야기, 고등학교 평판으로도 판단이 가능하다. 자녀가 고등학교를 졸업할 즈음의 대학 실적을 가늠해 보기 위해서는 고등학교 교육과정, 학교 프로그램, 교사들의 분위기, 교장과 교감 등 관리자와 진로진학실의 열의, 학교생활기록부 관리 등 다양한 요소로 비교할 수 있다.

다음으로 학교 현황을 고려할 수 있다. 남학교, 여학교, 공학, 사립, 공립, 중점학교, 학년별 학생의 증감, 중도 탈락 학생, 창의적 체험활동 프로그램, 교복, 급식 등 고려할 요인이 많다. 이런 것은 학부모가 관여할 필요가 없고 자녀의 의견을 들어주면 된다. 자녀가 공학이 좋겠다고 하는데 부모가 굳이 나서서 여고 진학이 좋겠다고 하는 등의 고집을 부릴 이유가 없다. 교복이 좋아서 결정하겠다는데, 그런 것은 판단할 요소가 안 된다는 식으로 부모의 의견을 강요하다 보면 사소한 일로 감정이 상할 수 있으니 자녀의 판단을 존중해 주는 것이 좋다.

끝으로 학교의 위치와 생활 지도 등을 살펴볼 필요가 있다. 통학 거리와 교통편을 살펴야 한다. 고교 3년간 다녀야 하기에 날씨가 좋지 않은 날도 고려해야 하고 언덕 위에 위치하여 가파른 길을 걸어야 한다면 이것도 고려 요인이 된다. 그리고 학교가 생활 지도를 잘해서 안전한 학교인지도 세심하게 살펴야 한다. 또한 재학생들의 학교 만족도가 높은지, 학교의 면학 분위기는 어떤지, 학생들의 자치 활동은 활발한지, 학교폭력은 없는지 등을 확인해 볼 필요가 있다.

❸ 특성화고와 마이스터고 진학 고려 사항

특성화고등학교는 1998년 3월 공포된 「초·중등교육법 시행령」 제91조에 따라 운영되는 고등학교의 한 형태로, 특정 분야 인재 및 전문 직업인 양성을 위한 특성화 교육과정을 운영하는 학교로 2012년 이후 모든 전문계고가 특성화고로 통합되었다. 보통 직업교육으로 공업 계열, 농생명산업 계열, 상업·정보 계열, 수산·해운 계열, 가사·실업 계열, 예술 계열, 애니메이션 계열 등 시대 변화를 반영하여 각 분야에 재능과 소질이 있는 학생들에게 그에 맞는 전문적 직업교육을 실시하고 있다.

특성화고로 진로를 고민하는 학생은 지원 희망 학교의 장단점을 정확하게 알고 판단해야 한다. 특성화고 중에서 어떤 학교는 학생들이 선호해서 좋은 성적과 재능이 필요하기도 하지만 성적이 좋지 않은 학생이 모여 안전한 학교생활이 어렵다고 평가받는 학교도 있기 때문이다. 중학교 성적이 아니라 학생의 꿈과 끼를 보고 진로를 결정하라고는 말하지만 실제로는 중학교 성적으로 특성화고를 고민하는 것이 현실이다. 그렇지만 중학교 내신 성적에 따라 특성화고등학교 합격선이 다르고 최근에 인기가 많은 마이스터고는 좋은 성적과 많은 노력이 필요한 학교이기도 하다.

특성화고는 학생이 좋아하는 분야의 공부를 재미있게 할 수 있고, 성실한 생활을 하면 내신 성적을 잘 받을 수 있으며 일찍부터 경제적으로 독립할 준비를 할 수 있는 학교이기도 하다. 지역에 따라 아직도 특성화고에 대한 사회적 편견이 있기도 하다. 특성화고의 장점을 아래와 같이 일부 제시하니 참고해 보자. 그리고 같은 연장선에서 특목고로 분류된 마이스터고의 특성도 뒷부분에 제시했으니 심사숙고하여 결정을 내리고 꿈을 펼치면 좋겠다.

특성화고는 도제교육, 즉 현장 전문교육으로 학교와 기업을 오가면서 일과 학습을 병행할 수 있다

고1 때는 일주일에 하루 정도 연계 기관에서 현장경험을 쌓고 고3 때는 학교보다 더 많은 시간을 현장에서 실습하면서 관련 능력을 연마한다. 매달 일정 정도의 근로 수당을 받으면서 실습에 참여하고 고교 졸업과 함께 참여한 기업에 취업을 할 수 있으며 대학 진학을 희망하면 폴리텍 대학 등에서 무료 학비의 혜택을 받으며 전문학사를 취득할 수 있다. 남학생의 경우 산업기능요원으로 병역특례를 받을 수도 있다. 군 특성화 과정 고등학교에서는 고등학교에서 군의 첨단 기술 분야 전문교육을 이수한 후 졸업과 동시에 입대하여 전문병으로 복무한 후 부사관으로 진출할 수 있다. 예를 들면 IT통신과는 정보통신병으로, 기관시스템과는 기관병으로, 자동차과에서는 상륙장갑차 예비 부사관 등으로 진로를 열어갈 수 있다.

특성화고에서 공공기관이나 대기업 등으로 취업하는 사례가 많았다

정부가 청년의 취업 어려움을 해소하기 위한 고졸 지원 정책으로 특성화고와 마이스터고 졸업 학생에게 공기업과 대기업, 금융권에서 고졸 공채를 제도적으로 보장하고 있다. 이런 이유로 중학교에서 우수한 성적을 거둔 학생들이 특성화고로 진학하는 경우도 많아졌다. 특성화고와 마이스터고에서 성적이 우수하면 학교 추천으로 20세에 대기업, 공기업, 금융권 관련 기업에 입사할 수 있고, 연봉이 쌓이면 25세 이후부터는 대졸 입사 초봉과 비슷하다. 고졸 공채가 활성화되었을 당시에는 공채 선발 인원이 많아 공기업이나 대기업에 입사하는 경우가 흔했다. 그러나 지금은 고졸 공채 인원이 축소되었고, 정책의 일관성을 의심하는 풍조와 특성화고에 대한 부정적인 이미지가 남아 있다. 특성화고 지원은 시대의 변화를 민감하게 반영하고 있음에 유의하자.

대학교 진학을 희망하면 특별전형으로 대입에 응시할 수 있다

특성화고에서 수능 준비를 하여 정시로 좋은 대학에 진학하는 것은 거의 불가능하다. 교육과정이 교과 수업보다는 전문과정이고 정시를 목표로 하는 특목고와 재수생의 비율이 일정 정도 상존하기 때문이다. 그렇지만 수시 특별전형의 경우는 다르다. 일반고 학생들이 지원하는 일반전형과는 달리 특성화고등학교 학생에게만 주어지는 특별전형이 있다. 실제 특성화고 학생의 40% 정도가 대학에 진학하고 있다. 그리고 대학 정원에 비해 대학 진학 희망 학생 수가 적어서 대학 진학 자체만을 목표로 한다면 모든 고교생이 대학생이 될 수 있는 시대가 되었다. 또한 선취업 후학습의 특별전형도 늘고 있다. 고교 졸업과 동시에 취업해서 직업을 갖고 근무하다가 대학 진학을 희망하면, 이런 조건을 갖춘 사람들만을 수시로 뽑는 전형이 있어서 좋은 대학 진학도 가능하다.

특성화고 지원정책이 많다

직업계 고등학교 학생과 고졸 청년 지원 정책의 일환으로 다양한 금융 혜택이 있다. 취업장려금을 받을 수 있고 시중에서 접할 수 없는 금융상품을 이용할 수 있다. 특성화고 학생이면 누구나 받을 수 있는 혜택만이 아니라, 특성화고등학교가 위치한 지역에 따라 자체적으로 주어지는 혜택도 다양하므로 이런 사항에 대해서는 지원하려는 고등학교 설명회 등에서 정보를 얻고 정확하게 확인한 후 지원을 검토해야 한다.

마이스터고에서 명장의 꿈을 키우자

특성화고에 관심이 있는 학생은 마이스터고등학교를 눈여겨볼 만하다. 마이스터고등학교는 유망 분야의 특화된 산업 수요와 연계하여 최고의 교육으로 젊은 기술명장(meister)을 양성하는 전문계 학교이다. 마이스터고등학교는 소질과 적성에 따라 원하는 분야의 전문가로 성장하기를 희망하는 학생을 대상으로 지역 전략 산업이나 산업계와 연계된 유망 분야에 관하여 지식과 실무 능력을 겸비한 미래형 기술 영재를 육성하기 위한 직업 분야 선도학교로 다음과 같이 운영되고 있다. ① 교장을 공모제로 임용하여 학교장의 책임 하에 학교를 운영한다. ② 현장의 기술명장을 교장 또는 교사로 임용할 수 있다. ③ 산업계 수요에 적절하게 탄력적으로 교육과정을 운영한다. ④ 해외 연수 취업이 가능한 실무 외국어 교육을 제공한다. ⑤ 학급 규모를 20명 내외로 한다. ⑥ 3년 단위로 마이스터고등학교 재인증을 받도록 하여 교육의 품질을 보장한다. ⑦ 현장 수준에 맞는 시설과 기자재를 갖추어 활용한다. ⑧ 입학생에게는 학비를 면제해주고 기숙사 생활을 하도록 한다.

아래의 자료는 우리나라 마이스터고 현황이다. 각기 다른 특색과 선발에 차이가 있으므로, 관심 있는 분야가 있다면 직접 학교를 방문하여 정확한 정보를 얻고 능동적으로 진로를 개척하는 것도 좋다고 생각한다.

지역	세부 유형	학교명	설립 구분		학급 총수	학생 총수	학급당 학생 수	교사1인 학생 수
서울	공업고	서울로봇고	공립	공학	24	466	19.4	5.8
서울	공업고	서울도시과학 기술고	공립	공학	21	409	19.5	6.4
서울	공업고	미림여자정보 과학고	사립	여자	18	336	18.7	7.1
서울	공업고	수도전기공업고	사립	공학	30	595	19.8	6.6
부산	공업고	부산기계공업고	국립	남자	45	902	20	7.5
부산	공업고	부산자동차고	공립	남자	18	352	19.6	6.9
대구	공업고	경북기계공업고	공립	남자	45	879	19.5	6.9
대구	공업고	대구일 마이스터고	공립	공학	18	339	18.8	6.5

인천	공업고	인천전자 마이스터고	공립	공학	24	465	19.4	5.7
광주	공업고	광주소프트웨어 마이스터고	공립	공학	14	241	17.2	5.1
대전	공업고	대덕소프트웨어 마이스터고	공립	공학	12	233	19.4	6.3
대전	공업고	동아마이스터고	사립	남자	30	589	19.6	7.5
울산	공업고	울산마이스터고	공립	남자	18	351	19.5	6.4
울산	공업고	울산에너지고	공립	공학	20	358	17.9	6.2
울산	공업고	현대공업고	사립	공학	18	346	19.2	6.7
경기	공업고	수원하이텍고	공립	공학	24	478	19.9	7.2
경기	공업고	평택기계공업고	공립	공학	26	483	18.6	6.9
강원	공업고	삼척마이스터고	공립	공학	12	229	19.1	5.9
강원	공업고	한국소방 마이스터고	공립	공학	13	146	11.2	4.2
충북	공업고	충북에너지고	공립	공학	17	276	16.2	6.9
충북	공업고	충북반도체고	공립	공학	19	349	18.4	7
충남	공업고	연무대기계 공업고	공립	공학	15	278	18.5	6
충남	공업고	공주마이스터고	공립	공학	12	231	19.3	6.8
충남	공업고	합덕제철고	공립	남자	16	277	17.3	6.4
전북	공업고	전북기계공업고	국립	공학	39	761	19.5	6.4
전북	공업고	군산기계공업고	공립	남자	21	420	20	6.6
전남	공업고	여수석유화학고	공립	공학	17	296	17.4	5.9
경북	공업고	구미전자공업고	국립	공학	42	821	19.5	6.8

경북	공업고	금오공업고	공립	남자	30	593	19.8	6
경북	공업고	한국원자력 마이스터고	공립	남자	12	231	19.3	5.8
경북	공업고	포항제철공업고	사립	남자	29	540	18.6	6.3
경남	공업고	거제공업고	공립	남자	24	467	19.5	7.2
경남	공업고	한국나노 마이스터고	공립	공학	13	207	15.9	5.9
경남	공업고	삼천포공업고	공립	공학	15	293	19.5	6.7
대구	농림 업고	대구농업 마이스터고	공립	공학	21	345	16.4	6.3
충북	농림 업고	한국바이오 마이스터고	공립	공학	20	358	17.9	6.2
충남	농림 업고	한국식품 마이스터고	공립	공학	10	179	17.9	6
전북	농림 업고	김제농생명 마이스터고	공립	공학	16	248	15.5	5
전북	농림 업고	한국경마축산고	공립	공학	6	100	16.7	4.8
전남	농림 업고	전남생명과학고	공립	공학	17	251	14.8	4.7
경북	농림 업고	경북식품과학 마이스터고	공립	공학	9	170	18.9	5.3
대구	상업고	대구 소프트웨어고	공립	공학	9	179	19.9	6
경기	상업고	경기게임 마이스터고	공립	공학	15	202	13.5	4.9
전남	상업고	한국항만물류고	공립	공학	15	277	18.5	6.6

경북	상업고	한국국제통상 마이스터고	공립	공학	5	60	12	5
전남	상업고	완도수산고	공립	공학	15	240	16	5.7
광주	실업고	광주자동화설비 공업고	공립	공학	12	239	19.9	5.8
강원	실업고	원주의료고	공립	공학	18	350	19.4	6
부산	해양고	부산해사고	국립	공학	24	450	18.8	7.4
인천	해양고	인천해사고	국립	공학	18	345	19.2	6.8

*2020년 특목고 자료를 편집한 것으로 실제 차이가 있을 수 있으므로 진학을 희망하는 학생은 직접 확인해야 함

국제고　외국어고　과학고　영재학교　자사고

Chapter 3

국제고 가는 길

❶ 국제고의 현황과 특성

　　국제고는 8개교 3,408명으로, 신입생은 1,202명 선발했다. 선발인원은 정원외 전형과 특례전형에 따라 해마다 약간의 변동이 있다. 7개교가 공립이고 청심국제고만 사립이다. 국제고의 지역별 분포와 현황은 아래와 같다. *2023년 5월 정보 공시 자료집계 기준

지역	학교명	구분	설립년도	학급 수	학생 수				교원 총원	교원 1인당 학생 수
					신입생	총원	여학생	학급당		
서울	서울국제고	공립	2008	18	154	417	317	23.2	74	7.3
부산	부산국제고	공립	1998	24	171	491	343	20.5	68	8.8
대구	대구국제고	공립	2021	18	121	302	215	20	54	6.2
인천	인천국제고	공립	2008	18	137	404	274	22.4	60	8.1

세종	세종국제고	공립	2013	15	104	295	237	19.7	51	6.9
경기	고양국제고	공립	2011	24	204	600	452	25.1	75	9.2
경기	동탄국제고	공립	2011	24	203	587	448	24.5	73	9.5
경기	청심국제고	사립	2006	12	108	312	184	26	30	12.5
8개교 합계 또는 평균				153	1,202	3,408	2,470	22.68	60.63	8.56

8개 국제고 모두 기숙사를 운영하고 있고 학교 간의 편차가 적은 편이며 교육과정과 교육 여건이 양호하다. 학교 규모가 크지 않고 교원 1인당 담당 학생 수가 적으며 원어민 교사를 포함하여 우수한 교원을 확보하고 있다. 학교 프로그램이 다양하고 학생 중심의 선택적 교육활동이 많아 대입 수시와 정시 모두에서 양호한 성과를 나타낸다. 자세한 내용은 학교 홈페이지나 대입 정보 포털 등에서 확인할 수 있다.

부산국제중과 부산국제고, 청심국제중과 청심국제고가 같은 공간에 있어서 연계 교육을 하면서 국제고등학교는 각 지역에서 특별한 지위를 누리고 있었다. 특히 초창기에 청심국제고는 재단의 전폭적인 지원으로 해외 명문대 진학의 대표주자로 명성을 떨쳤다. 이후 서울국제고와 인천국제고가 명맥을 이어받았고, 동탄국제고와 고양국제고가 동시에 개교하여 해외에 나가지 않고도 국제전문가를 양성할 수 있다는 가능성을 보였으며, 2013년 세종국제고에 이어 2021년 대구국제고가 개교하면서 8개 학교로 운영되고 있다.

전국 공립 국제고는 연합학술제를 통해 국제고의 특수성 및 전문성을 심화시키고 있다. 교육적 가치를 지닌 대주제를 선정하고 학교별로 주제 발표자와 논평자, 토론자가 나서 모든 원고를 영어로 작성하고 모든 일정을 영어로 진행하며 국제고의 단합과 위상 강화에 기여하고 있다.

국제고의 교육과정은 총 이수 단위 204단위=교과(군) 180단위+창의적 체험활동 24단위(408시간)이었다. 2022 교육과정(고교학점제)에 따라 편성 단위와 용어의 변화가 있지만 국제고의 특성을 이해하는 데는 다음 내용을 참고하면 된다.

교과(군)의 총 이수 단위 180단위 중 보통교과는 85단위 이상, 전공 관련 전문 교과Ⅰ을 72단위 이상 편성한다. 전문 교과Ⅰ의 국제 계열 과목과 외국어 계열 과목을 72단위 이상 이수하되, 국제 계열 과목을 50% 이상 편성해야 한다. 국제 계열 과목은 국제고의 특성을 나타내는 과목으로 국제 정치, 국제 경제, 국제법, 지역 이해, 한국 사회의 이해, 비교 문화, 세계 문제와 미래 사회, 국제 관계와 국제기구, 현대 세계의 변화, 사회 탐구 방법, 사회과제 연구가 있고, 여기에 학교에서 자체 개발한 교과와 교재를 활용한다.

국제고는 국제 교육과 다문화적인 환경을 중심으로 국제 관계 이해력, 다문화 이해, 외국어 능력, 글로벌 리더십을 키우기 위해 국제 교육과정을 제공한다. 국제적인 교육 체계와 국제 교육 표준을 반영하여 국제 이슈, 문화 이해, 글로벌 경제, 국제 정치 등 다양한 주제를 다루는 국제 교육 과목을 수강하게 된다. 외국어는 기본이다. 실제 외고 학생보다 영어를 더 잘하는 학생들이 상당수가 있다. 언어 능력 향상을 위한 교육 프로그램을 제공하여 국제적인 환경에서 원활한 의사소통을 할 수 있는 능력을 갖추게 한다. 그리고 해외 연수나 국제 프로그램을 통해 국제적인 경험을 쌓을 기회를 제공한다. 해외 대학이나 고등학교와의 교류 프로그램, 국제 학술 대회, 유네스코 협동학교, 해외 기관이나 외교 기관과의 교류 등으로 국제 사회를 이해하고 국제 전문가가 될 수 있는 소양을 키워준다.

❷ 국제고 운영과 특색 교육활동

서울국제고등학교

- 학생 수 : 417명(남 100명, 여 317명)
- 교원 수 : 74명(남 23명, 여 51명)
- 주소 : 서울특별시 종로구 성균관로13길 40(대표번호 02-743-9385)

　서울국제고는 지·덕·체를 겸비한 국제 전문 인재 육성을 교육 목표로 하여, 우리 문화에 대한 깊은 이해와 세계 문화에 대한 열린 가치관 함양, 국제 사회와 관련된 기본적인 지식과 국제적인 감각 함양, 국제기구 및 지역 전문가로서 갖추어야 할 의사소통 능력 배양, 지역 사회와 세계 평화를 위한 봉사 정신 함양, 지성, 인성, 창의성을 갖춘 글로벌 리더십 함양을 교육 방침으로 제시하고 있다.

서울국제고는 우리나라 교육부 산하 고등학교로서는 최초로 국제교육과정 인증 'WASC'를 받았다. WASC(Western Association of Schools and Colleges)는 미국 서부 교육기관 연합체로 미국 서부뿐만 아니라 아시아 및 전 세계 학교들 중 우수한 교육환경과 교육의 질을 확보하고 인증제에 지원한 학교들을 방문하여 이 학교들의 교육과정을 인증하고 교육활동에 대한 자문 활동을 전개하는 기관이다. Stanford University, University of California, Berkeley, UCLA(University of California, Los Angeles)를 비롯한 4년제 대학교와 2년제 전문학교, 중·고등학교 등 약 4,500개의 학교가 WASC로부터 교육과정과 교육활동 전반에 걸쳐 인증 및 컨설팅을 받고 있다. WASC 국제 인증은 서울국제고등학교가 신뢰성 있는 교육기관이라는 것을 증명하고 교육프로그램의 우수성을 입증한 것이라고 할 수 있다.

역점과제 및 실천 방안으로는 개인형 맞춤식 진로·진학 교육, 성장과 발달을 돕는 과정 중심 평가, 의사소통 중심의 외국어교육 및 Bilingual Education 활성화, 교원 전문성 신장을 위한 원어민과의 1대 1 영어회화 연수 및 수업 공개, 독서·토론·논술 교육 및 도서관 운영 활성화, 국제 인재 양성을 위한 창의 융합 과학교육 내실화, 문화·예술·체육교육 활성화를 위한 1인 1기 프로그램과 태권도 교육 등을 제시하여 학생 자치와 실력향상을 위해 노력하고 고 있다. 1인 1기에 의해 학생들은 1학년 때 모든 학생이 태권도를 하고 있고 많은 학생들이 수준급 이상의 음악적 재능을 갖추며 예술적 소양과 심신의 건강을 도모하고 있다.

2023학년도 교육과정 편성을 보면 1학년 이수학점은 총 192학점이며 교과(군) 174학점, 창의적 체험활동 18학점(306시간)으로 편성하였다. 보통 교과의 공통과목을 개설하여 선택과목 이수 전에 모든 학생이 이수하고 학생의 학기당 이수 과목 수는 학습 부담을 적정화하고, 의미 있는 학습 활동이 이루어질 수 있도록 편성하였다. 전문교과Ⅰ의 국제계열 과목과 외국어 계열 과목을 72단위 이상 이수하되 국제계열 과목을 50% 이상 편성하고 학기 당 17회 중 1회의 수업을 학교 특성 및 학생들의 교육적 요구를 반영한 프로그램으로 편성하여 자율적으로 운영한다. 국제적으로 공인받은 교과목 및 학교의 교육목적에 필요한 교과목을 자체 개설 및 편성하여 AP Calculus, AP Micro-Economics, AP Macro-Economics, AP Human Geography, AP Modern World History 등 AP(Advanced Placement) 과정을 편성 운영하고 있다.

또한 학교 교육 목적을 달성하기 위해 자체 개발한 국제화 시대의 한국어, 퍼블릭 스피킹과 프리젠테이션, 영어 비평적 읽기와 쓰기, 수학적 사고와 통계, 사회 과학 통계학, 현대사회와 철학, 전통예술과 사상, 세계지역연구, 비교문화 등과 교양 교과목으로 논술(3학년), 철학(2학년), 제2외국어(스페인어, 중국어, 프랑스어) 등을 편성하였다. 창의적 체험활동으로는 학교 적응 활동, 영어 소통 능력 기르기(1학년), 1인 1기 예술문화교육(1학년), 주제 탐구형 소집단 공동 연구(2학년), 진로(2학년), 보건(3학년) 등을 편성하여 학생들에게 국제적인 안목을 길러주고 다양한 학습 욕구를 충족시키는 특색 있는 교육과정으로 국제고의 중심 역할을 수행하고 있다.

부산국제고등학교

- 학생 수 : 491명(남 148명, 여 343명)
- 교원 수 : 68명(남 22명, 여 46명)
- 주소 : 부산광역시 부산진구 백양관문로 105-70(대표번호 051-890-8305)

부산국제고는 우리나라 최초의 국제고등학교로 학생의 국제적 역량을 강화하기 위한 노력과 해외의 많은 자매 학교를 보유하고 있다. 바른 인성과 알찬 실력을 갖춘 글로벌 창의융합 인재 육성을 위해 학생 성장을 중심에 두는 BIHS 교육에 매진하고 있다. BIHS의 내용은 삶의 지혜를 익히는 창의융합 교육(Beyond Knowledge), 글로벌 리더십을 함양하는 세계시민 교육(International Mindset), 21세기를 선도할 미래인재를 기르는 핵심역량 교육(Highly Capable Education), 소통과 배려로 더불어 사는 사회공헌 교육(Social Contribution)이다.

　　또한 국제 계열 전문교과 중심의 교육과정을 편성하고 있다. 외국어 교과로 심화 영어 회화, 영어 비판적 읽기와 쓰기, 영어 작문과 토론, 심화 영어 작문 이외에도 일본어, 프랑스어, 스페인어, 중국어 독해와 작문 외 회화를 편성하여 발표 토의 토론 독서 활동 중심의 수업을 진행하고 있다. 철학 교과로 현대사회와 철학, 서양의 철학과 사상, 현대사회의 윤리적 쟁점, 비판적 사고와 철학을 개설하였다. 역사 교과로는 세계 문명사, 세계 역사와 문화, 현대사회의 이해, 현대 세계의 변화 수업이 준비되어 있고 사회과학 교과로는 국제법, 국제관계와 국제기구, 국제 정치, 국제 경제, 미시경제학, 거시경제학, 인문 지리, 지역 이해, 세계문화 지리, 사회탐구 방법, 사회과제 연구 등 국제 전문가를 양성하기 위한 교과가 준비되어 있다.

　　사회탐구 방법 및 과제 연구의 경우 사회과학 연구의 기본이 되는 방법론을 학습하고 실제 연구를 경험함으로써 창의력과 문제해결력을 키우게 된다. 학생들은 진로와 연계한 창의적인 주제를 선정하고 계획서 작성, 연구 실행, 보고서 작성의 과정을 거치면서 사회 문제를 보는 관점과 입장을 세우면서 보고서를 작성하고 발표하는 능력을 키운다.

　　부산국제고는 글로벌 리더십 함양을 위해 세계시민 교육을 위해 힘을 쏟는다. 외국 학생들을 초청하여 인류의 과제에 대한 주제 발표와 토론, 질의와 응답 등의 전 과정을 영어로 진행한다. 그리고 외국인 전형으로 다수의 학생이 입학하는데 그중 중국 학생이 15명 이상 입학하여 생활하고 있다. 이는 부산국제고의 차별화된 특성이지만 동시에 많은 과제를 안고 있다.

독서교육과 사회공헌 교육 봉사활동에도 많은 관심을 쏟고 있다. 책을 읽고 강의를 들으며 토론하면서 창의성과 문제해결력을 키워가고 있다. 오랜 전통을 갖고 있어서 선후배가 연계한 활동과 동아리가 활성화되어 있고 1인 1기와 체육 활동으로 예체능 활동에도 열의를 보인다. 전통이 깊은 만큼 새로운 도전에 발 빠르게 대응하고 더 높이 비상하기 위한 학교 구성원의 노력도 동시에 필요하다.

대구국제고등학교

- 학생 수 : 302명(남 87명, 여 215명)
- 교원 수 : 54명(남 18명, 여 36명)
- 주소 : 대구광역시 북구 도남길 77(대표번호 053-235-6597)

대구국제고는 국제고 폐지의 논란 중에도 2021년 80여 명의 학생으로 개교하여 2023년 121명의 신입생을 선발, 국제고의 8번째 주자로 우뚝 섰다. 국제고의 막내라고 하지만 기존 국제고의 교육과정과 프로그램의 우수성을 벤치마킹하며 학교 구성원의 열정으로 발전이 기대되는 학교이다.

'다 함께 행복한 세상을 이끄는 세계인으로 성장한다'는 교육목표를 갖고 인류애(humanity)와 글로벌 마인드 셋(Global Mindset)을 기반으로 '세계인은 어떻게 행동해야 하는가?'라는 궁극적 질문에 대한 고민과 아이디어를 가지고 세상으로 나아가는 인재를 양성하려는 포부를 갖고 있다.

이러한 비전을 이루기 위해 대구국제고는 '서로 다른 가치를 공존할 수 있는가?' '발전은 지속 가능한가?' '무엇이 인간을 행동하게 하는가?' '우리는 어떤 세상을 원하는가?'라는 네 가지 핵심 질문을 '혼자서 혹은 다 함께' 끊임없이 탐구하는 기회를 제공하고 있다. 이러한 핵심 질문에 학생들의 생각을 키우기 위한 도구 개발에 힘을 쏟고 있다. 국제적으로 인증받는 IB 디플로마 프로그램, 독서 언어 프로젝트, 정책 제안과 사회 참여 프로그램, 독서 등에 교육력을 집중하고 있다. 학생 주도 탐구 활동, 개념 중심 융합 교육, 경험과 실천을 통한 학습을 바탕으로 한 다양한 주요 교육활동이 운영된다.

세상을 변화시키는 정책 아카데미도 특색이 있다. 학교를 변화시키는 정책 아이디어 제안으로 학생회 활동, 지역을 변화시키는 정책 아이디어 제안으로 모의 지방의회, 국가를 변화시키는 정책 아이디어 제안으로 모의국회, 세계를 변화시키는 정책 아이디어 제안 모의 UN을 내실 있게 운영하고자 노력하고 있다.

학교 운영 중점 사항으로는 국제 계열 특목고의 교육과정 모델을 제시하려 노력하고 있다. 그중 아시아권 외국어 과목(중국어, 베트남어, 러시아어) 개설이 특이하다. 또한 교과와 유기적으로 연계된 창의적 체험활동을 설계하고 운영하여, 배운 것을 실천하는 교육과정의 새로운 모범 사례를 창출하려 한다. 강력한 전공 적합성을 키우기 위해 국제 계열뿐만 아니라, 경상 계열, 사회과학 계열, 미디어 및 환경 계열 등 다양한 진로에 적합한 진로·진학 로드맵을 준비하고 있다.

다양한 지식을 심도 있게 탐구하여 융합하고, 배운 것을 지역과 국제 사회에서 실천하는 학습자를 길러내는 데 차별성을 두는 학교로 성장하는 꿈을 키우고 있다. 이를 위해 두 가지 이상의 학문 분야를 융합한 과목을 편성, 또는 과목 간 연계로 융합 가능성이 높은 과목을 적극 편성(경제 수학, 실용 통계, 창의융합 과제연구, 미술 창작 등)하였고, 현대사회의 문제를 이해하고 해결하는 데 필요한 정보 통신 과목을 학교 지정 과목으로 편성하고, UN 지속가능 발전목표(UN–SDGs)를 중심으로 각 교과의 수업 내용을 재구성하여 운영(정보, 인공지능 기초, 사회과제 연구, 사회 탐구 방법, 심화 영어 작문 I 등)하고 있다.

대구국제고가 표방한 지역 명문고로 자리매김하고 설립목적에 부합하는 명실상부한 국제고로 발전하는 모습을 지켜보는 것도 흥미로운 일이다.

인천국제고등학교

- 학생 수 : 404명(남 130명, 여 274명)
- 교원 수 : 60명(남 28명, 여 32명)
- 주소 : 인천광역시 중구 영종대로277번길 74-40(대표번호 032-745-4500)

인천국제고는 '가슴으로 세계를 안고 세계로 웅비하는 글로벌 인재 양성'을 목표로 국제고의 르네상스를 열기 위해 매진하고 있다. 학교가 제시한 'LIGHT'의 개요는 다음과 같다.

① 배움과 나눔을 실천하는 Leadership을 위해 자치 역량 함양 자치활동, 함께 성장하는 동아리활동, 지식 행복 나눔 봉사활동에 힘을 쏟고 있다. ② 세계와 미래 사회를 탐구하는 Intelligence를 위해 국제 계열 교육과정 이외에 진로 전공 심화 선택, 대학 연계 무학년 자유 선택 과정을 운영하고 있다. ③ 세계적 안목으로 공감하는 Global Mind를 위해 글로벌 소통역량 함양 외국어 교

육, 국제 교류, 지속 가능한 세계 시민 교육을 실시하고 있다. ④ 인간다움과 가치를 내면화하는 Humanity를 위해 인간 가치 탐색, 인간 가치 나눔, 인간다운 삶을 실천하고 있다. ⑤ 자율적 창의적 연구를 수행하는 Talent를 위해 문제해결 능력 프로젝트 학습, 진로 전공 탐색(CAN), 창의적 연구 학술 활동 프로그램을 내실 있게 운영하고 있다. 각 영역의 활동을 공동체 역량, 학업 역량, 소통 역량, 자기주도 역량과 연결하기 위한 구체적인 계획과 로드맵을 제시하고 있다.

인천국제고는 교육과정과 교육활동에서 학생의 참여와 선택을 보장한다. 교육과정 180단위 중 선택 107단위로 59.4%를 학생이 선택할 수 있다. 그리고 서울대학교 협력형 자유 선택과목을 최대 4과목(과목당 3단위, 총 12단위)까지 추가로 선택할 수 있다. 서울대학교와 MOU를 맺어 서울대학교, SUNY, UIC, Leipzig Uni. 등의 박사진으로 구성된 강사들을 초빙하여 양질의 수업을 제공하고 있어 학생의 역량 강화와 대입 실적에도 경쟁력을 보여줄 것으로 기대된다. 서울대와 협력하여 개설하는 전공 무학년 자유 선택 과정 체계는 다음과 같다.

1학년 2학기에 전공 교양으로 대학 교양 강좌 수준의 강의 수강으로 학업 역량의 극대화를 추구한다. 2학년 1학기에는 전공 심화 과정으로 무학년제로 선배들과 함께 수강하면서 열정적인 학업 의지와 도전정신을 함양한다. 2학년 2학기 전공 교양에서는 대학교 전공 강좌 수준의 강의로 고급 글쓰기, 역사 원전 읽기, 서양의 철학과 사상, 예술과 미적 경험에 대한 철학적 이해, 소비하는 인간, 고급 영어 토론과 작문, 세계 문화 이해, 대중문화산업과 한류 등을 선택하여 학업 역량을 키운다. 3학년 1학기 전공 심화 과정에서는 다 전공과 관심 분야를 확장을 위해 비교언어학, 역사 탐구, 철학 원전 읽기, 예술사, 정치학 개론, 고급 경제학, 사회학 개론, 영미문화, 상호 문화 이해, 미디어 읽기 등을 학습할 수 있다.

또한 국제교류와 세계 시민적 소양을 갖추기 위한 다양한 프로그램을 운영하고 있다. 'Discussion Agora'는 원어민 교사와 함께 하는 사회과학 관련 텍스트를 함께 읽고 주제 토론을 하는 프로그램이고, 'Individual Research'는 개인 연구를 통해 진로의 방향성을 고민하는 기회를 부여하는 '개인 연구 보고서 작성(영어)' 프로그램이다. 'Global Impact'는 매년 1학년을 대상으로 10월 중 2주간 실시하는 해외 대학 탐방 및 미국 고등학생들과의 공동수업, 유적 답사 및 자연 학습을 통한 능동적인 문화 체험 프로그램이다. 그리고 UNESCO 협력 학교로 국내·외 유네스코 학교 간의 교류를 통해 학생들의 자기 개방성과 공감 및 배려를 통한 관계 형성을 통한 소통역량 증진 프로그램을 실행하고 있다.

인천 국제 공항과 백운산을 끼고 있는 교육 환경에서 특화된 프로그램으로 학교 구성원 모두가 힘을 모아 제2의 전성기를 열어가려는 인천국제고의 힘찬 도약을 기대해 볼 만하다.

세종국제고등학교

- 학생 수 : 295명(남 58명, 여 237명)
- 교원 수 : 51명(남 24명, 여 27명)
- 주소 : 세종특별자치시 달빛1로 251(대표번호 044-410-0505)

세종국제고는 '세계를 선도하는 조화롭고 품격 높은 글로벌 리더 육성'을 교육목표로 2013년 국제고의 후발 주자로 출발하여 명실상부한 국제고의 중심으로 자리매김하기 위해 노력하고 있다. 세종과학예술영재학교와 나란히 위치하여 국제고가 없는 지역의 인재를 영입할 수 있다는 지리적 특성이 있고, 정부와 지자체 등으로부터 충분한 지원을 유인할 가능성을 지니고 있다.

'세계를 품고 네 꿈을 펼쳐라!(Embrace the World, Expand Your Dreams!)' 라는 교훈 아래 자신의 진로와 삶을 스스로 준비하고 개척해 나가는 자주인 (Self-directed person), 다양한 지식과 경험을 융합하여 새로운 것을 창출해 내는 창의인(Creative person), 공감과 심미적 감성을 바탕으로 인문학적 소양을 쌓아나가는 품격 있는 문화인(Cultivated person), 세계 시민으로서 다양한 가치를 존중하고 배려와 나눔을 실천하는 공동체 역량을 지닌 세계인 (Global-minded person)을 양성하는 것을 목표로 하고 있다.

자주인 육성
① 다양한 심화 교과 개설 및 역량 개발 프로그램 활성화
② 1인 1과제 연구로 창의적 발상과 논리적 사고력 함양
③ 창조적 지성을 기르기 위한 학술제와 창의적 체험활동 운영

창의인 육성
① 다양한 문화·예술 체험 프로그램을 통해 문화·예술적 감수성 고취
② 국악 오케스트라 운영을 통한 우리 문화의 우수성 함양
③ 1인 1악기 교육을 통한 전인교육 프로그램을 운영

문화인 양성
① 국제 교육 과정 운영 및 다양한 영어 동아리 활성화
② 국제 문화 교류를 통해 외국 학교와 상호 방문 및 소통

③ 해외 문화 체험을 통한 다문화 이해 및 세계 시민의식 함양

④ 세계시민으로 성장하며 국제 문제 해결에 적극 참여

세계인 양성

① 1인 1스포츠 교육을 통한 건전하고 건강한 학교생활 유지

② 마음 챙김을 통해 건강한 마음 갖기 실천

③ 지·덕·체를 겸비한 세종국제고인상 확립

세종국제고는 발표 수업이 많다. 사회 전문교과로는 사회과제연구, 세계문제와 미래 사회, 국제정치, 현대 세계의 변화, 지역 이해, 국제법, 국제경제, 영어 전문교과로는 심화 영어(Advanced English), 심화 영어 독해, Critical Reading&Writing, 심화 영어 작문 1&2, Public Speaking&Presentation 등에서 학생의 활동이 많다. 사회 교과 학습을 위해서는 사회과학 독서를 많이 하는 것이 좋고 치열한 영어 경쟁을 이기기 위해서는 영어 발표 수업이나 작문 수업을 미리 대비하고 영어 관련 기사와 영어 원문을 많이 읽어야 한다. 대부분의 영어 시간에는 교사와 학생들 모두 영어 수업을 진행한다.

주말에는 음악이나 체육활동을 하며 자기주도학습 시간을 갖는다. 음악 활동으로는 피아노, 바이올린, 사물놀이, 플룻, 첼로, 보컬, 드럼, 기타, 해금, 가야금 등을 익혀 정기적으로 연주회를 한다. 체육활동 시간에는 국궁과 치어리딩, 농구, 태권도 등을 하며 심신의 건강을 도모한다.

고양국제고등학교

- 학생 수 : 600명(남 148명, 여 452명)
- 교원 수 : 75명(남 31명, 여 44명)
- 주소 : 경기도 고양시 일산동구 위시티4로 112(대표번호 031-839-5000)

'Be the Bridge to the Future'를 교훈으로 지성과 감성으로 실천하는 글로벌 인재 육성을 교육 비전으로 제시한다. 고양국제고에서 'Bridge' '잇다'의 의미는 중요하게 활용되는 듯하다. 앎과 삶을 연결하는 역량 중심 수업과 평가의 실천을 위해 '잇다 1'로 책과 자신의 삶을 잇는 활동, '잇다 2'로 교과와 교과, 교과와 창체를 연결, '잇다 3'으로 배움과 세상이 이어짐을 표방, 구체적인 실천 과제를 제시하고 있다. 설립 초창기 동탄국제고와 같은 시기에 개교하여 진학 성과를 내지 못하는 등의 어려움이 있었으나 지금은 경기권의 우수한 특목고로 자리를 잡았고, 학생들의 학교생활 만족도 또한 높은 편이다.

고양국제고에는 3개년 교육활동 우수상이 있다. 학교가 구현하는 창의인, 봉사인, 세계인을 양성하기 위한 프로그램으로 성취 기준에 도달한 글로벌 인재로서의 능력과 자질을 갖춘 학생을 학교장이 대내외적으로 알리는 것으로, 이른바 고양국제고가 추구하는 인재상인 셈이다. 시상은 1학년 1학기부터 3학년 1학기까지 총 5개 학기를 종합, 3학년 1학기 말에 성취 기준을 달성한 학생 중 상위 10~15%의 범위에서 금장, 은장, 동장을 시상한다.

고양국제고에는 창의, 융합, 연계, 프로젝트 등의 용어를 자주 볼 수 있다. 교과와 학교에서의 배움을 자기 것으로 삼아 지역 사회와 인류를 위해 봉사하는 삶에 가치를 두고 있음을 알 수 있는데, 몇 가지 프로그램을 제시하면 아래와 같다.

주제 융합 심화 프로젝트 과제연구는 교과 내용을 융합하여 특정 주제에 대해서 탐구하는 능력을 기른다. 이 프로젝트는 학생이 희망하는 전공 학문 및 진로에 관련된 주제를 설정하고, 이를 과학적 탐구 방법 및 절차에 따라 탐구함으로써 학문에 대한 구체적이고 심화된 학습을 하며, 모둠별 과제 수행을 통해 동료 학생들과 함께 문제를 토의하고 해결하는 과정에서 의사소통 능력과 협업 능력을 기른다. 학생들은 1년 동안 모둠 활동을 통해 주제를 선정하고 연구 과정을 수행하여 보고서의 형태로 연구 결과를 제출한다.

삶을 성찰하고 소통하며 행복과 희망, 배움의 공동체를 만들어 가는 GGHS 인문학 특강이 전통으로 자리 잡았다. 범 인문 주제에 대한 독서, 토론, 강독과 글쓰기를 통해 학생들은 삶과 세계의 현상과 원리를 통찰하고 스스로 생각하는 능력과 비판적 사고력을 기른다. 교사가 주도하는 특강, 전문가 초청 특강, 학생이 진행하는 특강, 지역 사회 중학생을 대상으로 재학생들이 진행하는 특강 등이 진행되고 있다.

1, 2학년 학생들은 창의 융합 진로 프로젝트를 운영한다. 관심 주제를 바탕으로 한 폭넓은 창업·창직 활동을 통해 학생의 진로 탐색 및 설계의 개별화 및 방향성을 제공한다. 4차 산업혁명 및 각종 사회문제를 범교과적으로 사고하고 해결하여 창의적·융합적 문제 해결력을 기른다. 또한 지역 사회와 연계한 활동이 많다. 동아리별 봉사활동으로 인근 중학교 저소득층 아이들 학습 멘토링, 다문화 학생 교육활동, 지역아동센터 초등생 영어, 수학 멘토링, 장애인을 위한 음악 및 연극 공연, 학교 주변 하천 살리기 캠페인 등을 한다.

고양국제고에서는 국제이해 교육과 국제교류가 활발하게 이루어진다. 글로벌 리더의 자질을 신장할 수 있도록 각국의 대사와 외교 사절들을 초청하여 강연을 듣는 등 세계인으로서의 마인드를 함양한다. 또한 학생이 주도하는 활동 위주의 세계 시민 교육과 수업 및 동아리 기반 학생 주도 프로젝트형 국제교류가 내실 있게 운영된다. 영어 및 제2외국어를 사용하는 기회를 확대하고 미국, 캐나다, 멕시코, 말레이시아, 대만, 일본 등의 자매 학교와 교류하고 있다.

다른 국제고와 마찬가지로 학생들은 내신 경쟁이 치열하고 많은 수행평가로 애를 먹는다. 수행평가의 종류와 내용이 다양하고 어려우며 여러 과목의 수행평가가 동시에 밀리는 기간에는 학생들의 스트레스가 극에 달한다. 과제와 발표물 제작 및 발표 능력, 협업과 조별 과제 등이 많지만 그런 만큼 학생들의 경쟁력은 강화되고 대학에 진학하고 나면 그 능력이 빛을 발하게 된다.

동탄국제고등학교

- 학생 수 : 587명(남 139명, 여 448명)
- 교원 수 : 73명(남 24명, 여 49명)
- 주소 : 경기도 화성시 동탄나루로 27(대표번호 031-8015-9000)

'세상을 비추자(Let them illumine the world)'라는 교훈 아래 배움이 즐거운 학교, 나눔이 행복한 학교, 도전이 신나는 학교를 비전으로 세계를 품은 '지(智) Wisdom, 인(仁) Benevolence, 용(勇) Pioneer, 예(禮) Decorum'의 국제 인재 육성을 교육목표로 고양국제고와 함께 경기권 공립 국제고의 쌍두마차로 발전을 거듭하고 있다. 자기 주도성과 창의 융합적 사고력 및 세상과 바르게 소통할 수 있는 역량을 갖춘 인재 양성을 위해 학생 중심의 도덕적 창의 융합 프로젝트 활동 활성화, 공감과 협업의 지식 공동체 구축, 책임 윤리 강화, 지역 맞춤형 사회 공헌 활동 강화를 실행 과제로 실천하고 있다.

동탄국제고는 교육 운영 특색 사업으로 다독다독(多讀多讀) 인문 교육을 강화하고 있다. ① 책 읽는 학교, 토론하는 교실 운영으로 독서, 토론, 논술 교육 활성화 ② 독서 및 인문 교양 교육 활성화 프로그램으로 교육과정 중심의 독서 인문 교육 강화 ③ 지역사회와 함께하는 교외 영어 재능기부 프로그램의 운영으로 학생, 학부모, 지역 주민의 교육 및 문화 협력 센터로서의 역할 수행을 진행하고 있다. 인문 고전 읽기 프로그램으로 창의적 체험 활동의 자율활동, 영어 교과 Extensive Reading 인문 고전 수업을 교육 과정으로 운영하여 학기별 지정 도서 독서 토론, 학기별 진로 모둠을 편성하여 진로도서 독서 토론 및 발표 활동을 하고 인문 고전 읽기 대회를 개최한다. 그리고 독서, 토론, 글쓰기 연계 활동의 인문 교양 프로그램 운영으로 별밤 독서 교실을 진행한다. 학생들의 희망 도서를 중심으로 도서 선정 → 발제 토론 → 모둠 선택 → 토론 활동 → 모둠별 책방 운영 → 평가회 및 감상문 작성으로 진행된다. 독서 마라톤 행사를 통해 도서관 대출 도서 4,219페이지 이상 완주자에게 인증서를 발급하기도 한다.

세계 시민교육 활성화를 위해 특색 있는 외국어 교육과정 운영으로 외국어 의사소통 및 문화 이해 역량 강화, 온라인 및 오프라인 플랫폼 기반, 다양한 국제교류 프로그램을 통해 학생 맞춤형 배움 중심 교육과정 구현, 글로벌 이슈에 대한 이해 및 인문학적 소양 계발로 세계 시민의식 함양을 목표로 교육 활동을 전개하고 있다.

동탄국제고에는 SAP(School Adaptation Program)가 있다. 2학년 멘토가 1학년 멘티의 학교생활에 도움을 주는 제도이다. 멘티들이 어려워하는 과목, 친구 관계, 학교생활에 도움을 주기 위한 제도로 멘토, 멘티의 지원서를 받아 각자 1대 1 매칭을 시켜준다. 또한 학생들은 자신이 선택한 악기를 1년 정도 배운 뒤 12월에 1인 1악기 발표회를 여는데 수준이 높다는 평가가 나온다. 바이올린, 첼로, 기타, 사물놀이 등 다양한 악기를 익힐 수 있다. 매일 아침 운동과 함께 하루를 시작하는데 프로그램은 상당히 많은 변화가 있었다. 축구, 탁구, 태권도, 외발자전거, 필라테스, 헬스, 둘레길 걷기 등 다양한 운동을 할 수 있다. 2021년부터 2학년은 아침 운동을 선택할 수 있으며, 선택 시 생기부에 활동 시간과 내역이 기재된다. 3학년은 대부분 운동이 아닌 아침 면학을 한다.

청심국제고등학교

- 학생 수 : 312명(남 128명, 여 184명)
- 교원 수 : 30명(남 14명, 여 16명)
- 주소 : 경기도 가평군 설악면 미사리로 324-213(대표번호 031-589-8900)

청심국제고는 청심국제중과 함께 한적한 경기도 가평군 설악면에 위치한 국내 유일의 사립 국제고등학교로 유서 깊은 전통과 특화된 교육 프로그램을 운영하고 있다. 학교 재단은 선학학원 산하의 청심 학원으로 통일교와 관련이 깊고 선화예술고등학교와 같은 재단 소속이다. 영국의 이튼 칼리지와 해로스쿨을 모델로 개교하여 중학교 3개 학년과 고등학교 3개 학년을 합쳐 총 6개 학년이 있고, 학년당 4학급씩 학년당 정원은 100명 내외이므로 전교생이 모두 얼굴을 알고 지내는 정도로 친밀감이 높다.

건학 이념은 애천, 애인, 애국으로 국제 교육과 미국식 교육을 실시하여 국내반과 국제반으로 나뉘어 계열에 따라 수업이나 진학 지도 등을 다르게 운영한다. 국내반은 우리나라 대학과 일본 대학을 목표로 주로 수능 위주의 수업을 진행한다. 국제반은 미국, 영국 등 서구권 대학 진학을 목표로 AP와 SAT를 준비한다. 국제반은 해외 대학 진학에서 우수한 성적을 거두었으나 최근에는 연세대학교 UIC나 고려대학교 국제대학에 지원하는 경우도 많이 있다. 입학과 동시에 국내반과 국제반을 결정하는데 도중에 계열 변경은 가능하지만 교육 과정 운영과 학습법 등이 다르기 때문에 국제고를 준비하는 과정부터 정확한 정보를 알고 대비해야 한다.

청심국제고는 청심국제중과 같은 수업과 생활을 한다. 재직 교사의 학력이 상당하고 원어민 교사의 비율이 높으며 영어로 이루어지는 수업이 많다. 대수학과 기하학 등은 원어민 교사가 외국어 교재를 사용해서 수업하기도 하고 사회 교과 내용은 자체 개발한 영어 원서로 수업을 진행한다. 영어는 자체 유인물과 책을 이용하여 수업을 하는데 《나니아 연대기》나 《파리대왕》 등이 대표적이다. 중학교 교사가 고등학교 학생을 가르치기도 하고 중고 구분 없는 활동도 많다. 승마, 조정, 1인 1악기 등 귀족 학교로 불릴 만큼 특별한 수업이 많다. 사립 국제고이기에 공립에 비해 학비가 비싸다고 하지만 재단의 지원 또한 상당해서 청심중고 학생들은 양질의 교육적 혜택을 누린다.

청심국제중고등학교에는 7불 정책이라는 것이 존재하는데, 흡연, 음주, 기물파손, 부정행위, 폭력, 절도, 이성 교제 금지로 학생들이 절대 어겨서는 안 되는 교칙이다. 학교 부지와 건물의 웅장함에 비해 재학생 수가 적어서 학생들 간의 관계는 친밀하다. 청심국제중에서부터 이어지는 인연이 많고 교육과 생활이 동일하며 기숙사 생활까지 한다. 같은 동아리 활동을 하고 체육대회는 인원이 적어 학년이 연합하는 형태로 행사를 치른다. 교사와 선후배 간 인사를 중시한다.

청심국제중고등학교는 국제고다운 학교 운영을 한다는 평가도 가능하지만, 공립 국제고와는 다른 학교 운영이 이루어지기도 하므로 관심이 있다면, 다른 사람들의 평가보다는 직접 학교를 방문하고 입학 설명회에 참가하여 정확한 정보를 얻는 것이 좋다.

❸ 국제고 입시 준비 사항

 국제고등학교와 외국어고등학교는 비슷한 진로 성향이 있는 것처럼 보인다. 중학교 때 공부를 좀 잘하고 인문, 사회, 어학 계열에 관심이 있는 학생들이 진로를 고민할 때 두 학교의 차이에 대한 궁금증이 많아진다.

 우선 설립 목적과 학교 교육과정 운영에 차이가 있다. 국제고와 외고는 모두 특수한 목적을 달성하기 위해 설립된 학교라는 공통점이 있으나 설립 목적이 다르기에 교육과정에 차이가 있다. 외국어고등학교는 외국어에 능통한 선도적 인재 양성을 목표로 한다. 국제고는 국제 계열의 전문가 양성을 목적으로 한다. 특목고는 전문교과 72단위(3년간 72시간, 6개 학기로 나누면 12시간, 즉 일주일에 12시간을 관련 교과목을 이수한다는 의미)를 편성하여 운영한다. 따라서 국제고는 국제 정치, 국제 경제, 국제법, 지역 이해, 한국 사회의 이해, 비교 문화, 세계 문제와 미래 사회, 국제 관계와 국제기구, 현대 세계의 변화, 사회 탐구 방법, 사회과제 연구 등 인문 사회 교과목을 다수 배우게 된다. 외고는 영어, 중국어, 일본어, 독일어, 프랑스어, 러시아어, 스페인어과, 베트남어과 등 외국어를 많이 배운다는 특징이 있다.

국제고와 외고의 전형 방법은 같으나 국제고는 일반선발을 하고 외고는 모집학과별로 선발한다는 차이가 있다. 전형 요소는 영어와 면접으로 이뤄지고 있고 제출서류와 자기소개서의 형식도 같다. 외고에 비해 국제고등학교 간 편차가 적은 편이고 학급 수가 적으며 교육환경이 평균적으로 좋다는 특징이 있다.

국제고 진학에 절대적으로 필요한 것은 외국어 능력이다. 영어에 대한 독해, 듣기, 말하기, 쓰기 능력이 출중해야 한다. 거기에 중국어, 스페인어 등 제2외국어를 잘한다면 금상첨화이다. 해당 언어의 어휘, 문법, 회화, 영어권 문화에 대한 관심과 이해를 가져야 한다.

국제고는 학문적인 역량과 폭넓은 지식이 필요하다. 국제 이해와 다문화에 대한 인식을 바탕으로 국제 협력과 국제 문제를 해결하는 방안을 제시할 수 있어야 한다. 국제 정치, 국제 경제, 국제 문제, 현대 사회와 인류의 미래, 현대 윤리와 사상 등 다양한 분야의 자료를 접하고 광범위한 독서를 해 두는 것이 좋다.

모든 국제고의 전형은 동일하다. 해마다 전형 방법의 변화와 학교별 차이가 있을 수 있으므로 진학을 희망하는 학생은 고등학교 입학 연도에 맞는 입시 요강을 학교 홈페이지 등에서 정확하게 확인해야 한다.

국제고 입시 예시로 동탄국제고의 입학 전형을 소개한다.

동탄국제고등학교 입학 전형

1. 모집 정원

모집 단위		모집 인원(명)	비고
정원 내(200명)	일반전형	120	·
	지역우수자전형	40	정원의 20%
	사회통합전형	40	정원의 20%
정원 외	특례입학대상자전형	4	정원의 2%
	(국가유공자자녀)	(6)	(정원의 3%)

※ 사회통합전형으로 지원한 국가유공자자녀 중 교육지원대상자는 불합격 시 정원의 3% 범위에서 정원 외로 선발함

2. 지원 자격(지원자는 다음 각호의 하나에 해당하여야 한다)

① 경기도 또는 국제고가 소재하지 않는 타 시·도의 중학교 졸업예정자

② 중학교 졸업자로서 경기도에 거주하는 자

③ 중학교 졸업 학력 검정고시 합격자로서 경기도에 거주하는 자

④ 중학교 졸업자와 동등 이상의 학력이 있다고 인정된 자(「초·중등교육법 시행령」 제97조)로서 경기도에 거주하는 자

⑤ 타 시·도 소재 특성화 중학교(전국단위 모집 자율학교 포함) 졸업예정자 중 경기도에 거주하는 자

※ ①의 '국제고가 소재하지 않는 타 시·도'는 2023학년도 3월 국제고 신입생 모집이 없는 시·도 지역을 뜻한다.

※ ②~⑤항의 '경기도에 거주하는 자'라 함은 '원서접수일 현재 전 가족(보호자 포함)이 경기도에 단독세대로 주민등록이 되어 있고, 실제 거주하

는 자'를 뜻한다.

3. 전형별 지원 자격

전형 구분		지원 자격
정원 내	일반전형	지원 자격의 1. 공통 자격과 동일함
	지역우수자전형	이전부터 화성시 소재 중학교에 재학하면서 화성시 소재 중학교 졸업 예정자 (단, 화성오산교육지원청의 학군 배정 등의 제도적 사유로 타 시의 중학교에 배정된 학생도 인정)
	사회통합전형	사회통합전형 대상자 범위 중에서 고등학교 입학 사실이 없는 자
정원 외	특례입학대상자전형	「초·중등교육법 시행령」 제82조 제3항 제2호 및 제3호 해당자
	(국가유공자자녀전형)	해당 보훈(지)청으로부터 '교육지원 대상자'로 확인을 받은 자

(1) 사회통합전형 대상자의 범위 및 세부 지원 자격

1) 1순위(기회균등 대상자)

	세부 지원 자격
①	국민기초생활수급권자 또는 그 자녀
②	기준 중위소득 50% 이하 가구(구, 차상위계층)로 교육감이 정하는 사람 또는 그 자녀 ※ 교육급여 수급대상자 증명서 발급이 가능한 자로 제한함
③	국가보훈대상자 또는 그 자녀
④	한부모가족보호대상자 자녀(「한부모가족지원법」 제5조에 의한 복지급여 수급권자)
⑤	기준 중위소득 60% 이하 가구(구, 차차상위계층)로 교육감이 정하는 사람 또는 그 자녀

⑥	학교장 추천 학생 ※ ①, ②, ⑤항에는 포함되지 않으나, 가정형편이 어렵다고 학교장이 판단·추천한 자 ※ '학교장추천위원회' 구성·심의·검증 후 학교장이 경제적으로 어려움이 있다고 추천한 학생에 한함. 학교장추천위원회 회의록 사본과 객관적 증빙서류 첨부 ※ '학교장추천위원회'는 학교장, 교원, 학교운영위원 중 학부모, 지역위원 등 7~9명으로 구성 학교운영위원회는 학부모, 지역위원 반드시 포함. 학교 규모가 200명 이하면 5명으로 구성 가능 [선정예시] - 부양 의무자의 갑작스러운 실직으로 생계에 어려움이 있는 경우 - 가계 파산 또는 재산 압류 등으로 생계에 어려움이 있는 경우 - 부양 의무자가 질병, 사고, 장애 등으로 근로 능력을 상실하여 소득이 없거나 생계에 어려움이 있는 경우 등 [객관적 증빙서류 예시] 실직 급여 수급증 사본, 채권압류통지서, 법원 파산결정문 사본, 폐업확인서, 지역건강보험료 영수증, 급여명세서, 재산세 납입증명서 등

2) 2순위(사회다양성 대상자)

	세부 지원 자격
①	소년·소녀 가장(형제·자매 포함)
②	조손가정 학생
③	북한이탈주민(「북한이탈주민의 보호 및 정착지원에 관한 법률」 제2조 해당자)
④	순직군경 자녀, 순직소방대원 자녀, 순직교원 자녀
⑤	다문화가정 자녀(「다문화가족지원법」 제2조 해당자)
⑥	아동복지시설 보호아동(「아동복지법」 제50조의 규정에 의하여 설치된 시설에 보호된 아동)

3) 3순위(사회다양성 대상자)

	세부 지원 자격	유의 사항
①	농·어촌의 면 단위 소재지 중학교의 3개 학년의 전 과정(1학년 3월 입학일부터 원서 접수일 현재까지)을 이수 중인 졸업예정자(단, 학생의 지원에 의해 선발하는 중학교는 제외)	소득분위 8분위 (기준 중위소득 160%) 이하에 준하는 가정의 자녀에 한함. '가구원 수에 따른 월 소득 기준 액에 대한 건강 보험료 납입금' 기준
②	세 자녀 이상 다자녀 가정 자녀(첫째 자녀부터 가능)	
③	준사관/부사관 자녀	
④	도서벽지 중학교 졸업예정자(2022년 2월 28일 이전부터 원서접수일 현재 재학 중인 졸업예정자)	
⑤	산업재해근로자 자녀	
⑥	한부모 자녀(「한부모가족지원법」 제4조 제1호~5호 해당자)	

(2) 특례입학대상자전형 지원 자격 : 「초·중등교육법 시행령」 제82조 제3항

※ 특례입학대상자는 학칙이 정하는 바에 따라 공정한 사정 기준을 적용하여, 학교별 모집정원의 2% 범위 내에서 정원 외로 선발한다(단, 「초·중등교육법 시행령」 제82조 제3항의 제1호와 제4호에 해당하는 학생은 특례입학 대상자와 동일한 전형 방식을 적용하나 정원 내로 선발함).

3. 전형 절차 및 방법

(1) 일반전형, 지역우수자전형, 특례입학대상자 전형

1) 단계별 전형 요소 및 배점

단계	전형 요소	배점	선발 인원
1단계	영어 내신 성적 및 출결(감점)	160	모집 인원의 2배수
2단계	1단계 점수(160)＋면접(40)	200	모집 인원

2) 1단계 사정 방법

① 전형 요소 : 영어 내신 성적(160점)+출결 감점(최대 0.5점)

구분	반영 비율	점수	반영 방법
영어 내신 성적	100%	160	1단계 내신 성적 및 출결점수 반영 방법 참조
출결	-	감점	
합계	100%	160	

② 평가 활용 대상 : 학교생활기록부Ⅱ의 교과학습 발달상황 및 출결사항

③ 1단계 총점 순으로 각 전형별 모집 정원의 2배수를 2단계 전형 대상자로 선발

④ 동점자 사정 기준

　　－ 1단계 점수가 동점인 경우 2, 3학년 국어, 사회 과목의 성취 수준을 적용하며 순서는 다음과 같음

　　(3학년 2학기 국어–3학년 2학기 사회–3학년 1학기 국어–3학년 1학기 사회–2학년 2학기 국어–2학년 2학기 사회–2학년 1학기 국어–2학년 1학기 사회)

　　－ 사회 과목을 이수하지 않은 학기의 경우 역사 과목을 반영하며, 사회와 역사 과목을 동시에 이수한 경우 사회를 반영함

　　－ 동점자 사정 기준을 모두 적용하여도 동점일 경우 해당자는 전원 2단계 전형 대상자로 선발함

3) 2단계 사정 방법

① 전형 요소 : 1단계 점수(160점)+면접(40점)

② 평가 활용 대상 : 자기소개서, 학교생활기록부Ⅱ, 면접

③ 면접의 평가 요소 및 배점

평가 요소		반영 비율	점수	비고
면접 (40점)	자기주도학습 영역	62.5%	25	자기주도학습과정, 지원동기 및 진로 계획
	인성 영역	37.5%	15	핵심 인성 요소

④ 동점자 사정 기준

- 1순위 : 2단계 면접 점수가 높은 자
- 2순위 : 2단계 면접 점수 중 자기주도학습 영역 점수가 높은 자
- 3순위 : 1단계 영어 내신 성적 환산 점수의 합이 높은 자
- 4순위 : 1단계 동점자 사정 기준에 따라 국어, 사회 성취도 수준이 높은 자
- 5순위 : 서류평가를 통해 본교 인재상에 맞는 학생
- 위 기준에도 불구하고 동점자가 생길 경우 본교 입학전형위원회의 결정에 따른다.

(2) 사회통합전형

1) 단계별 전형 요소 및 배점

단계	전형 요소	배점	선발 인원
1단계	영어 내신 성적 및 출결(감점)	160	모집 인원의 2배수
2단계	1단계 점수(160) + 면접(40)	200	모집 인원

2) 단계별 사정 방법(일반전형의 사정 방법을 활용하되 아래의 우선선발 방식을 적용한다.)

1단계	① 1순위 지원자를 사회통합전형 모집 인원의 2배수에 해당하는 인원만큼 우선 선발한다. ② 1순위 지원자를 선발한 후 부족한 인원은 사회통합전형 모집 인원의 2배수 이내에서 2순위 대상자를 우선 선발하고 미달 시 3순위를 선발한다. ③ 우선순위 모집으로 인해 지원 기회를 잃은 후순위 지원자는 일반전형으로 전환하여 전형한다.
2단계	① 1순위 지원자로 사회통합전형 모집 인원의 60%를 우선 선발한다. ② 1순위 합격 인원을 제외하고 남은 모집 인원은 1순위 탈락자, 2·3순위 대상자를 포함하여 순위에 관계없이 통합 선발한다.
유의 사항	① 같은 순위 내의 대상자 간에는 우선순위를 적용하지 않는다. ② 추가모집 시에도 이 전형 방법을 적용한다.

(3) 국가유공자자녀(교육지원 대상자)

- 국가유공자자녀(교육지원 대상자)는 사회통합전형 모집 인원에 포함하여 (일반 사회통합전형 대상자와 함께 공동의 합격 사정 범위 적용) 선발한다.
- 국가유공자자녀 중 교육지원 대상자의 경우에는 사회통합전형에서 탈락하더라도 모집 정원의 3% 범위에서 정원 외로 별도로 선발한다.
- 정원 외 선발의 경우 일반 사회통합전형 대상자의 합격 사정 범위로 제한하지 않는다.

4. 1단계 내신 성적 및 출결 점수 반영 방법

(1) 내신 성적 반영 방법

1) 국내 중학교 졸업(예정)자

① 영어 내신 성적은 중학교 2학년과 3학년 4개 학기의 성취 수준을 〈표1〉에 따라 반영한다.

② 2, 3학년 일부 학기 혹은 일부 과목의 성적이 없는 경우에는 〈표2〉에 따

라 반영한다.

③ 편입으로 인해 국내 중학교의 2, 3학년 영어 성적이 1개 학기도 없는 경우는 해외 중학교의 최근 4개 학기 성적을 〈표3〉과 같이 반영한다.

〈표1〉 중학교 2학년, 3학년 성취평가제 성취 수준별 영어 내신 성적 환산 방식

성취평가제 성취 수준	A	B	C	D	E
학기당 환산점수	40	36	32	28	24

〈표2〉 일부 학기의 성적이 없는 자의 성적 반영 방법

구분	성적 반영 방법
4개 학기 중 1개 학기의 성적이 없는 경우	같은 학년의 다른 학기 성적을 동일하게 반영
1개 학년의 성적이 모두 없는 경우	다른 학년의 동일 학기 성적을 동일하게 반영
4개 학기 중 1개 학기의 성적만 있는 경우	1개 학기의 성적을 나머지 3학기에 동일하게 반영

〈표3〉 국내 중학교 성적이 없는 학생의 해외학교 성적 환산 방식

평점 기준(만점대비)	원점수 기준(100점 만점)	등급 기준	적용 성취 수준
90% 이상	90점 이상	$A^+ \sim A^-$	A
80% 이상 ~ 90% 미만	80점 이상 ~ 90점 미만	$B^+ \sim B^-$	B
70% 이상 ~ 80% 미만	70점 이상 ~ 80점 미만	$C^+ \sim C^-$	C
60% 이상 ~ 70% 미만	60점 이상 ~ 70점 미만	$D^+ \sim D^-$	D
60% 미만	60점 미만	$E^+ \sim F$	E

※ 해외학교의 반영 교과목은 본교 입학전형위원회의 결정에 따른다.

2) 중학교 졸업 학력 검정고시 합격자

① 중학교 졸업 학력 검정고시 합격자는 검정고시 성적표를 제출하고 6개 과목 평균점을 〈표4〉에 따라 환산하여 반영한다.

② 중학교 졸업 학력 검정고시 합격자의 1단계 동점자 처리 기준에 적용되는 국어, 사회 점수에 따라 반영한다.

③ 중학교 졸업학력 검정고시 합격자의 출결 점수는 별도로 반영하지 않는다.

〈표4〉 중학교 졸업학력 검정고시 합격자 내신 성적 산출 환산표

6개 과목 평균점수	환산점수	6개 과목 평균점수	환산점수
98점 이상 ~ 100점 이하	160	88점 이상 ~ 90점 미만	140
96점 이상 ~ 98점 미만	156	86점 이상 ~ 88점 미만	136
94점 이상 ~ 96점 미만	152	84점 이상 ~ 86점 미만	132
92점 이상 ~ 94점 미만	148	82점 이상 ~ 84점 미만	128
90점 이상 ~ 92점 미만	144	80점 이상 ~ 82점 미만	124

※ 〈표4〉에 제시된 이하 점수도 위와 같은 방식으로 평균점수 2점 급간 당 환산점수 4점 감점하되 6과목 평균점수 66점 미만은 96점으로 환산함

(2) 출결점수 반영 방법

1) 국내 중학교 졸업(예정)자 : (출결 감점)=미인정 결석 일수×가중치(0.1)

미인정 결석 일수	무결석	1일	2일	3일	4일	5일 이상
출결 감점	0	0.1	0.2	0.3	0.4	0.5

※ 미인정 지각, 미인정 조퇴, 미인정 결과 3회를 미인정 결석 1일로 간주함(미인정 지각·조퇴·결과의 합이 2회 이하인 경우 감점 없음)

※ 출결 상황은 중학교 전 학년을 기준으로 반영하며, 출결마감 기준일은 2022년 11월 30일로 하고, 학교생활기록부 출결 특기사항에 출결마감 기준일을 기재하지 않은 경우에는 서류 미비로 간주함

2) 2단계 공통 제출 서류 - 모든 지원자 필수 제출 서류

구분	제출 서류	비고
공통	자기소개서 1부	온라인 입력 및 제출로 마감됨

3) 전형 및 자격별 추가 제출 서류 안내

구분	추가 제출 서류	비고
검정고시 합격자	봉사활동확인서 1부 체험활동확인서 1부	자기소개서에 봉사활동 또는 체험활동을 기재한 경우 이에 대한 증빙서류를 제출할 수 있음(의무사항 아님)

5. 기타 사항

- 경기도 고입전형 기본계획에서 금지하는 학교 간 중복지원을 할 수 없다.
- 전기 고등학교에 합격한 학생은 본교에 지원할 수 없다.
- 전·후기학교에 합격한 사실이 없는 자와 평준화지역 일반고에 동시지원을 하지 않은 경우에 한해 본교 추가모집에 지원할 수 있다.
- 등록 기간 내 미등록자는 불합격으로 간주하며 합격된 자의 등록(합격) 포기로 인한 결원은 입학전형 최종 총점의 차순위자로 1차 추가모집 원서 접수 전까지 보충하되, 해당 중학교와 학생에게 통지한다. 단, 등록

후 입학포기자의 결정은 입학식 이전까지로 한다[합격포기자(미등록자)에 대하여는 학부모의 합격(등록)포기서, 출신 중학교장의 확인서를 받아 처리한다].

– 입학원서 및 자기소개서, 기타 서류의 내용이 사실과 다르거나 기타 부정한 방법으로 합격한 경우에는 합격을 취소한다(※ 제출서류 확인).

– 입학전형 성적은 전형과 관련된 사항으로만 활용하며 개별공개를 하지 않는 것을 원칙으로 한다.

– 본교 합격자(합격 포기 및 등록 포기자 포함)는 다른 후기학교 추가모집에 지원할 수 없다.

자사고

영재학교

과학고

외국어고

국제고

Chapter 4

외국어고 가는 길

❶ 외국어고의 현황과 특성

외국어고는 30개교 15,734명으로 신입생은 5,620명 선발했다. 16개교가 사립, 14개교가 공립이고, 기숙사를 운영하지 않는 학교는 대원외고, 서울외고, 이화외고, 한영외고, 부산외고, 과천외고, 안양외고이다. 외고의 지역별 분포와 현황은 아래와 같다. *2023년 5월 정보 공시 자료집계 기준

지역	학교명	구분	설립년도	학급 수	학생 수				교원 총원	교원 1인당 학생 수
					신입생	전교생	여학생	학급당		
서울	대원외국어고	사립	1984	30	251	745	546	24.8	68	12
서울	대일외국어고	사립	1984	30	246	719	555	24	74	11.1
서울	명덕외국어고	사립	1991	30	252	715	552	22.8	70	11.3

서울	서울 외국어고	사립	1993	30	224	630	476	21	63	11.3
서울	이화여자 외국어고	사립	1991	18	133	379	379	21.1	51	8.6
서울	한영 외국어고	사립	1990	30	239	676	539	22.5	67	11.5
부산	부산 외국어고	사립	1985	30	257	744	539	24.8	62	12.4
부산	부일 외국어고	사립	1995	24	201	542	305	22.6	47	12.3
대구	대구 외국어고	공립	1997	18	118	299	213	16.6	67	6.1
인천	미추홀 외국어고	공립	2010	24	188	538	393	22.4	79	8.4
인천	인천 외국어고	사립	1985	27	219	642	393	23.8	59	11.9
대전	대전 외국어고	공립	1994	30	233	689	540	23	83	10.6
울산	울산 외국어고	공립	2010	21	126	378	261	18	55	7.9
경기	경기 외국어고	사립	2004	24	220	575	416	24	58	10.5
경기	고양 외국어고	사립	1988	30	244	687	477	22.9	59	12.5
경기	과천 외국어고	사립	1990	30	227	623	451	20.8	63	10.9
경기	김포 외국어고	사립	2006	24	209	540	334	22.5	48	12.6

경기	동두천 외국어고	공립	2005	23	185	456	286	29.8	65	8.1
경기	성남 외국어고	공립	2006	24	205	586	470	24.4	70	11.1
경기	수원 외국어고	공립	2006	24	215	603	482	25.1	62	11.4
경기	안양 외국어고	사립	1996	30	215	614	459	20.5	75	9
강원	강원 외국어고	사립	2010	15	115	288	179	29.2	44	7.6
충북	청주 외국어고	공립	1992	22	147	451	312	20.5	67	8.1
충남	충남 외국어고	공립	2008	21	140	401	305	19.1	56	9.1
전북	전북 외국어고	공립	2005	24	159	395	260	16.5	58	8.1
전남	전남 외국어고	공립	1994	15	100	297	201	19.8	47	7.8
경북	경북 외국어고	공립	1995	15	123	326	234	21.7	52	8
경남	경남 외국어고	사립	1988	24	208	553	372	23	52	11.5
경남	김해 외국어고	공립	2006	15	120	357	282	23.8	52	7.9
제주	제주 외국어고	공립	2004	12	101	286	195	23.8	38	9.5
30개교 합계 또는 평균				714	5,620	15,734	11,406	22.49	60.37	9.97

대원외고를 시작으로 외국어고는 특목고의 대표적인 학교 유형으로 많은 인기를 누렸다. 그러나 다른 특목고와 전국 단위 자사고의 비약적인 발전으로 인해 일부 외국어고는 일반고로 전환하였고, 고입 경쟁률도 낮은 편이다. 대학 진학률이 좋은 학교의 경우 내신 경쟁의 치열함으로 인해 지원율이 낮아졌고, 외국어를 중심으로 운영되는 교육과정과 자연 이공 계열 분야를 대비하기 어려워 대학 실적이 떨어지면서 인기도가 하락했다. 그러나 여전히 대원외고, 대일외고, 한영외고, 명덕외고를 필두로 한 서울 지역의 사립 외고 실적은 전국 최상위권을 유지하고 있다. 그리고 고양외고, 경기외고, 안양외고, 과천외고 등 수도권 사립 외고는 특화된 교육과정과 내실 있는 학교 운영으로 명문고의 명성을 이어가고 있다. 수도권 외고는 기숙사를 운영하는 학교와 그렇지 않은 학교가 있고 지방 외고는 보통 기숙사를 운영한다.

　외고는 전공어-영어과와 영어-전공어과로 운영하는 학교가 있다. 전공어-영어과는 전공어를 중심으로 배우고, 부가적으로 영어를 심화해서 배운다. 대체로 전공어를 1주일에 8시간 정도, 영어를 1주일에 6시간 정도 이수한다. 반면 영어-전공어과는 영어를 중심으로 1주일에 8시간 정도, 전공어를 1주일에 6시간 정도 이수한다.

　외고의 경쟁률은 보통 0.8~1.8 정도의 범위에 있고 일부 외고는 미달 사태가 일어나며, 주변에 있는 일반고보다 선호도가 낮다. 20% 사회적 배려자를 모두 선발하지 못하는 해가 많고 외국어 학과 중심으로 신입생을 선발하는 고입 전형에 어려움이 있다.

　글로벌 시대에 외국어고가 인기를 누린 적이 있었다. 그러나 자연 이공 계열 선호 현상과 창의융합형 교육과정 그리고 인공지능이 대신해 줄 수 있는 외국어로 인해 한때 외국어고는 존폐 위기에 몰리기도 했다. 지금은 기존의 외고 교육과정에 국제고의 국제 계열 교육과정을 접목할 수 있게 되었고 학교도 국제외국어고로 바뀔 수 있게 되면서 외고는 새로운 도전과 기회를 잡고 있다.

　외고라는 이름만으로 선호하거나 과거의 명성으로 고등학교를 선택하는 것은 바람직하지 않다. 공립학교 간의 편차는 적은 편이다. 일정 수준 이상의 성과를 거두고 있고, 학교 구성원의 순환이 이루어지면서 시대의 변화에 대응하고 있다. 그러나 사립 외고는 학교 간, 지역 간 편차가 크다. 재단과 학교 구성원의 열정과 의지가 중요하다. 기존의 방식으로 학교를 운영하려 한다면 지금보다 더 큰 어려움에 빠져 학교 형태를 바꿀 수 있기에, 학생과 학부모는 지원하는 학교의 현황과 발전계획을 잘 알아보고 고등학교를 선택할 필요가 있다. 외고가 좋을까, 국제고가 좋을까, 아니면 일반고가 좋을까? 등 깊은 생각을 해야 한다. 일반적으로 주변에서 추천하는 이야기와 학교의 평판을 따르기보다, 학생에게 가장 좋은 교육 환경이 어디일지 심사숙고하여 판단하고 준비하는 것이 필요하다.

❷ 외국어고 운영과 특색 교육활동

대원외국어고등학교

- 학생 수 : 745명(남 199명, 여 546명)
- 교원 수 : 68명(남 34명, 여 34명)
- 주소 : 서울특별시 광진구 용마산로22길 26(대표번호 02-2204-1530)

대원외고는 대일외고와 함께 1984년에 개교한 우리나라 최초의 외고이다. 초창기에는 이렇다 할 성과를 내지 못했으나 지금은 역사와 전통, 인재 배출 등 명실상부한 최고의 특목고로 자리하고 있다. 대원고, 대원여고, 대원국제중과 같은 재단 소속이며 같은 교가를 부르고 연합하여 수업과 행사를 진행하기도 한다.

교훈은 '품격 높은 세계인(Leaders Branching Out Around the World)'으로

졸업생뿐만 아니라 재학생도 학교에 대한 자부심이 대단하다. 독일어과, 프랑스어과, 스페인어과, 일본어과, 중국어과가 2개 반씩 총 10개 반으로 구성되어 있다. 외국대학 희망자를 위한 방과 후 과정이 운영된다. 처음에는 SAP(Study Abroad Program)라는 이름이었으나 지금은 방과 후 과정으로 국내대학으로 진학하는 사례가 늘고 있다. 기숙사가 없고 이미 선행 학습이 되어 있으며, 재학하는 동안 학교와 학원에서 면학하여 수시와 정시 모두 최상의 입시 결과를 만들어 내고 있다. 외국어 인문 중심 과정과 치열한 내신 경쟁을 생각하면 그 결과는 더욱 놀라운 것이 사실이다.

대원외고는 배출한 유명 인사가 많고 역사가 깊어 상당히 많은 이야기가 전설처럼 전해진다. 교과서는 거의 사용하지 않는데 영어 교과는 더욱 그러하다. 교사들은 영어 원서와 부교재 변형 문제로 학생을 평가한다. 남학생 수가 적어서 학교 행사와 축제 등에서 해프닝이 벌어지는 일이 많은데 성별 구분 없이 사이좋게 잘 지낸다고 알려져 있다. 학교 규칙은 자율적이면서도 엄격하다는 애매한 이야기를 한다. 벌점 카드를 받으면 《명심보감》이나 '명상록'을 암송한다고 한다. 해외로 나가는 수학여행은 축소, 폐지되어, 해외 탐방의 기회는 줄었으나 여전히 전공어 문화 소양을 익히는 학습과 프로그램은 잘 이루어지고 있다.

대원외고는 글로벌 인재 양성 통합프로그램(DHS)을 운영하고 있다. 창의 지성 융합교육으로 학생의 소질과 잠재력을 계발하여 지·인·용 부문에서 수준 높은 자질을 함양한다. 지인용(知仁勇) 정신을 함양하기 위한 Honor Society 과정을 운영하고 융합적 소양과 인성 함양을 위한 다양한 프로그램을 개발하여 제공한다.

학생의 우수한 성적만큼 학교는 봉사와 나눔을 중시한다. 공동체 봉사 프로젝트(DCSP)로 학습 과정에서 배운 지식을 지역 봉사기관과 연계하여 학급,

동아리, 가족 중심의 지속적인 봉사활동을 실시한다. 학생 스스로 주제를 정하고 지속적인 봉사활동을 실천하여 주제, 이야기, 목표가 있는 프로젝트 봉사활동을 할 수 있도록 지도한다. 그리고 1년간의 활동을 객관적으로 평가하는 두리나눔봉사대회를 실시하여 활동 우수자는 표창하고, 학교 누리집을 제작하여 홍보한다.

외고의 기본 교육과정에서 학생의 진로 희망에 따라 진로 특색 사업을 운영한다. 국어·영어·수학 등 교과 위주의 수업을 지양하고 학생이 원하는 다양한 분야의 강좌를 개설하고, 학생이 선택하여 수강할 수 있도록 한다. 학기별로 교사들이 학생들의 다양한 진로 및 대학 학과 체험을 고려한 진로 특색수업을 개설하고, 학생들은 자신의 흥미와 관심 분야에 따라 원하는 수업을 신청하고 수강한다. 학생은 학기당 1개의 진로 특색수업을 수강하며, 본인이 선택한 수업을 통해 연속성 있는 탐구를 진행하고, 다양한 진로 및 학과 분야의 지식과 정보 등을 습득하며 진로를 개척한다. 또한 학생의 창의적인 탐구 능력과 자기주도적인 학습 능력을 함양하기 위해 학술제를 운영하고 있다. 지인용 정신을 함양하고 구현할 수 있는 다양한 학술 행사를 기획하여 진로, 토론, 독서, 인성 교육 등을 참여 활동 중심으로 운영한다. 외부 인사 초청 강연, 저자와의 대화 등 특색 있는 학술 및 교양강좌 개설을 통해 학생들에게 다양한 배움의 기회를 제공한다.

대원외고에 입학하기 위해서는 장기간 계획적인 선행 학습이 이루어져야 하고 입학보다 더 중요한 것은 대원외고 입학 이후 성공할 수 있는 능력을 충분히 갖추었는지 스스로 냉정하게 판단하는 것이다. 지치지 않고 즐겁게 자기 주도적으로 학습과 진로를 개척해 나갈 능력을 갖추는 것이 필요하다.

대일외국어고등학교

- 학생 수 : 719명(남 164명, 여 555명)
- 교원 수 : 74명(남 33명, 여 41명)
- 주소 : 서울특별시 성북구 서경로 116(대표번호 02-940-1000)

1984년 대원외고와 함께 개교한 우리나라 최초의 외고이다. 대원외고와 라이벌 구도를 유지하며 비슷한 과정을 거쳤지만 사교육 시장이 일부 학원으로 한정되어 우수 자원의 유인이 최강의 특목고들에 비해 약하다는 지적이 있다. 그러나 서울에서 기숙사를 운영하는 외고이고 끈끈한 선후배 관계와 애교심이 대단하며 학교 프로그램이 안정되어 있다. 학교 프로그램이 다양하고 진로 진학 프로그램 또한 잘 정비되어 있어서, 수시 전형에서 위력을 발휘하며 여전히 최상위권 특목고의 지위를 유지하고 있다.

대일외고는 '국제화 시대에 미래 한국의 주역이 될 창의적 인재 육성'이라는 건학이념 아래 프랑스어과, 독일어과, 일본어과, 중국어과, 스페인어과, 러시아어과 총 6개 학과로 구성되며 대일고, 대일관광고, 서경대학교와 같은 재단이다.

역사와 전통이 있는 외고여서 입으로 전해지는 이야기들이 많다. 교복이 예쁜 학교로 알려져 있고, 학교 축제와 체육 대회 등의 행사 때면 졸업 선배들의 출현이 많다. 학년 초가 되면 전교생이 운동장에서 상견례를 한다. 장학금 시상, 학급회장 임명 등을 마치고 2학년이 1학년에게 손 편지를 전달하는 행사다. 매년 5월에는 잠실학생체육관에서 체육대회를 연다. 체육대회를 위해 3월 말부터 전교생이 경기연습, 응원단, 공연 동아리의 준비가 치열하다. 전공어별로 창의적인 응원과 구호 합창 등 다채로운 열광의 무대가 이어진

94

다. 1, 2학년 학생들은 '봉사활동' 일환으로 출신 중학교를 방문하여 학교설명회를 한다.

대일외고가 명문 특목고의 지위를 유지하는 데는 잘 갖추어진 학교 교육 프로그램과 학생들의 자발적이고 열정적인 참여가 이루어진다는 것이 중요한 요인일 것이다. 특히 독서 교육과 토론 교육, 방과 후 활동, 창체적 체험활동이 잘 이루어지고 있다. 풍부한 교양을 갖춘 창의적인 지식인 육성을 위해 독서 교육을 중시하고 있다. 주체적인 독서 습관을 길러주고 논술 및 구술, 면접과 연계하여 실효성 있는 독서 교육을 전개하기 위해 학생들은 조건에 맞는 도서를 읽고, 독서 노트를 작성하여 '독서 인증'을 받는다.

신문 활용 교육(NIE)으로 비판적 사고 능력을 함양한다. 사회와 시사에 대한 관심을 유도하는 신문 사설과 칼럼을 정기적으로 제공하여 학생들이 NIE 노트에 사회적 쟁점에 대하여 자기주장을 정리하는 습관을 기르고, NIE 활동 우수 학생을 시상하고 글로벌인재 독서 인증의 자격을 부여한다. 진로 탐색 독서토론(Reading&Debate for Career Search)은 독서를 통한 진로 관심 분야 탐색과 창의적 사고 능력 신장을 위해 실시한다. 루쉰 소설 다시 읽기, '링컨의 게티즈버그 연설문' 분석 및 이해, 《아프니까 청춘이다》 분석 및 이해, 언어와 문화, 외국어 교육, 그림형제 동화 세미나, 영어와 전공어 학습 경험 비교 세미나, 철학 콘서트 등 전공어와 진로 분야를 총망라하는 강좌가 준비되어 있고, 그 수준 또한 대단하다.

학교는 학생들의 소그룹 활동을 지원한다. 자기주도 활동(Self-directed Group Activity)으로 학생은 자율적으로 활동을 계획하여 활동 현황과 함께 제출한 후 소그룹 활동의 실적을 자기주도 활동 평가서에 기록한다. 활동의 유형은 탐구 활동, 그룹 스터디 및 팀 프로젝트 등 다양한데 주로 학급 내에서의 구성을 권장한다.

진로 학술 동아리는 자신의 진로와 관련된 다양한 탐색 활동을 통해 관심 분야에 대한 적합성을 높이는 것으로 1, 2학년은 2학기에, 3학년은 1학기에 진로 학술 동아리를 조직하고 운영한다. 특기 적성 동아리는 체험 중심의 학교 활동을 통해 학생들의 개성, 소질, 적성 등을 계발하는 활동으로 1학기 매월 둘째, 넷째 수요일 6, 7교시에 2시간씩 정기적으로 실시한다. UNESCO 협동 학교로 세계 시민 의식 및 지속 가능 발전 교육을 통해 유네스코의 이념 실현을 위해 다양한 사업을 전개한다.

대일외고는 방과 후 학교 및 특별 방과 후 학교(야간 자기주도 학습 시간 중 튜터링) 제도가 잘 정비되어 있다. 강북이라는 위치와 학부모가 입시를 거의 전적으로 학교에 맡기려는 성향이 있기 때문이라고 하여 대학에 적극 어필한다. 학생들은 매주 총 2개의 방과 후 학교 강좌(보통 11차시)를 수강할 수 있다. 국·영·수 등 주요 과목은 물론, 사회, 과학, 음악, 체육 등 다양한 과목이 개설되며, 특히 외국어 자격증 시험도 회화 대비반이라는 이름으로 많이 개설된다. 학교 홈페이지 내 시스템을 통해 자정에 신청이 이루어지는데, 인기 강좌는 순식간에 마감된다고 한다.

방학 중에는 오전 1~4교시 동안 60분씩 총 4개의 강좌(보통 10차시)를 수강할 수 있다. 이때는 학기 중과 다르게 토론 수업 등 조금 더 학생 참여적인 프로그램이 많이 개설된다. 여름방학은 기간이 짧아 방과 후 강좌가 한 번 운영되나, 겨울방학에는 두 번, 따라서 총 8개의 강좌를 수강할 수 있다. 겨울방학 1차 방과 후 학교 기간에는 오후에 별도의 진로 탐색 독서토론 프로그램도 진행되는데, 이 프로그램은 구체적인 수강 내용이 학생부의 진로 영역에 들어간다. 본인의 관심사에 따라 언어학, 철학, 사학, 심리학, 경제학, 영문학 등 관련 도서를 읽고 해당 전공을 함께 탐구하는 것이 주된 활동이며, 지도교사에 따라 학생들이 직접 수업을 준비하여 발표하거나 대학 토론 강의식으로 진행된다.

대일외고는 변화하는 입시 환경에 능동적으로 대처하면서 학교 교육의 책무성을 다하려는 노력과 학생의 자율적이고 적극적인 참여로 명문고의 지위를 유지하고 있다.

명덕외국어고등학교

- 학생 수 : 715명(남 163명, 여 552명)
- 교원 수 : 70명(남 29명, 여 41명)
- 주소 : 서울특별시 강서구 강서로 47길 34-10(대표번호 02-2665-8821)

명덕외고는 명덕고, 명덕여고, 명덕여중과 같은 위치에서 영어과, 독일어과, 프랑스어과, 중국어과, 일본어과, 러시아어과로 운영되고 있는 특목고이다. '자기 분야의 세계 일인자'가 되는 것을 목표로 교양인, 세계인, 봉사인을 키우고자 한다. 정치, 경제, 역사, 지리, 과학, 문학, 예술 등 모든 분야에서 깊이 있는 독서와 사유를 통하여 자기 생각을 글과 말로 표현하고 다른 사람들과 생각을 나눌 수 있는 교양인, 모국어처럼 사용할 수 있도록 외국어를 익혀 세계의 인재들과 교류하며 그들과 함께 인류의 미래를 논의하고 바른 방향을 모색해 가는 세계인, 공동체의 일원으로서 다른 사람들에 대해 역지사지로 소통하고 배려하며 공동체를 위해 기꺼이 손해를 감수하고 봉사하는 봉사인 양성을 목표로 하고 있다.

1992년 개교 당시 명덕과학고라는 별명처럼 이과반이 설치되었고 교차 지원이 가능하여 전교생의 절반 이상이 최상위권 대학의 이공 계열로 진학하였고, 상당수는 의대로 진학하여 전국에서 이름을 떨치는 특목고였다. 여전히 이른바 목동 학원가의 중심이고 우수한 입시 성적을 내고 있지만, 과거의 명성과 최상위권 외고의 입시 결과와 비교한다면 다소 아쉬운 성과이다. 기숙사를 운영하고 학교 교육 환경을 개선하며 외국과 자매결연으로 프로그램을 재정비하여 도약을 위해 노력하고 있다.

'세계의 중심에 서기 위한 첫걸음'이라는 구호 아래 명덕외고는 크게 키워주는 최고의 배움터(Best MYUNGDUK)가 되고자 다양한 외국어 학습 프로그램, 다양한 학술 동아리를 통한 심화 학습활동, 세계를 움직이는 글로벌 인재 양성을 위한 명덕 인재상 프로그램을 시행하고 있다. 즐거운 상상력이 현실로 이루어지는 세계를 만들기 위한 교육(Joyful MYUNGDUK)을 위해 학생 중심의 재능과 특기를 기부하는 다양한 봉사 및 동아리 활동, 학생들의 수준에 맞는 창의적 체험활동, 학생 중심의 자율적 학생회 자치활동을 하고 있다. 스스로 미래를 설계할 수 있는 교육(Dedicated MYUNGDUK)을 위해 수요자 중심의 맞춤형 방과 후 프로그램, 학교 홈페이지를 활용한 온라인 교수학습 지원센터 운영, 학교 도서관과 연계한 다양한 독서 활동 프로그램을 시행한다.

명덕외고 또한 오랜 전통과 명성에 맞는 특화된 행사가 있다. 명덕 스포츠 리그는 4월에 시작하여 가을에 막을 내린다. 학과가 팀이 되어 리그전 방식으로 남학생은 축구, 여학생은 피구를 한다. 학생들의 열기와 승부욕이 대단하고 학과에 대한 애착과 소속감을 느끼는 중요한 행사로 자리 잡았다. 크리스마스 전후에는 일반인과 함께하는 '명덕세계문화축제'가 열린다. 각 과의 특색을 살린 부스 운영과 다채로운 공연이 진행되고 학술발표도 이어진다.

명덕외고는 협력적 독서·인문 교육으로 1학년 때는 시나브로 문해력, 2학년 때는 지식 탐구 독서·토론 활동, 3학년 때는 심층 쟁점 독서·토론·쓰기 활동을 한다.

학생들이 변화의 주체로서 현재를 이해하고 미래를 창조할 수 있는 능력을 길러주고자 진로 교육을 강화하고 있다. 학생들의 자기 주도적 진로 역량을 신장시키고, 일과 직업의 세계를 이해하며, 적성과 소질을 발견하여 자신의 진로를 스스로 결정하고 개척해 나갈 수 있도록 다양한 프로그램을 운영한다. 영어과에서는 ENIE&MBQ(My Big Question) journal 및 발표 활동, 중국어과는 중국어 활용 능력 향상 및 중국 문화 이해, 독일어과는 세계 시민으로 성장하기 위한 독일어 활용 능력 신장, 프랑스어과는 의사소통 능력 향상과 함께 상호 문화적 관점에서 프랑스어권 문화를 이해, 일본어과는 일본어 활용 능력 향상을 위한 과정 중심 운영, 러시아어과는 러시아어 활용 능력 향상 및 문화 이해를 위한 과정 중심 교육 운영을 위해 노력하고 있다.

서울외국어고등학교

- 학생 수 : 630명(남 154명, 여 476명)
- 교원 수 : 63명(남 40명, 여 23명)
- 주소 : 서울특별시 도봉구 덕릉로66길 22(대표번호 1670-1005)

서울외고는 1993년 서울권 외고 중 마지막으로 청숙학원이 운영하는 학교로 개교해서, 영어·독일어과, 영어·스페인어과, 영어·러시아어과, 독일어과, 프랑스어과, 중국어과, 일본어과로 구성되어 있다. 건학이념은 기독교 정신인 사랑과 섬기는 마음으로 끊임없이 배우고 세상 모두를 스승으로 여기면서 시련에 굴하지 않는 강하고 담대한 인재를 양성하는 것이다. 교훈은 '정직(Honesty), 근면(Diligence), 책임(Responsibility)'이고 꿈을 품고 미래를 향해 나아가는 글로벌 인재 양성을 목적으로 하고 있다. 학교 교육의 목표는 올바른 국가관과 윤리관의 확립과 민주적이며 창의적인 교육으로 정직하고 근면하고 책임을 다하는 정신을 길러 사회 및 국가의 발전에 헌신하고 국제사회에서 활약할 수 있는 유능한 인재를 양성하는 것이다.

학교가 강북에 위치하여 도봉구, 노원구, 강북구, 성북구 출신 학생들이 70%에 이르러 상대적으로 다른 특목고에 비해 우수 학생 유치에 어려움을 겪고 있으나 서울외고만의 특화된 교육 프로그램을 운영하고 있다. 서울외고가 강조하는 창의융합 교육(Life Design)은 기독교 가치관과 세계관을 바탕으로 자신과 타인의 행복에 기여하고, 통일 한국을 준비하며, 세계의 발전과 평화에 기여하는 비전을 가진 글로벌 인재 양성이다.

학교 교육의 기저에는 가치교육을 통한 기독교적 인성교육 강화가 있다. 가치교육을 통하여 기독교적 윤리의 핵심 가치를 내면화하고 체화할 수 있도록 한다. 1학년~2학년 대상으로 주 10시간 '라이프디자인(진로)' 수업을 실시한다. 가치와 연관된 특정 주제에 대해서 함께 토론하고 발표하면서 배움의 성장을 경험하는 협동학습의 공간을 만든다. 수업방식은 문제해결에 기반한 프로젝트(PBL) 수업으로 진행한다. 수업과 연계하여 1학년 '창의사회혁신경진대회', 2학년 '학술보고서대회', 1~3학년 '체인지메이커상'을 계획하여 실시한다.

창의 인성교육으로 공감교육과 디자인 싱킹 교육을 결합한다. 디자인 싱킹을 통하여 분석적으로 사고할 뿐만 아니라 논리적 연관성을 뛰어넘는 직관적 사고를 하는 등 통합적이면서 융복합적인 사고능력을 기르고 공감 능력을 확대시키며 사회 문제에 관심을 증대시켜 사회 혁신가로서 성장시키는 것을 목표로 하고 있다.

서울외고는 평화·통일교육을 통한 통일 DNA 함양 교육을 실시한다. (to

touch) 한반도 통일논의를 삶의 논의로 구체화하고, (to know) 올바르고 균형 잡힌 지식을 바탕으로 한반도 및 한반도를 둘러싼 주변국과의 관계를 배우며, (to communicate) 통일 이후 함께 살 북한 출신 주민과의 소통은 물론 남북 출신 주민 간의 중재자 역할을 하는 리더로 성장하도록 교육한다는 이른바 티노코 교육을 실시한다. 터·노·코 통일교육은 국내에서 유일하게 정규교과로 운영되는 평화·통일교육으로 창의적 체험활동 교과 시간뿐만 아니라 통일 동아리, 남북 청소년 연합캠프, 방과 후 운영, 통일 심포지엄 참가 등을 통해 다양한 교내외 활동으로 운영한다. 교재는 자체 제작 교재를 사용하며, 수업 내용으로는 통일 뉴스 제작, 통일 이후 사라지거나 생겨날 것들 등이 있다. 또한 정기적으로 새터민 학생들이 방문하여 함께 수업하고, 통일의 경험이 있는 독일에서 학교를 방문하여 특강을 하기도 한다.

1학년은 체육 시간에 태권도를 배운다. 매주 수요일 4교시마다 채플이 진행된다. 참석 여부는 학생의 자율에 맡긴다. 매년 몇 번씩 외부 강사를 초빙하거나 문화 채플, 세례식 등 색다른 채플을 진행하기도 한다. 축제와 체육대회가 같이 붙어 있다. 1일 차 오전에는 체육대회, 1일 차 오후와 2일 차에는 학생회 및 동아리 주최로 행사가 열린다. 이 밖에도 영어 토론 대회, 모의 행정부 각료 대회(MGMC), 모의재판 심포지엄(SFL Moot Trial), 모의 경영 심포지엄(GYBC), 모의 언론인 개발 대회(COMM), 모의 언론 대회(IMO), 모의 유엔 심포지엄(MUN) 등 교내 행사가 풍성하다.

이화여자외국어고등학교

- 학생 수 : 379명(남 0명, 여 379명)
- 교원 수 : 51명(남 22명, 여 29명)
- 주소 : 서울특별시 중구 통일로4길 30(대표번호 02-2176-1992)

우리나라에서 유일한 여자 외국어고로 이화여자고, 팔렬중, 팔렬고와 같은 법인이다. '자유, 사랑, 평화'를 교훈으로 자유롭고 책임감 있는 21세기 여성 리더를 키우는 학교로 영어과, 독일어과, 프랑스어과, 중국어과가 있다. 개신교 감리회 계열의 미션스쿨로 매주 화요일 예배가 있고, 모든 학년은 1주일에 1번씩 '종교와 생활' 수업을 듣는다. 입학식과 개교기념일, 졸업식 등 특별한 날은 전교생이 〈할렐루야〉를 3부 합창으로 부른다.

교육목표는 기독교 진리의 토대 위에서 인류의 밝은 미래를 책임질 자유인 육성, 생존과 번영의 공동체인 세계와 인류를 이해하고 사랑하는 평화인 육성, 민족 문화의 전통을 배경으로 새로운 세계문화 형성에 기여할 창조인 육성, 외국어 구사 능력을 활용하여 국제 문화교육의 주역이 될 지성인 육성이다.

학교 노력 중점 사항은 기본 학력 강화이다. 학교에서 계발된 능력을 바탕으로 대학 과정에서 본격적인 전문 전공 연구에서 성과를 이룰 수 있도록 기본 과목의 학력을 강화하는 것이다. 그리고 외국어 구사 능력 함양이다. 전교생이 모두 2개 외국어의 독해와 회화에 능숙할 수 있도록 지도한다. 끝으로 인성교육 중시이다. 기독교 정신과 윤리를 바탕으로 인간 교육을 강화하여 뛰어난 지력과 아울러 풍부한 인간성을 지닌 예의 바른 학생으로 지도하는 것이다.

이화여자외고에는 '쎌프(SSELP)'가 있다. SSELP란 이화학당의 설립자인 스크랜턴 대부인(M. F. Scranton)을 모델로 그녀가 보여주었던 영성(Spirituality)과 감성(Emotion), 그리고 지도력(Leadership)과 열정(Passion)을 배우고 구현하기 위한 이화외고 인성교육 프로그램이다. SSELP는 시대의 빛이 되어준 스크랜턴 대부인의 삶을 조명하며, 지금, 이 시대가 필요로 하는 여성 리더를 길러내기 위한 프로그램으로 다음의 네 가지 영역이 성장할 수 있도록 돕는 것으로 세부 내용은 다음과 같다.

① 영성(Spirituality) : 자아 성찰
하나님이 창조하신 이 세상과 나 자신을 이해하고 성찰하며, 건강한 가치관으로 성장해 나간다.
② 감성(Emotion) : 가슴이 따뜻한 사람
문화, 예술과의 만남을 통해 감수성을 회복하고 공감, 나눔을 통해 정서적 안정을 도모한다.
③ 지도력(Leadership) : 새로운 가치관을 소유한 섬김의 지도력
권위를 기초로 하는 기존의 지도력을 탈피하여, 예수님이 보여주셨던 섬김과 희생의 삶을 배우고 따른다.
④ 열정(Passion) : 어떤 상황에서든지 최선을 다하는 사람
상황에 대한 주체적 인식으로, 자율성과 책무성을 겸비한 열정의 사람이 되도록 훈련한다.

또한 특별 음악교육 프로그램으로 'ESMP'가 있다. ESMP란 이화(Ewha)의 특별한(Special) 음악(Music) 활동을 통해 협동심과 리더십을 기를 수 있도록 교육하는 프로그램(Program)이다. '21세기 여성 글로벌 리더 양성'이라는 교

육목표 아래 진행 중인 다양한 교육 프로그램의 일환으로 학급 예배 찬양과 학급 음악회, 할렐루야 전체 합창, 상설 음악 동아리(관현악반, 차임) 등 다양한 음악 활동을 통해 고교 시절 부족하기 쉬운 감성적, 정서적 활동을 하고, 이를 통해 타인과의 협동심과 리더십을 기르는 것이다.

이화여자외고는 기독교 정신을 바탕으로 독자적인 학교만의 특색과 특화된 프로그램이 있어서 진학할 경우에는 확고한 판단이 필요하다. 역사와 전통이 있고 재학생들은 학교생활에 만족도가 높으며 자존감과 행복지수가 높다고 한다.

한영외국어고등학교

- 학생 수 : 676명(남 137명, 여 539명)
- 교원 수 : 67명(남 24명, 여 43명)
- 주소 : 서울특별시 강동구 동남로 832(대표번호 02-6954-1703)

한영외고는 한영고, 한영중과 같은 재단으로 '성실한 인간이 되자, 노력으로 실력을 기르자'는 교훈과 학교 상징까지 모두 같다. 2023학년도 신입생인 34기부터는 중국어과, 일본어과, 독일어과, 프랑스어과, 스페인어과가 2개 반씩이다. 외국대학 진학반은 방과 후 형태로 진행하다가 지금은 폐지되었다.

한영외고는 서구식 디자인의 건물에 시계탑과 사자상 등이 아름다워 사진 찍기에 좋은 외관이다. 1, 2학년은 본관에서 생활하고 3학년은 동관에서 생활하며 한영고와 한 울타리에서 시설들을 공유하고 있어서 내부 환경은 개선이 필요하다. 낙후된 시설과 비좁은 공간, 남자 화장실의 부족 등 우리나라를 대표하는 서울의 빅4 외고에 어울리는 학생 복지와 교육환경이 개선되면 더 좋을 것이라는 생각이 든다.

학교 인근 사교육 기관이 많고 우수한 신입생을 유치할 수 있는 좋은 조건을 갖추고 있기에, 지속적으로 일정 수준 이상의 우수한 입시 결과를 내고 있다. 시대의 변화에 맞게 학교 프로그램을 개선하고 재정비한다면 더 큰 발전이 있을 것이라고 기대할 수 있다. 현재 한영외고에서 강조하고 있는 특색있는 프로그램을 살펴보면 다음과 같다.

① 자율 동아리 : 진로 심화 스터디 그룹이라는 이름으로 바뀌면서 의무적으로 10차시 동안의 활동 보고와 소논문을 제출토록 하고 발표회를 갖는다.

② 전공어 탐색 프로그램: 외국어를 학습한 학생들의 실력을 발휘할 기회를 제공하기 위해 재학생(1, 2학년) 및 지역 중학생을 대상으로 외국어 체험 교실과 영어 수업 소개 및 한영외고를 중학생들이 체험할 수 있는 행사를 한다.

③ 전공어 학술제 : 각 전공 언어별 문화 연구 과정 및 발표를 통해 자기 전공 문화에 대한 관심을 증대시키고, 학생 중심의 행사를 구현하여 행복한 학교생활을 이어 나가게 하는 등 학생의 만족도를 높이고자 하는 목적으로 다양한 예술 경험 및 공연 기회를 제공하여 학생들의 소질 계발을 유도하고 다양하고 창의적인 교육 기회를 제공한다.

④ 교내 과거제 : 서로 관련된 내용을 담고 있는 2~3권의 도서를 연계해 읽음으로써 주제와 관련한 사고의 범위를 넓히고, 깊이를 심화시키며, 제시된 주제에 대하여 자신의 견해를 직접 글로 작성한다. 이를 통해 표현력, 논리력, 구성력 등 작문 능력을 향상시킨다.

⑤ 교내 모의유엔(MUN) : 영어 발표 능력과 국제 사회의 리더로서 필요한 여러 능력을 함양하고 UN의 의사 결정 과정을 체험해 봄으로써 국제적 감각과 외교의 기본 소양을 익히도록 한다.

⑥ 독·토·樂 : 교내 문화의 날 행사로 모둠별 활동이다. 책의 내용을 바탕으로 질문 만들기와 모둠 내 토론 및 모둠 간 토론 활동을 진행함으로써 협업 능력, 의사소통 능력, 비판적 사고 능력, 문제해결 능력 등을 신장시키는 것이 목적이다.

⑦ 영문학 세미나 : 영어 관련학과 지망생 및 영어 관련 진로계획을 가지고 있는 학생들을 위해 영미문학 작품 탐독과 독서 토론을 통해 영미 문화권에 대한 이해를 높이고 문학적 소양을 쌓는 기회를 제공하며 수준 높은 토론 수업 속에서 논리적, 비판적 사고를 함양한다.

⑧ 다독습작(多讀習作) : 글쓰기 지도 프로그램으로 다수를 대상으로 진행하기 어려운 심화 독서 교육을 소수의 학생에게 제공함으로써 효율적인 독서 습관 확립에 도움을 주고자 하며, '이해' 과정으로서의 독서를 넘어서서 '표현' 과정으로서의 글쓰기 수업을 통해 학생 개개인의 사고력 신장에 도움을 준다.

⑨ 교내 경영자과정(MBA) : 토론을 통해 수학, 과학, 경제·경영에서 알려진 열린 문제를 해결 후 영어로 설명하고, 자신만의 투자 전략을 세우고 실행하는 과정을 통해 융합 사고력과 창의력을 기르는 프로그램이다.

한영외고에는 재능과 끼를 갖춘 학생들이 많아 다양하고 다채로운 학교 프로그램에 학생들이 자발적으로 참여하면서 능동적으로 진로를 개척해 간다. 학생들의 진로를 열어주기 위한 행사와 대회가 많고 기회가 열려있는 학교라는 인상을 준다.

부산외국어고등학교

- 학생 수 : 744명(남 205명, 여 539명)
- 교원 수 : 62명(남 30명, 여 32명)
- 주소 : 부산광역시 연제구 고분로 144(대표번호 051-850-1463)

부산외고는 부산경상대학교와 같은 재단 소속으로 1985년 개교하였다. 부일외고와 부산국제외고에 없는 중국어와 독일어를 배울 수 있다는 면에서 다른 학교에 비해 지원자가 많은 편이다. 부산에서 경쟁률이 가장 낮은 특목고였으나 꾸준히 경쟁률이 상승하였고 지금은 현재 영일본어과, 영프랑스어과, 영독일어과, 영중국어과로 운영되고 있다.

교훈은 '생각하고 행동하는 사람이 되자. 큰 희망을 품고 꾸준히 노력하자'이고 건학이념은 '국가와 민족의 발전에 이바지할 역군 양성'이다. 수도권 이외의 외고 중 유일하게 기숙사가 없는 학교로 통학 차량을 운행한다. 산을 깎아 학교를 세워서 부지와 운동장이 작고 건물도 많지 않으며 역사가 깊어서 건물의 노후화로 시설 개선이 필요한 실정이다. 부산에서 운동장이 제일 좁다고 알려져서 운동장에서 체력 측정이나 학교 행사를 하기 어렵다고 한다.

외고라는 특성상 비슷한 학생들의 경쟁으로 내신을 따기 어렵고, 학교 프로그램이 잘 정비되지 않아 수시 전형에서 어려움을 겪었으나 차츰 학교의 관심이 커지고 교육 환경 개선 의지를 보이면서 학교 발전을 기대하는 분위기다. 학교에서 중점 사업으로 제시하고 있는 내용은 다음과 같다.

① 자기주도학습 및 와이즈맨(Wiseman) 프로그램
학생들의 자기 주도적 학습을 통해 자기 계발 및 학력 향상을 꾀하는 프로

그램으로 담임교사가 학기 초 학습계획서(학습플래너)를 받아 매월 실천 정도를 점검하며 학생의 성실한 학습 태도와 내신 성적 및 학력평가 성적을 비교 분석하여 종합적으로 평가한다.

와이즈맨 프로그램은 담임교사가 방학 중 학습계획서를 받아 정해진 기간의 계획 실천 정도를 점검하고 여름방학과 겨울방학 기간별로 프로그램에 참여한 학생들은 학생부의 자율활동 영역에 활동 내용을 기재한다.

② 유네스코 학교 운영

모든 이를 위한 교육(EFA: Education for All)을 위해 21세기 문제에 주목하여 지속 가능한 사회적, 경제적, 문화적 발전에 기여하고자 한다. 우수 교육사례/자료 개발, 채택, 실험적 활용을 통해 유네스코 네트워크 범위 밖에 있는 일반 학교의 학습 역량 증진과 교육의 질 향상을 위한 실험기구로서의 역할을 수행한다.

③ 연구 프로젝트 학술제

학생들의 창의적이고 깊이 있는 학술활동, 과제 탐구 활동을 장려하기 위해 당해 3월~익년 1월까지 자신의 진로 또는 관심 있는 분야를 주제로 고교 교육과정 수준 이상의 학술 연구 보고서를 작성하여 발표하는 학술 연구 활동이다.

④ 인턴십 체험활동 발표회

학술제와 비슷한 성격의 프로그램으로 1년간 인턴십 체험활동을 하고, 보고서 작성 및 발표 기회를 통한 진로 탐색의 다양성을 체득하게 하는 프로그램이다.

⑤ 창의력 탐구 한마당

인문과 자연의 융합적 사고와 다양한 아이디어 창출을 위한 창의적 문제해결 능력의 향상을 위해 국어, 사회, 과학, 미술, 음악, 창업 등과 같은 부문에서 창의성이 돋보이는 작품 및 아이디어로 경연하는 행사이다.

⑥ 제2의 한강 작가 만들기 프로젝트

베스트셀러 작가 양성 프로그램이다. 학생들이 자기 생각을 담은 도서의 출간 경험을 갖고 자신을 다시 돌아보고 주위와 상호 협력하는 법을 배움으로써 꿈을 스스로 설계할 수 있는 진정한 인재로 성장하는 원동력을 갖도록 하는 것을 목적으로 한다.

이 밖에도 부산외고는 환경교육재단(FEE)의 승인을 받은 대한민국 최초이자 제1호 에코스쿨로서 세계적 이슈가 된 기후 변화와 환경 문제에 대한 학생들의 의식 제고 및 학교와 지역사회의 환경적 실천을 촉진하기 위해 프로젝트를 기획 운영하고 있다. 또한 유엔세계식량계획(World Food Programme) 기구에서 선정된 제로 헝거 학교로서 전 지구적 도전 과제인 세계 기아 문제와 환경 문제 해결에 대한 학생들의 의식 제고 및 실천 과제 수행을 통하여 함께 사는 지구 사회를 만드는 교육을 하고 있다.

부일외국어고등학교

- 학생 수 : 542명(남 237명, 여 305명)
- 교원 수 : 47명(남 20명, 여 27명)
- 주소 : 부산광역시 사하구 감천로73번길 36(대표번호 051-208-7405)

부일외고는 부일전자디자인고와 같은 재단으로 영일과, 영중과로 학생을 모집하고 있다. 부산 외곽에 위치하여 영남권의 상위권 학생들을 선발하기 위해 노력하였고 울산, 경남 지역 등의 학생을 위해 기숙사를 운영, 특목고의 지위를 유지하며 나름의 성과를 거두었다.

교훈은 '참된 사람'이고 교육지표는 '미래 사회를 선도하는 창의 인재 육성'이다. 교육 비전은 국제 인재 양성을 위해 세계와의 소통을 위한 국제 교육, 융합 인재 양성을 위해 창의력과 비판적 사고력 계발 교육, 글로벌 리더 육성을 위해 리더십 배양을 위한 인재 소양 교육이다.

장학금 제도가 잘 마련되어 있어서 1인당 받는 장학금은 전체 외고의 3배 이상이고 전교생의 15% 이상이 혜택을 보고 있으며 우수한 신입생을 유치하기 위해 공격적인 투자를 하는 것으로 알려져 있다. 학교 화장실이 호텔급이라고 자랑할 정도로 시설이 좋다.

부일외고는 외국어 활용에 기반한 외국 학교와의 국제교류 프로그램이 활성화되어 있다. 일본·중국·영어권 국가 및 자매학교 방문 등 국제교류 활동을 통한 다양한 체험으로 글로벌 리더십을 함양한다. 자매학교 학생들과의 다양한 교류 활동으로 외국어 의사소통 능력을 향상하고, 외국 문화에 대한 이해를 증진시키며, 다차원적 학생 및 교사 교류를 통해 다양한 경험을 공유하며 학업 역량을 강화하기 위해 노력하고 있다. 2024년에는 광역 단위 자율형 사립고로의 전환을 계획하고 있다.

대구외국어고등학교

- 학생 수 : 299명(남 86명, 여 213명)
- 교원 수 : 67명(남 16명, 여 51명)
- 주소 : 대구광역시 달서구 선원로11길 21(대표번호 053-231-7800)

대구외고는 공립으로 전교생이 기숙사 생활을 하며 각 반 25명씩 총 150명 정원으로 타 외고에 비해 현저히 학생 수가 적다. 그나마 성적 문제나 자연이공 계열 선택으로 전출하여 정원 유지가 어려운 실정이다. 따라서 내신 경쟁은 더 치열하고, 우수한 학생들에 비해 입시 결과는 만족스럽지 않은 편이다. 중국어·영어과, 일본어·영어과, 영어·중국어과, 영어·일본어과의 총 6반으로 이루어져 있다. 앞의 언어가 주전공어이고 뒤 언어가 부전공어이다. 주전공과 부전공의 차이는 바로 과목의 단위 시수 차이인데, 전공과목의 단위 시수가 훨씬 많으며 부전공 과목의 단위 시수는 그에 비해 상대적으로 적다. 지금은 IBDP 프로그램이 신설되어 운영되고 있다. IB 학급은 1학년 때 방과 후 시간에 일반 학급이 하는 수능형 수업과 다른 활동을 하고 2학년이 되면 정식적으로 IB 수업을 들으며 부전공어만 일반 학급과 함께 수업한다.

교훈은 '앞서가자, 미래를 열자(Step Forward, Embrace Your Future)'이다. 대구외고는 동기 간 유대감이 높고 선후배 간 친목 도모 역시 활성화되어 있다. 선후배 간에 직속으로 마니토 활동을 한다. 마니토는 모든 학과가 시행 중인 제도로 선배 또는 후배의 물건을 상자에 넣어 와서 뽑은 물건의 소유자와 마니토 관계가 되는 형태이다. 고3이 수능 D-Day 7일을 맞으면 후배들이 소규모 공연을 해 준다. 이 행사를 서원식이라고 하는데 학생회에서 공연 내용을 계획하고 공연 연습을 한다. 후배들이 공연을 보여줌으로써 고3에게 성원을 보내는 취지의 행사이다.

각 학과의 특성을 잘 살린다고 할 수 있는 행사는 JEC DAY이다. Japanese English Chinese Day의 약자로, 처음에는 하루종일 일본어, 영어, 중국어만 쓰자는 취지로 기획되었으나 지금은 외국어 영화 제작 및 상영으로 정착되었다. 매년 2학년이 10분짜리 영화 한 편을 찍어서 제출하여 전교생이 감상한다.

대구외고의 축제인 행연제는 12월 말에 개최되며, 학생회를 비롯한 동아리들이 행사와 대회를 주관한다. 동아리별로 부스를 운영하고 학생뿐만 아니라 교사, 학부모들이 축제를 방문하고 다른 학교 학생들도 방문한다. 외부인이 관람하는 또 다른 큰 행사는 연극제이다. 연극마다 개성이 있고, 특색 있는 내용을 준비하여 가장 재미있는 행사로 알려져 있다.

대구외고는 국제 바칼로레아(IB) 프로그램을 진행하고 있다. IB 프로그램 중 고등학생 교육과정에 해당하는 디플로마 프로그램(Diploma Programme, DP)을 2년간 운영 예정이다. 3가지 필수 이수 항목과 6개의 교과목을 이수하여야 하며, 교과목 중 2개는 '영어'로 수업 및 평가를 진행하는 이중언어 디플로마(Dual Language Diploma Programme, DLDP)를 적용한다.

IBDP 교과는 필수이수 영역 3개(지식이론, 소논문, 창의 활동 봉사)와 6개 교과군(국어, 영어, 역사, 수학, 과학, 예술)에서 각 1개 과목을 선택하고 영어, 예술(영어연극), 과학(물리)은 교수-학습-평가 언어가 영어이며, 나머지 교과와 필수이수 영역은 한국어이다.

미추홀외국어고등학교

- 학생 수 : 538명(남 145명, 여 393명)
- 교원 수 : 79명(남 28명, 여 51명)
- 주소 : 인천광역시 남동구 에코중앙로 130(대표번호 032-442-0963)

미추홀외고는 한국화약이 이주하면서 한화 지구 내에 공립학교로 개교하여 지금은 영어-스페인어과, 영어-프랑스어과, 영어-중국어과, 영어-일본어과 각각 2개의 학급으로 총 8개의 학급을 구성하고 있다. 기존에 사립인 인천외고가 있었고 비슷한 성향의 인천국제고와 경쟁하면서 외고로서의 정체성을 갖추며 다음과 같은 교육 프로그램을 운영하면서 안정적으로 학교가 운영되고 있다.

① TEDx : 영어, 한국어로 자신의 삶에 대한 주제로 발표한다. 일 년에 한 번 온전히 자신을 드러내는 행사로 주로 2, 3학년이 발표를 진행하고 1학년은 청중으로 참여하며, 질문을 하게 된다.

② 비류제 : 학교 축제로 방학 직전에 진행되어 1년의 마지막을 장식한다. 축제는 하루 종일 진행되며 오전에는 동아리 부스 운영, 오후에는 공연과 전시를 한다.

③ MWM : Michuhol Wave Movement를 줄인 말로, 동아리가 작은 부서로 나뉘어 있는데, 이 각각의 부서를 M이라고 한다. M끼리 모여서 거의 매일 아침 심화된 동아리 활동을 하고 연말에 다른 동아리와 세미나를 진행하며 그간의 활동 결과물을 공유한다.

④ 나라 ALL 나라 : 전공어별로 연극하는 활동이다. 연극 기획부터 연출까지 학생이 모두 진행하는 행사이다.

⑤ 작은 음악회 : 학교에 끼와 재능이 있는 예술인들이 뮤지컬, 밴드, 발라드 등 다채로운 공연을 하는데 학생들의 호응도 좋은 행사이다.

⑥ 인천형 세계 시민 교육 : 인천, 지역, 국가의 이해를 바탕으로 세계적 문제를 인식하고 해결하고자 하는 책임감을 가지며, 세계를 더욱 정의롭고 지속 가능한 공동체로 변화시키려는 리더로 성장하도록 세계 시민으로 양성하는 교육이다.

⑦ 기후위기 대응 및 생태 환경 교육 : 실천·체험 중심의 기후위기 대응, 자

원순환, 생태환경 교육의 강화를 위해 지역사회 숲의 식물 종 다양성 변화 모니터링 및 생물 다양성의 의미와 생태계 보전 방안을 탐구하고, 생태 전환적 삶을 이뤄낼 수 있도록 자율적 실천 중심의 동아리를 운영한다.

⑧ 인공지능·디지털 리터러시 교육 : 주변의 문제를 수학적으로 사고하여 합리적으로 해결하는 능력과 태도를 기르기 위해 체험형·실습형 교수학습을 실천하여 수학적 사고력 증진 및 수학 교과에 대한 긍정적 인식을 제고하고 통계 데이터 분석 및 양적 연구 방법론 학습을 통한 탐구 교과와 전공어 교과 학습활동을 지원한다. 공학적 도구(알지오매스, 지오지브라, 통그라미 등)를 활용한 디지털 리터러시 교육, 프로젝트 수업, 체험학습을 운영한다.

이 밖에도 학생의 다양한 요구를 존중한 맞춤형 교육활동을 통해 진로와 관심사에 대한 이해를 심화하기 위해 미래 역량 강화 프로젝트를 진행한다. 인문학적 성찰과 자유로운 아이디어의 발산을 통한 가치 있는 삶, 행복한 삶을 탐구하기 위해 창의 융합 캠프(세계시민 리더십 캠프)를 방학 후 1주일간 운영한다.

품격 있는 문화 예술 교육을 위해 학교 갤러리 활성화를 통한 정서 안정 및 미적 감수성을 함양하고 다양한 장르의 예술 작품 감상을 통해 창의 융합적 사고력을 증진한다. 감성, 덕성, 지성이 조화롭게 발달한 전인적 인재 양성을 위해 학생들의 자율적 참여와 활동의 상설화를 통한 예술적인 잠재력 발견 및 창의력을 구현한다.

뿐만 아니라 전공어 전문성 신장 프로젝트로 외국어에 대한 노출과 사용 기회 확대를 통한 외국어 의사소통 능력을 함양하고 다양한 외국어와 외국 문화 체험을 통해 글로벌 인재로서의 전문성을 신장한다. 각종 교내외 경시대회 운영과 전공어과 학생들의 다양한 진로 탐색 및 문화 체험활동의 기회를 제공하며 원어민 교사 지도하에 전공어별 창의 독서 및 디베이트 아카데미가 수준별, 학년별로 운영된다. 책 읽는 학교, 글 쓰는 학교, 평생 독서인 양성을 위한 독서 교육 활성화에도 힘쓰고 있다.

인천외국어고등학교

- 학생 수 : 642명(남 249명, 여 393명)
- 교원 수 : 59명(남 36명, 여 23명)
- 주소 : 인천광역시 부평구 원적로 262(대표번호 032-511-3541)

인천외고는 대원외고, 대일외고에 이어 개교한 우리나라 3번째 외고로 주전공, 부전공을 나누지 않고 영어와 다른 언어 하나를 모두 전공어로 한다. 영·중국어과, 영·일본어과, 영·스페인어과로 운영한다.

건학이념은 '성실, 신의, 봉사'이고 교훈은 '실력 있는 성숙한 인간'이다. 학생상은 겸손하고(Modest), 교양 있고(Well-educated), 예의 바른 세계인(Courtous Student in the world)이다. 교육목표는 인간을 존중하는 예절 바른 도덕인 육성, 창의력과 사고력을 지닌 지성인 육성, 강인한 정신과 체력을 지닌 건강인 육성, 세계화 시대를 주도해 나갈 세계인 육성이다.

인천외고는 명신여고와 같은 운동장을 쓰고 있고 남학생 수가 다른 외고에 비해 많은 편이다. 영일실고에서 인천외고로 개명하고 인천에서 좋은 입시 성과를 냈으나 최근에는 학생 선발에 어려움이 있고 인천의 공립 외고인 미추홀외고와의 경쟁을 이겨 내야 하는 과제를 안고 있다. 지역 공립외고에 비해 학비가 비싼 만큼 양질의 교육을 제공하여 교육 소비자의 만족도를 제고하기 위한 노력이 필요하다. 전통적으로 내려오는 프로그램과 함께 새로운 시대와 입시 변화를 반영하여 교육 프로그램의 개선이 요구된다.

학교 행사로는 축제와 체육대회, chorus fiesta, 연극제 등이 있다. 학교 축제(Fiesta)는 2년에 한 번씩 열리는데 하루는 오케스트라, 댄스부 등의 공연이 열리고, 다른 날은 동아리 부스를 운영한다. 학교 사정과 여건에 따라 축제일이 줄기도 하고, 인근 시설을 대관하여 공연한다. 체육대회는 매년 정기적으로 개최되는 행사로 남자 축구, 남자 농구, 여자 피구, 계주, 줄다리기 등의 경기를 한다. 반별 대항전이 아니라 과 대항 체육대회로 반티 대신 과티가 있다. 중국어과는 빨간색, 일본어과는 파란색, 스페인어과는 노란색으로 과별 티를 입고 열띤 경기를 펼친다.

신입생 오리엔테이션은 입학 전 개최되는 행사로 보통 월요일에 진단평가를 보고 화요일부터 금요일까지 진행된다. 과별 인사, 학생회와 동아리 소개 등 학교생활 전반을 안내하는 행사이다. Chorus Fiesta는 2학기에 반별로 진행되는 합창제로 지정곡과 자유곡을 부르며 단합한다. 외국어 경시대회(Foreign Language Contest)는 전교생이 참여하는 행사로 지필시험으로 예선을 치르고 본선은 프레젠테이션과 스피드 퀴즈로 진행된다. 1학기에는 영어, 2학기에는 전공어로 진행된다.

인문 토론대회는 동아리에서 주최하는 토론대회로, 각 반에서 토론을 진행해 두 명으로 이루어진 가장 우수한 팀이 본선에 진출한다. 이후 주제 토론을 하게 되는데, 찬반은 미리 정하지 않아 충분한 준비와 순발력이 필요하다. 본선 1, 본선 2를 진행한 후, 각자 본선에서 우승한 팀들을 모아 결승전을 진행해 우승팀을 가린다.

대전외국어고등학교

- 학생 수 : 689명(남 149명, 여 540명)
- 교원 수 : 83명(남 25명, 여 58명)
- 주소 : 대전광역시 서구 신갈마로 19(대표번호 042-530-8000)

대전외고는 '자율, 성실, 창의'라는 교훈 아래 글로벌 시대에 필요한 외국어 인재 양성을 교육목표로 하고 있다. 교육 추진 중점은 실천 중심 인성 함양, 창의적인 인재 육성, 외국어 수월성 교육, 교원의 전문성 제고, 합리적인 학교 경영이다. 영어과, 독일어과, 프랑스어과, 스페인어과, 중국어과, 일본어과, 러시아어과 7개 학과 10개 학급으로 중부 지역 공립 외고의 중심으로서의 지위를 확고히 하고 있다. 외고의 설립목적에 맞는 외국어 교육의 기본을 충실히 수행하여 우수 학생 유치와 대학 진학의 성과를 안정적으로 구축하고 있다. 각 과의 개략적인 교육활동은 다음과 같다.

영어과는 입학과 동시에 바로 심화 영어를 학습한다. 1학년 때 심화 영어 독해, 2학년 때 심화 영어 작문, 3학년 때 심화 영어 작문과 심화 영어 독해를 모두 익혀 영어 능력이 탁월하다. 다른 학과보다 인기가 많은 편이고 모든 교내대회를 영어로 진행한다. 제2외국어는 독일어와 프랑스어 중 선택할 수 있고, 연말에는 English Major's Week라는 영어과만의 주간이 있어서 영어과 선후배들이 어울리는 축제 한마당이 된다.

프랑스어과는 '자유와 사랑'이라는 슬로건 아래 밝고 활기찬 분위기로 체육대회에서 열정과 투지로 연속해서 응원상을 수상하였다. 예술과 문화 분야에서 역량을 나타내는 학생이 많아 예체능 동아리의 대표가 많고 뛰어난 솜씨를 뽐내고 있다. 프랑스 대사관과의 연결이 잘 되어 프랑스 작가와 정치인,

유명 인사를 초빙하여 행사를 진행하기도 한다. 프랑스어과의 가장 큰 행사는 프랑스 뮤지컬 공연으로 학생들이 기획하여 춤과 무대, 소품을 만들어 수준 높은 공연을 선사한다. 프랑스 학교와 자매결연을 맺어 일주일 동안 홈스테이를 하는 행사가 있다.

중국어과는 중국에서 살다 온 학생이 많아 시작부터 중국어 구사 능력과 전공 수업의 수준이 높다. 전공어 축제로 중국어 실력을 과시하고 자매 결연한 북경외국어대학에서 1주일간의 캠프를 진행한다. 전국 중국어 대회에서 대부분 상위권을 차지할 정도로 중국어 수준이 출중하다.

독일어과는 학교에서 가장 조용하고 과 친구들 간에 친밀도가 높은 과로 알려져 있다. 다른 과에 비해 열정이 부족하여 체육대회에서 독일어과가 우승하면 학생들 사이에 화제가 된다. 독일어 인증시험인 A1, A2를 볼 때, 환급시스템을 적용받을 수 있다. PAD, 전국 독일어 올림피아드, 동아시아 캠프 등 독일이나 다른 국가로 독일어 연수를 보낸다. 주한독일문화원에서 선물을 많이 보내준다고 한다.

스페인어과는 봉사활동이 활성화되어 있어서, 연말에는 3학년이 만든 수제 쿠키를 후배들이 기부 목적으로 외부에 나가 판매한다. 판매 수익은 모두 소망의 집에 기부금으로 전달되고, 학기마다 Esperanza라는 단체 봉사활동을 한다.

일본어과는 자매결연을 맺은 일본 고등학교의 학생들이 한국 수학여행 중 학교를 방문하여 친선 축구 경기를 했다. 일본 도야마 국제대학 부속 고등학교와 자매결연을 체결하여 1년에 한 번 일본을 방문하여 교류한다. 각종 일본어 대회에서 입상한 경력이 많다.

러시아어과는 다른 과에 비해 단체 활동과 체육대회에 소극적인 편이다. 시베리아 지역의 노보시비르크 학생들이 주기적으로 학교에 방문하여 교류하고 있다. 전국 러시아어 관련 대회에서 다른 학교가 부러워할 정도의 성과를 연속으로 거두고 있다.

대전외고는 각 과의 특성을 안내하는 것만으로도 학교의 모습을 보여주는 셈이다. 학교가 강조하는 특색 교육활동도 단순하고 힘이 있다.

세계와 소통하는 맞춤 외국어 수월성 교육 및 전공문화 탐구 활동을 중시한다. 외국어 수월성 교육을 통한 세계 시민 양성을 목적으로 전공어 활용 능력 향상을 위한 효율적 교육과정 운영, 의사소통 능력 향상을 위한 원어민 보조교사 수업 확대, 전공어 관련 다양한 문화 체험활동을 통한 타 문화 이해 증대, 인문 소양 교육 프로그램 활성화를 통해 인문 소양을 갖춘 글로벌 인재 양성을 위해 노력하고 있다. 이를 위해 전공어 회화 수업 소인수 그룹 운영, 원어민 보조교사와 함께하는 전공어 방과 후 학교 프로그램 운영, 전공어 발표 한마당, 전공어권 문화 이해를 위한 글로벌 리더십 진로 캠프 운영, 학생 맞춤형 진로 탐색 기회 부여 및 교육 회복력 강화로 진로 결정에 조력하고 있다.

울산외국어고등학교

- 학생 수 : 378명(남 117명, 여 261명)
- 교원 수 : 55명(남 16명, 여 39명)
- 주소 : 울산광역시 북구 중산동로 32-46(대표번호 052-711-7101)

울산외고는 후발 공립 외고로 전국 유일의 아랍어과를 운영한다. 한때 외고 폐지와 일반고 전환을 계획하였으나 특목고의 지위를 유지한다고 발표한 바 있다. 산 중턱에 자리 잡은 쾌적한 교육환경과 기숙사 생활로 자기주도학습이 잘 이루어질 수 있는 조건을 갖췄다. '따뜻함과 유능함으로 미래 사회를 주도할 세계 시민 양성'을 목표로 평생 좋은 동반자가 될 자율독서 생활화 교육, 마음과 몸을 단련하는 체육·예술교육, 미래 시민으로서 삶을 주도할 글로벌·자치 교육, 공존, 나눔, 배려를 실천하는 따뜻한 인간교육 실천을 위해 노력하고 있다.

학교 행사로는 축제인 Let's UFL IT가 있으며, 동아리 부스 운영, 반별 합창대회, 뮤지컬대회가 개최된다. 11월~12월에는 고3 수험생을 위한 '수능 출정식'과 '수능 음악회' 등이 개최된다. 진로 체험의 날에는 다양한 직군에 종사하는 부모, 유명 강사를 초빙하여 희망 진로와 관련된 강의를 진행한다.

학과는 영어, 중국어, 러시아어, 일본어, 아랍어를 운영하는데 아랍어과는 전국단위로 모집한다. 전국 유일의 아랍어과로 대학 진학과 진로 분야에서 많은 환영을 받는다고 한다. 일본어과에서는 매년 소수 학생이 유학을 준비해 일본 대학에 입학한다.

또한 울산외고는 세계 시민 양성을 위해 국제 교류 활동의 일환으로 자매결연학교와 교사 및 학생 상호 방문을 통한 친선을 도모한다. 교육과정, 학습자료, 수업 영상, 사진 등의 교환을 통한 교육의 국제화와 외국 문화 체험을 통해 국제적 감각과 넓은 안목을 기르고, 현지에서 전공어 활용 기회 제공한다. 유네스코와의 연계 활동과 실험 프로젝트를 수행하고 많은 국제 이해 교육 프로그램을 시행한다.

전공어별 동아리가 활성화되어 중국문화반 니하오, 영어 심화 탐구반 아반떼, 혜윰 교지 제작 동아리, 러시아 문학반 '쁘리벳', 일본문화 탐구 동아리 '하이료', 아랍 연구 동아리 '알루' 등이 활동하고 있다. 인성 함양을 중시하고 학력 증진을 위해 학력 증진 친구제(TaLE), 학습 플래너 활용, 전 교사가 참여하는 자기주도학습 능력 강화를 위한 학습실 운영, 학년별 DB 구축으로 맞춤형 진학지도, 교과와 연계된 명사 초청 특강 등이 활발히 이루어지고 있다.

학년별 특색 프로그램으로 1학년은 '우리는 진로 탐험가' 프로젝트로 자신과 같은 꿈과 진로를 가진 친구들과 진로 소모임을 구성하여 1년 동안 함께 해결할 수 있는 과제를 선정하여 계획서를 작성하고 주 1회 모임을 가지면서 도전 과제를 실행하고 발표회를 갖는다. 그리고 2학년 학생들이 이 프로젝트와 유사한 방식으로 1년간 매주 월요일 일정 시간에 지속적 활동을 통해 공통의 연구 주제를 수행한다.

세계 시민 프런티어 아카데미는 세계 시민으로서의 주요 의제와 자질을 바탕으로 학생 개인의 희망 전공과 연관된 주제 탐구로 문제해결력 및 융합적 사고 능력을 함양한다. 2~6인의 학생이 공동 연구 주제를 선정, 강연 전 사전 질문지를 작성하고 한국국제협력단(KOICA) 소속 전문 강사를 초청하여 3학년 학생 전체 대상 강연을 듣고 이후 주제 조정 및 탐구 활동 실시, 모둠별 보고서와 개별 활동 소감문 등을 작성한다. 3학년은 진로연계 프로젝트로 '융합 프로젝트' '더 나은 세상 만들기 프로젝트'를 운영하여 교과 융합적 사고, 공동체에 기여하는 삶의 태도를 함양한다.

경기외국어고등학교

- 학생 수 : 575명(남 159명, 여 416명)
- 교원 수 : 58명(남 28명, 여 30명)
- 주소 : 경기도 의왕시 고산로105번길 30(대표번호 031-361-0500)

경기외고는 봉암학원이 설립한 사립학교로 전신은 명지외고였고, 외고 중의 또 다른 특목 외고 같은 분위기이다. 인본주의와 교학상장(敎學相長)의 철학 아래 높은 교육 성과 달성과 우수 인재 양성을 위해 심화학습을 진행한다. 외국어 교육과 바람직한 토론문화 중심의 글로벌 커뮤니케이션 교육에 힘쓰고 리더십과 글로벌 매너 교육을 통해 지구촌의 미래를 이끌어 갈 세계적인 리더의 소양을 길러준다. 그리고 전인교육과 봉사활동 참여 교육을 통해 인류를 위해 봉사하는 이타적인 인재를 양성한다.

경기외고는 총 8개 반으로, 1~2반 영중과, 3반 영일과, 4반 국제반(영일과), 5~6반 중국어과, 7~8반 일본어과로 구성되어 있다. 국제반인 4반을 제외하면 모두 국내반이다. 2023년 기준으로 국제반이 늘어나서 1~2반 영어과, 3~4반 국제반, 5~6반 중국어과, 7~8반 일본어과로 재편, 기존 영어과는 제2외국어를 중국어, 일본어 둘 중 하나를 선택하지만 영중, 영일이 나뉘지 않고 통합되었다.

경기외고의 가장 큰 특징이자 논란이 되는 것은 국제반(IB반) 과정이다. IBDP는 국제 인증 고교 교육과정으로 우리나라 2~3학년에 해당하는 2년간 IB에서 공인한 교육과정을 이수하고 졸업시험을 치른 후 국제 수준의 학위 인증서인 IB Diploma를 취득하게 된다. 1년간 Pre DP로 2학년부터 진행될 IB 과정에 대비한다. IB 교육과정을 이수하는 학생은 3개의 핵심과정(지식이론, 창의신체 봉사활동, 졸업 논문)과 함께 6개 교과군에서 선택한 과목을 이수한다. 경기외고 안에 또 다른 특별한 학교가 있는 느낌으로 다른 국내반과 학비와 시설, 운영 등에서 많은 차이가 있어서, 경기외고의 특색이면서도 갈등의 요소로 존재한다. 경기외고 IB의 특징은 국제과정인 IB 과정과 국내의 외고라는 특수한 교육과정의 통합에 있다. 이것은 대입 수시에서 최상위권 대학을 진학하는 데 긍정적으로 작용하기도 한다. 진로는 경제 경영, 언론, 어문 쪽이 많고 IB 과정을 밟는 국제반 학생들은 자연 이공 계열로도 많이 진학한다.

경기외고에 입학하면 입학식 전 방학 과제가 많다. 숙제를 모두 할 수 없는 분량이어서 진학 후 평가에 반영되는 교과만 확실하게 과제를 마친다. 국어 과목의 경우 일반고가 2학년 이상에서 배우는 문법을 1학년이 숙지하고 문학도 수업 시간에 작품 정리를 마친다. 영어 과목은 학생들이 수준급의 영어 실력을 갖추고 있다 보니 교과서 없이 자체 제작 교재로 수업한다. 국어 비문학에 해당하는 수준의 경제, 정치, 국제 정세, 철학 등을 영어로 배우기 때문에 수준이 다르다. 어려운 IB 과정에 우리나라 교육과정을 결합하는 높은 난이도로 적응을 못 하고 전출을 가거나 진로 변경 등을 해서 외고 중 편입생이 많은 학교이기도 하다.

경기외고에는 다양성이 존재한다. 정시와 수시를 준비하는 국내반과 달리 외국대학, 이공 계열 진학, 예체능이 모두 존재한다. 학생들의 경험과 배경도 다양하다. 영국, 미국, 호주, 뉴질랜드에 아시아 국가 그리고 동유럽권, 남미, 중미, 중앙아시아, 러시아 등에서 생활하다 온 학생들도 있다. 따라서 영어는 물론, 스페인어, 일본어, 중국어 등의 언어를 원어민 수준으로 구사하는 학생들이 많다. 언어만 다양한 것이 아니라 문화적인 배경도 서로 다르다. 흔히 순수 국내파임에도 탄탄하게 준비한 사교육의 영향으로 상당 수준의 영어를 구사하는 학생들도 많고, 성적 경쟁에서도 밀리지 않는다.

고양외국어고등학교

- 학생 수 : 687명(남 210명, 여 477명)
- 교원 수 : 59명(남 33명, 여 26명)
- 주소 : 경기도 고양시 덕양구 통일로 820(대표번호 031-969-9072)

고양외고는 하나님을 경외하고 나라와 겨레를 사랑하는 미래의 지도자 양성을 목적으로 설립된 개신교 미션스쿨이다. 실력과 영성을 겸비한 글로벌 인재 육성을 교육지표로 영어과, 중국어과, 일본어과, 스페인어과로 운영 중이다. 영어과는 영중과, 영일과, 영스과로 나뉜다. 이와 별도로 영어과 내에 영어강의반(영강반)이 3년 동안 같은 반으로 운영된다.

고양외고는 과거 이과반 운영으로 특목고 최상위권의 입시 성적을 거뒀다. 전국단위 학생 모집과 국·영·수 선발 시험으로 우수 학생 유치에 성공하여 타의 추종을 불허할 정도의 입시 결과를 만들어 냈다. 고양과학고, TEPS 900점 이상 집단, 수능 절대 강자로 군림하다가 외고에서 이과 교육과정을 인정하지 않아 어려움에 처했다가, 다시 과거의 명성을 찾아가는 분위기다. 수학과 이공 계열 교과는 학교 공부 외에 개인적으로 준비하여 수시만이 아니라 정시에서도 일정 정도 이상의 성과를 만들고 있다.

오랜 전통이 있다는 장점이 있으나 시설이 노후하고 변화에 적응할 구성원들의 노력도 필요하다. 기독교 정신에 의해 설립된 학교이고 교사들도 우호적인 분위기에서 종교 행사와 관련된 모임 등이 많다. 기숙사에서 울리는 음악과 식당에서 기도하는 모습은 자연스럽다. 찬양방송이 나오고 기독부원들은 찬양을 인도한다. 수요일에는 예배가 있고 성경 모임도 있다. 종교에 대한 강요는 없으나 교사, 학생 대부분은 종교활동이나 모임에 참여한다.

학습과 생활에서 문화의 공동체성이 강하고 다양하고 다채로운 교육활동에 학생들은 자발적으로 참여하는 분위기이다. 모의창업 경진 활동, 평화국제협력 포럼, 언론 동아리 연합 포럼, 학생 자치, 스포츠 리그전, 모의 통일 국무회의, 사회통계분석 컨퍼런스(SOCRA), 학술 아카이브, 한국사 유적 탐방, 청소년 영어토론 챔피언십, 일본학술제, 경영언어분석 워크숍, 기업분석 및 홍보활동(GCP), 히스패닉 문화 축제, 융합 창의 아카데미, 책으로 열어가는 세상, 우리들의 아고라, 인문 사회과학 학술 포럼, 상자 텃밭 프로젝트, 방송제 등 헤아릴 수 없을 정도의 많은 모임과 행사가 있다.

고양외고는 학생 주도 프로젝트 봉사활동을 통해 학생이 자신의 진로나 흥미, 특기와 연계한 봉사활동 계획을 스스로 수립하여 장기간 실시하는 등 학업을 하면서 사랑을 실천하며 봉사하는 것을 중시한다.

과천외국어고등학교

- 학생 수 : 623명(남 172명, 여 451명)
- 교원 수 : 63명(남 39명, 여 24명)
- 주소 : 경기도 과천시 희망길 36(대표번호 02-504-3300)

과천외고는 세계화 시대에 맞는 인재를 육성하기 위해 더 큰 내일의 미래를 꿈꾸고 있다. 건강하고 온전한 건전인, 힘을 합하여 서로 돕는 협력인, 목적대로 이를 이루는 성취인을 양성하여 국내 중학생이 가장 가고 싶은 학교를 만들겠다는 야심 찬 꿈을 실현해 가고 있다. 가장 눈에 띄는 변화는 대대적인 교육환경 개선이다. 학교 외관 공사로 시설의 현대화를 느낄 수 있고,

내부 공간은 호텔을 연상케 한다. 교실 문이 미닫이문이며, 에어컨 전면 교체, 도서관 내 세미나실 형태의 빔프로젝터와 자습실 등은 학교에 대한 자부심을 느끼게 한다.

영어과 4반, 일본어과 2반, 중국어과 2반, 프랑스어 1반, 독일어과 1반이며 영어과는 중국어와 일본어로 나뉘어 있다. 전공어의 날 행사에는 과별로 부스를 운영, 학부모와 외부 인사가 방문하여 함께 즐기고 행사 마지막에는 과별, 학년별 공연을 관람한다. 운동장의 푸드 코트에서는 학생들이 음식을 만들어 팔고, 즐긴다. 공연과 함께 학술제에서 하던 코너들도 유지하여 학교 축제가 꽃을 피운다. 시민과 함께하는 세계 시민 역량 강화 프로그램은 전공어의 날 5개 전공어 국가(미국과 영국, 일본, 중국, 프랑스, 독일) 문화 체험 과정을 운영하여 수업, 학습과 연계함으로써 외국어 학습 능력과 의사소통 능력 및 문화적 감수성을 고양하고 학교 교육의 효과를 극대화한다. 외국어 능력뿐만 아니라 각국의 사회, 역사, 문화에 대한 체험학습으로 교실에 국한된 학습이 아닌 교실 밖 학습을 통하여 지식습득에 머물지 않고 실제 체험을 해봄으로써 심화한 형태의 타문화 이해를 할 수 있다.

글로벌 인재 양성을 위한 교육 프로그램으로 영어 및 전공어 프로젝트 활동(GFLPA), 영어 에세이 쓰기 프로젝트 활동, 영국 의회식 영어 토론 프로젝트 활동, 영어 말하기 프로젝트 활동, 우리 학교 우수인재 프로그램(GHRP), 전공어의 날 소감문 쓰기 프로젝트 활동 등이 있다. 영어 및 전공어 대회(GFLPT)는 수업, 방과 후 수업, 마중물, 도움닫기 강좌 등을 통해 학습한 외국어 실력을 다양한 분야에 적용해 보고, 피드백을 통해 학생이 자신의 재능을 발견하게 하는 프로그램이다.

국제교류 프로그램(GIEP)은 해외 고등학교와 자매교를 체결하여 학생과 교사 상호 홈스테이와 문화 체험 등을 통하여 타문화에 대한 이해를 높임으로써 글로벌 인재로서의 자격을 갖추고자 노력하는 행사이다. 태국 Panyarat 고등학교, 일본 칸토국제고등학교, 일본 나리타국제고등학교, 중국 인민대부속제2중학 등과 왕래하며 교류한다.

프랑스, 독일 문화 체험 전공어 인증제(GFLC)는 외국어에 대한 심화 학습을 통하여 단계별로 일정 수준 이상의 외국어 구사 능력을 갖추게 하는 외국어 교육 프로그램으로 재학 중 최소한 2개 국어 이상의 외국어 인증을 취득하도록 한다.

과천외고에는 학교에서 인증하는 다양한 제도가 있다. 일정 기준을 제시하고 이에 해당하는 학생들을 격려하는 프로그램이다.

과천외고 우수 인재 프로그램(GHRP[GCFL Honor Role Program])은 1, 2학년 학생들이 재학기간 동안 전공어 교육 프로그램(GFLP)과 학교 교육과정을 충실히 이행하여 교과 역량 및 심화 지식 영역, 인성 계발 영역, 외국어 능력 영역, 창의 융합 영역에서 학교를 대표할 수 있는 학생으로 성장하였음을 인정하여 학교생활기록부에 기재하고, 이수증을 발급하여 격려하는 프로그램이다.

프런티어 창의인재 인증제와 분야별 인증제는 1, 2, 3학년 재학 기간 동안 두 가지 이상의 외국어를 능숙하게 구사할 수 있는 '외국어 구사 능력', 리더십과 일정 기간 재능기부와 봉사활동으로 이루어지는 '인성 계발을 위한 노력', 진로와 연관 있는 분야와 특정 분야에 대한 '전문적 지식', 인문적 소양과 자연과학적 소양을 동시에 갖춘 '창의적 융합 인재로서의 소양' 등 열정을 갖고 도전하는 자세를 가진 미래 개척자 육성 프로그램으로 위의 네 가지 요건을 고루 갖춘 학생에게 주어지는 인재 인증 제도이다.

이 학교의 전공어 신문은 연간 2회 발간되는 5개 외국어 원어 신문으로 기획, 기사 취재와 편집의 모든 과정을 학생들이 제작, 발간하여 전문 기자로서의 소양을 계발하고 외국어 실력 향상은 물론 사회 현상에 대한 비판적 시각을 기르도록 한다.

외국대학 추천 입학 제도는 해외 유수의 대학과 자매결연을 체결, 학교생활과 교육과정을 충실히 이행함으로써 해외 대학 진학의 길을 열고 학생들이 외국어 학습을 자신의 진로, 희망과 연계할 수 있도록 한다. 위스콘신대학, 멜버른대학, 퀸즐랜드대학, 스위스 BHMS 대학, 도시샤대학, 간사이대학, 도쿠시마대학, 리츠메이칸 대학, APU 대학, 중국 상하이교통대학교, 산둥대학교 등과 결연하여 교류한다.

또한 모의 자치법정은 학생 스스로 만든 자치 규정을 학생들이 적용하는 과정에서 발생하는 갈등을 법률적 방식으로 해소하여 더 나은 해결책을 마련한다. 법정의 설치, 진행, 판결 등 실제 법정의 진행 요소를 도입하여 학생의 인권에 대한 실체적 경험을 통하여 법률적 지식과 권리와 의무에 대한 의식을 함양함을 목적으로 한다.

명사(직업군별)초청 진로특강은 다양한 직업의 학부모 및 졸업생을 초청, 자기 적성에 대한 이해와 다양한 체험 기회를 통한 직업 세계를 파악하고 급변하는 미래 세계에 대한 이해를 도와 능동적으로 진로를 개척하고 인생 설계에 도움을 얻는 시간을 갖는다.

김포외국어고등학교

- 학생 수 : 540명(남 206명, 여 334명)
- 교원 수 : 48명(남 33명, 여 15명)
- 주소 : 경기도 김포시 월곶면 김포대로 2537(대표번호 031-996-7700)

김포외고는 김포학원 소속으로 이사장이 사재를 털어 설립한 사립학교로 영어과(4학급), 중국어과(2학급), 일본어과(2학급) 총 3개 과를 운영한다. 김포시에 있는 유일한 특목고지만 학생 선발과 우수 인재 영입에 어려움이 있어서 아직은 특목고의 기대 수준에는 미치지 못하고 있다. 다른 외고에 비해 남학생 수가 많은 편이고 모든 학생이 기숙사 생활을 하며 방과 후에는 면학실 지정 좌석에서 밤 11시까지 자습한다. 교사들이 순번에 의해 감독하며 학생들의 면학을 독려하고 상담을 진행하기도 한다.

학교가 강조하는 교육활동은 학력 신장과 교내 경시대회 활성화이다. 이를 위해 학교 자율 과정과 자율 장학을 추진하고 학력 향상을 위한 교사 연수와 전문성을 제고하며, 학생들의 자기주도 학습을 강화하고 기초학력 부진 학생을 지도하고 있다. 이의 일환으로 방과 후 학교를 운영하고 주제 심화 연구와 독서 교육을 강화한다.

진로 탐색과 인성 발달 봉사 정신 함양을 위해 진로 포트폴리오 작성 및 관리, 1인 2 동아리, 해넘이 학교 교육 봉사활동, GFL Sports&Arts, GFL 사제 동행 프로그램 등을 실시한다.

SRP 주제 심화 연구는 관심 분야에 대한 이해를 높이고 창의적인 사고를 함양하기 위해 논술 및 구술면접에 대비하여 심화 개념을 이해하고 직접 연구하는 활동이다. 학교에서 배우는 과목 정규수업, 방과 후 수업, 테마 수업 등의 내용 중 자신이 관심을 갖고 확장 심화 연구하고 싶은 것을 주제로 보고서로 제출할 것을 권장하며, 장기간에 걸쳐 깊이 있는 고민을 통해 연구하여 작성한 보고서인지의 여부를 담임교사의 평가를 기록하는 경우 자율활동에 반영한다.

김포외고는 독서하는 리더(CeRL ; Certification of Reading Leader) 양성을 위해 학교 교육과정 안에서 독서 교육의 활성화로 창의 지성 교육을 실현하고 독서교육 내실화로 창의 지성 역량, 자기주도학습 능력, 자기관리 능력, 협력적 문제 발견 및 해결 능력, 의사소통 능력 등의 계발 및 공교육의 신뢰도 제고를 목적으로 한다.

교과 학습 멘토단을 운영하여 학생들의 재능 기부를 실현하고 교과 재능을 기부함으로써 공동체 의식을 함양하기 위해 수업 시간, 식사 시간, 토요 학습 프로그램, 방과 후 시간 등을 활용하여 교과 우수 학생 중 공동체 의식이 뛰어난 학생을 선발하여 운영진으로 활동하게 한다. 또한 학생 스스로 진로 로드맵을 구성할 수 있도록 진로 포트폴리오를 작성하고 자료를 준비하는 작업을 통해 진로 성숙도를 향상시키며, 내적 동기 부여를 한다. 해넘이 학교 지역사회 연계 교육 봉사활동을 통해 초등학교 학생과 결연하여 학습뿐만 아니라 학교생활, 친구 관계 형성 등 다양한 조언을 하면서 초등학생들이 즐거운 학교생활을 할 수 있도록 멘토의 역할도 한다. 교대 및 사범대를 희망하는 학생들에게 진로와 관련하여 교육 봉사활동을 통해 진로 결정의 기회를 제공하고, 인근 초·중등학교와 연계하여 지역사회에도 많은 도움을 주고 있다.

GFL Sports&Arts 프로그램은 리더로서 갖추어야 할 인성을 함양하고 학생들의 다양한 욕구 해소 및 맞춤형 프로그램을 진행한다. 다양한 스포츠 및 예술 프로그램을 개설하여 학생들이 자신의 선호도와 적성에 맞게 선택할 수 있도록 프로그램을 편성 운영한다.

동두천외국어고등학교

- 학생 수 : 456명(남 170명, 여 286명)
- 교원 수 : 65명(남 30명, 여 35명)
- 주소 : 경기도 동두천시 지행로 145(대표번호 031-864-9906)

동두천외고는 수도권 최초의 공립 외고로 교훈은 'Second to None'이다. 주로 경기 북부(의정부시, 양주시, 동두천시)와 근처(고양시, 파주시, 남양주시)에서 지원하고, 부천과 경기 남부의 용인시, 평택시, 수원시에서도 오는 등 지역이 다양하다. 멀리서 오는 학생들은 기숙사로 들어갈 때와 금요일 학교가 끝났을 때 공동 버스를 대여하여 운영하기도 한다. 경기도에 경쟁력이 있는 국제고와 외고가 많고, 학교마다 특화된 프로그램이 있기에 수도권에서 떨어진 외곽의 공립학교라는 약점을 해결해야 발전을 기대할 수 있다. 사교육 의존도가 높고 특목고 열풍이 심화되던 시점에 개교하여 이후 공립 외고인 수원외고, 성남외고의 모델이 되기도 했다. 영어·중국어과, 영어·일본어과, 중국어과, 일본어과 각 2개 반씩 편성 운영하고 있다.

학교 프로그램으로는 진로 진학 페스티벌이 있다. 1학기가 마무리되는 시점에 학생이 주축이 되어 행사를 기획하고 진행하여 진로 탐색에 도움이 되는 행사이다. 주요 프로그램으로는 과거 대회, 모의 창업, 꿈끼 대회, TED, 학과 멘토링 등이 있다. 과거 대회는 쟁점이 되는 주제에 관하여 과거 시험으로 장원을 선정하고, 모의 창업은 행사 당일 직접 아이디어 상품을 판매하여 수익을 내는 프로그램이다. 그리고 꿈끼 대회는 춤, 노래 등 끼를 발산하는 행사이며, TED는 그 TED를 참가 학생이 직접 하는 것이다. 학과 멘토링은 졸업한 선배들이 직접 학교를 방문하여 재학 중인 후배들에게 조언해주는 프로그램이다.

　동두천외고는 학생들의 외국어 능력 신장을 위해 원어민 교사 활용 교육과정을 운영한다. 전교생 및 지역사회 학습자 대상으로 실용적인 외국어교육 기회를 확대하여 의사소통 능력 향상 및 외국 문화에 대한 이해력을 증진하고, 사교육비 절감에 기여하기 위함이다. 외국어 특화 프로그램으로 Creative Pioneers Program(영어, 일본어, 중국어)이 있다. 학습자의 요구에 따른 전문적인 외국어 프로그램의 운영을 통해 외국어 실력 향상 및 공인어학 성적 취득을 통한 외국어 인재를 양성하기 위해 방과 후 학교 프로그램의 하나로 학생의 선택과 수준을 고려, 무학년제로 운영한다.

　뿐만 아니라 역량 배양 프로그램 운영으로 고등 사고력을 계발하고 관련 교과와 연계된 능력을 계발할 수 있는 기회를 제공하기 위해 수리 능력 배양 과정, 사회탐구 과정, 소인수 독서토론반, 논술 및 면접 대비 과정 등을 체계적으로 준비함으로써 대학 진학률 향상에 기여할 것을 기대하고 있다.

　독서 숲 학교 만들기(독서 숲 학교 포럼, 독서 숲 학교 학술제) 활동은 독서활동에 근거, 자아를 성찰하고 공감하는 토론의 장을 제공한다. 이것은 인문, 사회, 과학, 예술 영역의 기초소양을 함양하여 학생 스스로 삶을 설계해 나가는 데 나침반 역할을 제공하기 위함이다.

　국제콘퍼런스는 자매학교 방문 및 다른 나라의 문화를 직접 체험하는 가운데 국제적인 안목과 미래에 대한 큰 포부를 갖게 하고 애국하는 마음을 기르기 위한 사업이다. 중국어 국제교류 학술대회(동아시아 콘퍼런스)로 대만, 홍콩, 싱가포르, 말레이시아, 일본, 인도, 베트남 등과의 교류를 추진하고 있다.

　이 밖에도 지역사회 연계 프로젝트 운영으로 외고 학생과 인근 중학교 학생들을 매칭하고 외국어 독서 멘토링을 실시하여, 재능을 나누고 함께 배우는 교육환경을 조성하고 지역사회 발전에 기여하고자 노력하고 있다.

성남외국어고등학교

- 학생 수 : 586명(남 116명, 여 470명)
- 교원 수 : 70명(남 22명, 여 48명)
- 주소 : 경기도 성남시 분당구 대왕판교로 385번길 28(대표번호 031-789-2300)

성남외고는 분당 태봉산 중턱에 위치한 공립고로 영어과, 일본어과, 중국어과, 독일어과로 구성되어 있다. 분당 신도시가 자리를 잡을 때 한국외국인학교(KIS)로부터 부지를 받아 2006년 개교하게 되었다. 성남외고 옆에 유치원부터 고등학교까지의 교육과정이 있는 한국외국인학교가 있다. 두 학교가 산속에 붙어 있어서 평일 아침 시간마다 교통 혼잡이 대단하다. 신도시의 특성과 특목고가 결합하여 인근 지역의 사교육 비중이 상당히 높고, 그런 만큼 우수한 신입생이 입학하며, 학생 간 편차가 매우 적어 경쟁이 치열하다.

우수 학생 유치와 학교 프로그램이 정비되어 수시 학생부 종합전형에서 좋은 성과를 만들어 내고 있고, 수시에서 합격하지 못한 학생은 좋은 수능 성적을 목표로 정시에 서울권 소재 대학에 합격할 수준이다. 기숙사는 전교생 수용이 가능하며 통학도 가능하지만 자발적으로 기숙사를 선택한다. 한 방을 각 과 학생이 쓰는데 인원 구성에 따라 같은 과끼리 방을 쓰기도 한다.

성남외고는 덕·체·지 3품 인재 육성 프로그램으로 민주시민으로서의 자질을 함양하게 하고, 글로벌 인재로서의 소양을 익히게 한다. 입시의 필수 요소인 성적 향상을 포함해 건전한 사고방식과 생활 태도의 중요성 인식과 습관화를 도모한다. 품성 부문, 예체능 부문, 지성 부문에서 인증받은 학생에게 후마니타스 인재상, 좋은 성품 글로벌 리더상 등을 수여한다.

그리고 1인 1악기 감성 프로그램으로 자기 표현력 발달과 즐거운 학교생활

문화를 창출하고 예술 관련 활동을 통한 심미적 인간을 육성한다. 열심히 공부만 하는 것이 아니라 다양한 학교 프로그램에 열정적으로 참여하는 분위기 속에서 자기 관리와 시간 관리는 필수적이다.

봄에는 1, 2학년 체육대회와 3학년 졸업사진 촬영이 있다. 졸업사진 촬영 때면 학교는 스튜디오가 되는 느낌이다. 춘추복, 단체사진, 하복, 사복 등을 입고 촬영하는데 저마다 자신의 미를 뽐내기 위해 정성을 다한다. 체육대회는 과별 대항전으로 진행된다. 과별로 단체복을 맞추고, 개회식에서 과대표가 전공어 나라 국기를 흔든다. 학업과 기숙사 생활에서 스트레스가 정점으로 올라가는 순간에 체육대회가 개최되어 학생들은 승부욕을 승화시키며 즐거운 추억을 만든다. 외고가 여학생이 많은데 특히 여학생들의 종목이 좀 더 치열하여 친하던 룸메들 간에도 살벌한 분위기가 순간 생긴다고 한다. 체육대회 저녁이나 5월 말에는 '홈커밍데이' 행사가 있다. 졸업한 선배와 타 학교로 전출 간 교사들이 학교를 방문하는 날이다. 과, 동아리 선배들의 학교 방문으로 선배들로부터 대학 생활, 공부 방법 등을 듣는다.

체육대회 후 단기 방학에는 해외 교류 행사를 한다. 일본, 중국, 대만, 독일 등 자매학교가 있는 곳이나 뉴질랜드, 미국 아이비리그 탐방, 뉴욕 등 여러 학교를 간다. 1학년은 미국, 2학년은 전공어와 관련 있는 나라에 간다. 영어과는 2학년 때 싱가포르에 간다. 가을에는 답례로 외국 자매학교 학생들이 학교를 방문하는데, 일본 메이토 고등학교와 대만 학생들은 거의 매년 방문한다고 한다.

1학기 기말시험이 끝나면 미니콘서트가 열린다. 1학년은 리더십 캠프 프로그램을 진행하고, 2학년은 경기도 광주시에 위치한 한사랑 마을을 방문해서 봉사활동을 한다. 전공어 합창대회는 1, 2학년 학급별로 진행되고, 여름방학 끝자락에는 SNFL SUMMER CAMP가 열리며, 중학교 3학년 학생들이 외고 체험을 하러 온다.

핼러윈에는 전교생이 다양한 옷차림으로 등교하여 하루 종일 희귀한 복장으로 생활하는데, 원어민 교사들도 적극 참여하는 행사이다. 10월에는 오케스트라 동아리인 칸타빌레의 정기 연주회가 있고, 신입생 선발을 위한 학교 입학 설명회에 참여하는 학생들도 많다. 수능을 앞두고 고3들은 동아리 후배들이 챙겨주는데, 롤링 페이퍼, 간식, 응원 선물 등을 준비하고 급식실에서 응원하기도 한다.

학기 말에는 SAFARI라는 학교 축제가 열린다. 첫째 날 학술제에서는 학술 논문대회인 ABC 프로젝트의 최종전이 진행된다. ABC 프로젝트는 학기 초 학생들이 지도교사를 정하고 6개월간 소논문을 쓰는 대회인데, 중간에 경연을 펼치며 최종 결선에 오른 팀들이 논문을 발표한다. 심사위원은 저명한 인사들이고 전문가인 데다가 그들의 질의와 논평에 학생들의 질문까지 더해지면서 열기는 뜨겁고, 논문의 수준도 상당하다는 평가이다.

둘째 날에는 연극과 뮤지컬 공연 등이 펼쳐지고, 동아리별 부스도 열린다. 과별로 있는 전공 동아리에서 나라별 음식을 팔기도 한다. 메인 이벤트는 학생회 주도하에 강당에서 이루어지는데, 무대 설비, 조명, 스피커 등의 시설을 갖추고 제대로 공연을 즐기면서 1년의 스트레스를 푸는 한마당이 열린다. 조용히 공부하던 친구들도 이날은 열광하고, 이렇게 잘 노는 학생이었음에 서로 놀라는 시간이다.

수원외국어고등학교

- 학생 수 : 603명(남 121명, 여 482명)

- 교원 수 : 62명(남 21명, 여 41명)

- 주소 : 경기도 수원시 영통구 창룡대로 263(대표번호 031-258-9341)

수원외고는 수원 영통 지구에 위치한 공립 외고로 학년마다 영어과 3학급, 러시아어과 1학급, 일본어과 1학급, 프랑스어과 1학급, 중국어과 2학급 총 8학급으로 구성되어 있다. 비전은 '세계가 원하는 인재, 인재가 원하는 교육'이고 교육목표는 공감하는 인재, 성장하는 인재, 도전하는 인재 양성이다. 공감하는 인재는 들릴 기회가 없었던 목소리에 귀 기울이고, 다른 사람들이 절망을 보는 곳에서 가능성을 발견하며 바람직한 세계를 상상할 수 있는 도덕적 상상력을 가진 인재이다. 성장하는 인재는 글로벌 소양과 탁월한 외국어 의사소통 능력을 기반으로 미래 사회 각 분야에서 국가와 세계 발전에 기여하는 리더의 역량을 갖춘 인재이다. 도전하는 인재는 학문에 대한 지속적인 탐구심을 가지고 자신의 능력을 극대화할 수 있도록 주도적으로 노력하는 과정을 통해 지식을 융합하고 새로운 가치를 창출해 내는 인재이다.

수원외고는 함께 꿈꾸고 더불어 성장하는 행복한 학교 구현을 위해 학생 중심의 교육과정을 통해 자기 주도적 배움과 탁월한 성취를 이루는 학교, 창의적 도전을 통해 미래지향적 가치를 창출하는 학교, 학생 스스로 자기 삶의 의미와 가치를 발견하는 학교, 교사의 열정과 지혜가 최대한 발휘될 수 있는 교육생태계를 구축하는 학교, 지역사회와 함께 다양한 지적 경험과 문화예술을 공유하는 학교를 지향하고 있다.

다양한 문화, 민족, 인종, 언어적 배경을 지닌 사람들과 공존하고 협력하며 세계를 무대로 살아가는 이 시대에 세계 시민으로서 세상을 보는 눈과 세상을 품는 마음을 가지고 세상을 향해 나아갈 수 있는 수원외고인 육성을 위해 AAA 교육과정 활성화를 제시한다. AAA 교육은 Awareness(세상을 보는 눈), Attitude(세상을 품는 가슴), Action(세상을 향한 발걸음)으로 세부 실천 계획을 수립하여 힘 있게 추진하고 있다.

교과 교육활동 외에도 민주시민, 세계시민을 양성하기 위해 민주시민·세계시민 교과서를 학생 및 교사에게 배부하고 이를 활용한 활동이 이루어지도록 교과 내, 교과 간, 교과 및 창의적 체험활동의 융합을 바탕으로 자율활동 중 창의 주제 활동으로 정규 교육과정 내에서 실시하고 있다. 관련 부서 간 협력을 바탕으로 민주시민교육, 다문화 어울림·국제 이해 교육, 인권 교육, 장애 이해 및 장애인식 개선교육, 인성교육, 통일교육, 환경교육, 미디어 리터러시 교육 등의 프로그램을 기획·운영하고 인성교육, 통일교육, 장애이해 및 장애 인식 개선교육, 다문화·국제이해 교육 등은 관련 부서에서 별도의 운영 계획을 수립하여 추진한다.

세계 시민교육 확산 프로젝트(GCEP:Gobal Citizenship Education Project)는 교과 융합형 세계 시민교육 실천으로 범지구적 문제해결에 능동적으로 대처하는 세계시민으로서의 자질을 함양한다. 세계 시민교육 관련 행사, 대회 등은 가급적 창의적 체험활동(자율활동) 영역과 연계하고 유네스코 학교활동과 연계하여 유기적으로 시행하며 세계문화축제는 전공어반 학생들의 자발적이고 능동적인 참여를 통해 학생 중심의 문화행사가 되도록 한다.

수원외고 기숙사는 한 개의 방에 최대 6명이 수용될 수 있는데 남학생 수가 적어 6인실을 4, 5인이 쓴다. 통학하는 남학생이 많은 기수는 3명, 2명이 사용하기도 한다. 각 방당 시설은 샤워실, 세면대, 화장실과 2층 침대 3개, 캐비넷 6개, 청소기, 에어컨, 난방기, 빨래 건조대, 신발장 등이 완비되어 있다.

수원외고의 행사는 신입생 오리엔테이션부터 시작하여 연말까지 계속된다. 중간고사 이후 국제교류로 해외 문화 체험이 진행된다. 러시아어과, 일본어과, 프랑스어과, 중국어과는 각 과의 해당 국가로 수학여행을 떠날 수 있고, 영어과는 미국, 러시아, 일본, 프랑스, 중국 중 선택하여 수학여행을 갈 수 있다. 가을에는 '솔빛 나눔제'라는 바자회가 열린다. 반별로 부스를 만들어 중고품을 판매하여 수익금을 자선단체에 기부한다.

'솔비연'이라는 체육대회는 치어리딩 동아리의 개막 공연으로 시작하고 댄스 동아리의 공연으로 끝나는데 학생들의 승부욕은 대단하다. 10월에는 외국어 주간을 운영한다. 2학기 중간고사 이후 전공어 행사와 영어 대회가 개최된다. 이 시기에는 외국어만 써야 한다는 규정이 있다. 수능 출정식은 수능이 있는 주 월요일에는 1학년이, 화요일에는 2학년이 3학년 각 반 교실에 들어가 수능 응원을 한다. 수요일에는 후배들이 박수부대를 만들면 3학년 학생들이 후배들의 인사를 받으며 야외로 나온다. 학년 부장의 회고사, 학생회장의 송사, 전 학생회장의 답사, 교가 제창과 비행기 날리기 등의 식순 이후 3학년 학생들은 귀가하거나 자습한다. 종이비행기는 후배들이 777개를 만든다. 12월 중순에는 세계문화축제가 개최되는데 과별로 그 국가의 문화에 어울리는 부스를 운영한다.

안양외국어고등학교

- 학생 수 : 614명(남 155명, 여 459명)
- 교원 수 : 75명(남 32명, 여 43명)
- 주소 : 경기도 안양시 만안구 양화로37번길 36(대표번호 031-470-4000)

안양외고는 1996년 개교한 사립 외고로 영어과 4학급, 일본어과 3학급, 중국어과 3학급을 운영하고 있다. 1, 2학년이 본관을 이용하고, 3학년은 신관을 이용한다. 본관은 건물의 절반을 안양문화고등학교와 공유하고 있으며, 운동장은 매우 좁다.

교육목표는 학생들이 미래 개척자(pioneer)로 성장하는 것이다. 미래 개척자는 미래 사회가 추구하는 글로벌 역량, 지적 역량, 공동체 역량을 균형 있게 갖춘 사람을 뜻한다. 이 인재상은 외국어 의사소통 능력과 문화 이해에 기반한 글로벌 역량, 지식을 체계화하여 현재에 적용하고 미래를 상상하는 지적 역량, 자신과 이웃, 동료의 행복을 함께 추구하는 공동체 역량을 갖춘 인재이다.

다양하고 역동적인 교육 프로그램을 통해 학생들을 글로벌 시대 최고의 경쟁력을 갖춘 인재로 성장시키고자 정성을 다하고 있다. 안양외고만의 창의적인 교육과정은 학생 스스로 문제를 찾고 해결하는 과정을 통해 자신의 진로 계획에 필요한 지식 체계를 탄탄하게 형성하도록 이끌고 있다고 한다. 스스로 문제를 발견하고 해결하는 자기 주도적 연구 풍토 조성을 위한 활동은 다음과 같다.

① 파이어니어학회 활동(학교 자율과정)으로 진로와 관심 분야가 비슷한 학생이 자발적으로 조직하여 특정 활동이나 주제 연구를 연간 지속적으로 진행

② IBL프로그램(온라인 대학 강의)으로 학교가 지정한 온라인 대학 강의 플랫폼(Coursera, K-mooc 등)을 활용, 진로 활동 수업 시간 등을 활용하여 대학 강좌 수강

③ 동학년 그룹 스터디 활동으로 심화 학습 주제가 같은 친구들이 모여 함

께 연구하고 결과물을 생산하는 분기별 활동

④ 학생 주도형 자율 연구 활동으로 심화 독서활동(책을 주제로 다양한 독서 활동을 펼치고 활동 결과를 소개)과 학생 주도 포럼(스터디, IBL 등을 활용하여 개인이 쌓아 온 전문적 지식을 동학년 학생들에게 발표하고 공유)

안양외고의 집중화된 외국어 교육과 특색 있는 국제화 교육은 언어에 구애 받지 않고 다양한 지식과 학문을 폭넓게 습득하고, 지역과 국가를 초월하여 소통할 수 있도록 외국어 의사소통 능력을 강화하는 동시에 지역학에 기반한 국제 사회와 문화에 대한 이해 또한 함께 강조하는 교육이라고 할 수 있다. 영어교육은 3개년 총 38~56단위(주당 평균 수업 시수 6~9시간)의 집중 교육을 하고, 온라인 대학 강의를 통하여 대학 수준의 영어 강의 수강 능력을 확보하며 공인영어시험 정기 응시를 통해 어학 능력을 향상한다. 전공어 교육은 기초 문자, 어휘, 문법 교육에서 시작하여 대학 전공자 수준의 의사소통 능력을 확보하고, 일정 수준 이상의 해당 외국어 공인 어학성적을 취득할 수 있도록 지도하며, 해당 언어권 정치, 경제, 사회, 문화 등에 대한 지식과 이해를 강조한다.

인성교육 프로그램은 이웃과 동료, 공동체와 함께 성장하고 발전하기 위하여 훌륭한 인격을 갖추어 가면서 학교생활의 즐거움을 만끽할 수 있도록 돕는 것이다. 이를 위해 ① 타종 없는 학교 : 스스로 시간을 지키고 관리하는 생활 습관 형성 ② 봉사활동 교육 강조 : 월 1회 봉사활동의 날 운영, 프로젝트 봉사 활동 등 창의적 봉사 활동 장려 ③ 취미 중심 동아리 활동 : 1인 2동아리 활동 운영, 30여개 취미 중심 동아리 활동 중 ④ 선후배가 함께하는 프로그램 : 선후배 상견례, 선배 직업인 진로 특강, 선후배 멘토링 프로그램 등 ⑤ 스스로 만들어 가는 전통 행사 : 작은 음악회 연중 실시, 수능 응원 녹색 천사 ⑥ 월 1회

칭찬의 날 운영 등을 시행하고 있다.

그리고 중국 상해공상외국어고등학교, 일본 리츠메이칸케이쇼 고등학교와 자매교를 맺고 있으며, 이들과 1년에 2~3번 정도 교류활동을 한다. 주요 학교 축제로는 봄 축제인 벚꽃제, 가을운동회인 스포츠데이가 있다. 겨울에는 Fantastic Festival과 Winter Festival이 있다. 벚꽃제는 봄을 주제로 하는 글짓기나 그림 그리기 대회가 열리기도 하고, 카루타나 스피드퀴즈, 일본어 노래 부르기 대회로 진행된다. 스포츠데이에는 각종 단체 체육활동으로 학교 운동장이 협소하여 인근 체육시설을 임대하여 진행한다. Winter Festival(윈페)은 수능 직후부터 고3들이 활용하던 신관의 빈 교실들을 이용하여 연습하고 본 공연은 안양문예회관을 대관하여 이루어진다. 수학여행은 주로 해외로 간다. 강당에서 여행사의 프레젠테이션을 듣고 여행지와 일정 구성, 여행 경비 등을 고려해 학생들이 원하는 업체를 선정한다. 중국과 일본, 싱가포르 등 아시아 국가들이 주로 채택된다. 같은 나라여도 여행사별, 프로젝트별로 여행 코스가 다를 수 있다. 한 학년이 전부 한곳으로의 여행이 아니라는 것이 큰 특색이다.

안양외고는 오랜 전통이 있는 학교로 다른 학교와 비교하지 않고, 교육적으로 의미가 있는 행사와 활동을 특화시켜 힘 있게 추진해 나간다는 장점을 지니고 있다. 그 예는 타종 없는 학교라는 점이다. 스스로 자기 관리, 시간 관리를 할 줄 알아야 한다는 교육적 의미를 지니고 있으며, 교가와 함께 하루를 마감한다는 것은 기이하게 보일 수도 있다.

강원외국어고등학교

- 학생 수 : 288명(남 109명, 여 179명)
- 교원 수 : 44명(남 23명, 여 21명)
- 주소 : 강원특별자치도 양구군 양구읍 금강산로 437-12(대표번호 033-481-0500)

강원외고는 우리나라 최북단의 외고로 2010년 '성실·창의·열정'이라는 교훈으로 개교하였다. 영어과, 중국어과, 일본어과가 있으며 영어과 2학급, 중국어과 2학급, 일본어과 1학급으로 운영된다. 영어과는 제2외국어로 중국어 혹은 일본어를 선택할 수 있고 중국어과나 일본어과의 경우는 제2외국어로 영어를 하게 된다. 학급당 평균 25명 선발에 입학 후 학적 변동으로 인원이 줄어 전교생 300명이 안 되는 소수 인원에, 비슷한 학생 간의 내신 경쟁까지 겹쳐 지역사회의 기대만큼 좋은 성과를 내지 못하는 어려움을 겪고 있다.

체육대회는 축구, 농구, 혼성 계주를 하고 사제 동행 친선 경기를 한다. 이때 3학년은 졸업사진을 촬영한다. 'La On Fete'(즐거운 축제)라는 축제 때는 오전에는 동아리가 부스를 운영하고, 오후에는 공연을 하며, 재능과 끼를 발산하는 즐거운 시간을 갖는다.

세계를 선도하는 지성인 육성을 위해 외국어 교육, 방과 후 학습, 학습 멘토링, 자기주도학습을 진행한다. 감성을 배양하는 문화인 육성을 위해 1인 1운동, 1인 1예능, 학교 축제, 자매학교 방문을 추진하며, 타인을 배려하는 도덕인 육성을 위해 복지시설 봉사, 지역사회 봉사, 학생회 봉사, 기본생활 습관 지도를 강화한다. 또한 더불어 살아가는 평화인 육성을 위해 MUN 활동, DMZ 체험, 통일 골든벨, 세계평화 교육에 힘쓰고, 교양을 고루 갖춘 정보인 육성을 위해 독서 교육, 창의성 발현을 위한 논술/구술 교육, 융합, 미래 인재 육성, 첨단

정보화 시대 이해 교육을 실시한다.

강원외고는 국제, 독서, 학술, 운동, 예능 분야에서 5품제를 운영한다. 이를 인재상과 연결하여 글로벌 인재를 양성하기 위해 학교 교육목적에 부합하는 교육적 성취가 뚜렷한 인재를 인증하는 프로그램을 시행하는데 학교교육의 다양한 영역을 통합 관리하고 교육목표를 구체적으로 실현한 학생이 그 대상이다. 학교가 제시한 규정에 의해 '교양 역량' '인성 역량' '융합, 미래 지식 역량' '학업, 글로벌 역량'을 모두 갖춘 학생을 학교가 인증한다.

외고의 정체성 강화를 위해 전교생이 2개 외국어(전공어 및 부전공어)의 독해와 회화에 능숙할 수 있도록 지도하여 글로벌 리더로서 바로 사용이 가능한 외국어 교육 활성화를 위해 노력하고 있다. 5개의 어학실, 5개의 회화실, 잉글리쉬 카페를 운영하여 학생 참여 수업을 운영하고 원어민에 의한 외국어 회화 수업은 소규모로 분반하여 운영한다. 뿐만 아니라 추천 도서 목록을 공지하여 지속적인 영어 원서 읽기 지도 및 기록을 유지하고 English Cafe 운영 활성화로 여가 시간을 활용한다. 외국어 활동 및 학습, 해외 체험, 시사, 유학 등에 관한 잡지, 홍보물 및 자료 비치, 각종 외국어 경시대회 관련 정보 및 자료 제공, 대회 준비를 지도한다.

청주외국어고등학교

- 학생 수 : 451명(남 139명, 여 312명)
- 교원 수 : 67명(남 16명, 여 51명)
- 주소 : 충청북도 청주시 흥덕구 장구봉로 107(대표번호 043-717-3546)

청주외고는 1992년 개교한 충북 유일의 우리나라 최초 공립 외고로, 영어과, 독일어과, 프랑스어과, 스페인어과, 중국어과, 일본어과, 러시아어과로 구성되어 있다. 여기에 베트남어과까지 신설하여 전국에서 가장 많은 외국어를 가르쳤다. 하지만 기존의 영어과는 사라지고 지금은 일어-영어과, 프랑스어-영어과, 스페인어-영어과, 러시아어-영어과, 중국어-영어과, 일본어-영어과, 베트남어-영어과 체제로 운영하고 있다.

오랜 전통과 충북 유일의 외고라는 외형은 좋지만, 경쟁률이 계속 낮아지고 외고의 존폐 위기 속에 일반고 전환 논의와 경쟁력 확보를 통한 돌파구를 마련하지 못하고 있다. 전출입과 자퇴, 휴학 등이 있고 여전히 정원의 20%를 차지하는 사회통합전형도 정원을 확보하지 못하는 어려움을 겪고 있다. 학교의 중장기 발전 계획과 학교 구성원의 각고의 노력이 있어야 초기 특목고의 지위를 찾을 수 있을 것으로 보인다.

청주외고는 행복씨앗학교 운영 계획으로 학교 발전과 도약을 꿈꾸고 있다. 행복씨앗학교란 학교 공동체가 협력적인 문화를 형성하고, 창의적인 교육활동을 실현하여, 따뜻한 품성을 가진 역량 있는 민주시민으로 함께 성장하는 공교육 모델 학교로 만든다는 운영 계획이다. 행복씨앗학교 운영으로 민주적 학교 문화를 조성하고 배움 중심의 학교 환경을 조성하여 학생 중심의 교육과정 운영으로 학부모 참여와 지역사회의 협력으로 교육 공동체 의식을 함양하는 것이 목적이다. 그리고 그 중점과제로는 학교 민주주의 실현, 교육 중심 학교 시스템 구축, 교육과정-수업-평가 혁신을 들고 있다.

학교 민주주의 실현을 위한 중점 추진 내용
① 새학년 교육과정 준비기간 운영
② 민주적 소통 협의회의 날 운영

③ 교육 3주체 소통 토론회 운영

④ 민주적인 소통문화—학생 대상 토론 촉진자 교육

⑤ 배움과 나눔 실천 외고 나눔의 날 운영

⑥ 학생 자치활동 활성화

⑦ 학부모 자치활동 활성화

⑧ 학부모 대상 다문화 교실

교육 중심 학교 시스템 구축을 위한 중점 추진 내용

① 다양한 교원 연수를 통한 역량 강화

② 학습공동체 운영

③ 교직원 동아리 활동의 활성화

④ 진로와 함께하는 독서 멘토링 운영

교육과정—수업—평가 혁신을 위한 중점 추진 내용

① 학생 중심의 교육과정 운영

② 맞춤형 전공 심화 교육과정 운영

③ 학급 인문학 콘서트 운영

④ 배움 중심 교육활동 지원

⑤ 수업—평가—기록의 일체화를 위한 다양한 학생 참여 선택 활동 실시

⑥ 교과협의회를 통한 과정 중심 평가 방법 공유 및 시행 전후 적절성 점검

청주외고가 공교육의 모델이 되겠다는 계획은 추상적인 느낌이고 외고의 정체성이 잘 드러나지 않아 내실 있는 학교 운영과 학교 구성원의 노력과 특장점을 주변에 잘 알리는 것도 필요해 보인다.

충남외국어고등학교

- 학생 수 : 401명(남 96명, 여 305명)
- 교원 수 : 56명(남 21명, 여 35명)
- 주소 : 충청남도 아산시 탕정면 탕정면로 53-60(대표번호 041-538-4012)

충남외고는 삼성전자에서 부지를 증여받아 아산시 삼성디스플레이단지 근처에 위치한 공립 외고이다. 교훈은 '신뢰, 자율, 창조'이고 영어과 3학급, 중국어과 2학급, 일본어과 1학급, 베트남어과 1학급으로 학급당 20명, 학년은 140여 명으로 구성되어 있다. 2011년 최초로 베트남어를 신설, 베트남어과는 전국단위로 모집한다.

대학 입시에서는 수시 학생부종합전형으로 성과를 내는 편이고 자연 이공계열 쪽으로 진학을 희망하는 학생은 스스로 준비하여 정시로 승부를 본다. 따라서 학생들이 수업과 교과 외 활동에 적극적으로 참여하는 분위기이다. 학생 발표가 많고 수행평가 경쟁 또한 치열하다. 창의적 체험활동에도 많은 학생이 참여하고 학생부 반영과 무관한 학교 행사에도 열정적으로 참여한다. 학교 축제나 동아리 학술제 또한 행사의 기획과 진행까지 모두 학생 주도적이다. 재학생 전원 기숙사 생활을 하고, '충외인'의 공동체 의식이 강하고 학번 친구, 선후배 간에 서로를 잘 챙겨주는 문화이다. 월 1회 그달의 생일자들을 모두 모아 급식실에서 파티를 해주는 문화가 있다.

학교 특색 교육활동으로는 다문화 이해와 전공어 활용을 위한 이중언어 창작 동화책 출판이 있다. 이중언어 창작 동화책 출판을 통한 다양성 존중 의식을 함양하고 전공어 학습 활동과 창의적 체험 활동과 연계한 다문화 이해 증진을 통해 개인별 특성을 고려한 맞춤형 교육 제공으로 꿈과 끼 계발을 목적으로 하고 있다. 작가 공모 → 창작동화 완성 → 삽화 및 번역 완성 → 한, 영, 중, 일, 베어 녹음 → 동화책 출판으로 진행된다.

전공어 활용 다문화 이해 증진 프로젝트로 영어, 중국어, 일본어, 베트남어 신문을 발행한다. 교내 전공어별 신문 동아리 및 희망자를 모아 다문화 지원 센터 봉사활동을 통해 다문화 이해 증진에 기여하고 교과 활동과 융합한 전 공어별 문화 이해 학습 확산 적응 능력을 향상시킨다.

International&Rebirth Festival은 학술 중심 다문화 축제로 전공어 문화 관련 학술 연극 대회, 외국어 합창 경연 대회를 펼치고 전공별 수업 연계 학 습 과정 및 결과물을 공유하며 다문화 관련 초청 강연 등을 실시한다.

미래 핵심 역량 함양을 위한 독서 기반 교과 융합 교육과정은 학습자들의 창의 융합 역량을 함양하기 위해 수업량 유연화 구현을 통한 교육과정을 운 영한다. 유네스코 학교 세계 시민교육 기반 프로젝트 대주제로 전 교사와 전 교생이 참여하여 융합 수업 연구 활동을 펼친다. 교과융합협의회를 조직하고 융합 수업 22팀을 구성하여 프로젝트별 도서를 선정하고 개별 활동을 전개한 다. 학년별 세계 시민교육 대주제 연계 프로젝트 활동, 학년별 세계시민 주제 에 따른 외부 강사 초청, 융합 수업별 현장 체험학습 활동, 심화 탐구를 위한 캠프 및 프로그램 운영, 지속 가능한 수업을 위한 봉사활동 지원단 운영 등을 실시한다.

전북외국어고등학교

- 학생 수 : 395명(남 135명, 여 260명)
- 교원 수 : 58명(남 16명, 여 42명)
- 주소 : 전라북도 군산시 해망로 525(대표번호 063-465-0086)

전북외고는 전북 유일의 외고로 도내에서 서양어를 가르치는 거의 유일한 학교이기도 하다. 교훈은 '높은 이상, 바른 심성, 으뜸 실력'이다. 이 학교의 교훈은 학급, 이상관 앞 국기 게양대, 홍보물 등 다양한 곳에서 접할 수 있다. 학년당 정원 20명 8개 학급으로 특별전형까지 하면 학년당 최대 165명까지 입학할 수 있다. 모든 과가 영어와 제2외국어를 전공어로 하여 영·일본어과, 영·중국어과, 영·스페인어과 2개 학급씩이고 영·독일어과, 영·프랑스어과가 1개 학급이다.

전공어 수업은 주당 7~8시간으로 시수를 반영하여 내신 등급을 계산할 때 전공어의 영향력이 크다. 따라서 수학이나 탐구 과목의 비중은 타교에 비해 상대적으로 적어서 수능을 준비하는 데 어려움이 있다. 도내에서 상산고와 함께 기숙사를 운영하는 학교이나, 군산 지역에 거주하는 학생은 통학도 가능하다.

학교 특화 프로그램으로는 인문학 융합 특강 프로그램이 있다. 다양한 분야의 인문학 강의를 바탕으로 더 넓은 학문적 시야를 가질 기회를 제공하고 인문학과 타 학문과의 융합을 바탕으로 새로운 혁신을 이루어 낼 인재 양성을 목적으로 하고 있다. 학생 수요 중심의 강연자 초청 및 행사를 기획하고 특강 이후 토론, 소감록 작성, 추가 독서 등의 활동을 실시하고 개별 보고서를 작성하여 학생부에 기록한다.

자기 주도적 진로 심화 탐색 활동으로 독서 프로그램을 시행한다. 독서 능력을 신장시켜 사고력과 창의력을 기르고, 진로 연계 독서를 권장하여 진로 관련 심화 탐구의 기회를 제공한다. 추천 도서 목록을 바탕으로 1년 동안 20권 독서를 권장한다. 학기 초 추천 도서 목록을 제공하고 작문, 토론뿐만 아니라 학생의 소질, 적성에 따라 발표, 그림 그리기, UCC 제작 등 다양한 방법을 사용하여 표현할 수 있는 기회를 부여한다.

흥미, 소질, 적성, 특기가 비슷한 학생들로 구성된 자율 동아리를 구성하여 자기 주도적으로 활동하며 잠재 능력을 창의적으로 계발, 신장하고 자아실현의 기초를 닦는다. 진로 활동(진로 소모임)은 동일 계열 진로 학생들이 모여 진로에 관한 고민을 심화하고 지속적인 모둠 학습을 통해 진로 역량을 극대화한다.

또한 지역사회와 연계한 역사 이해 활동으로 과거 사대주의, 식민주의 역사관에서 벗어나 주변 정세 변화에 능동적으로 대응할 수 있는 올바른 역사의식을 함양한다. 나와 상관없는 '재미없는 옛날이야기'가 아니라 나의 삶과 직결되고 '재미있는 현재의 이야기'가 될 수 있도록 역사 과목에 대한 인식을 전환한다. 학생 중심의 역사 탐구 프로젝트 활동을 활성화하고 지역사 교재를 활용한 지역사 바로 알기 프로그램을 운영한다.

YES 활동은 예술과 스포츠로 감수성을 함양하고 예술 활동을 통해 인성을 함양하며, 창의성 계발의 토대를 마련한다. 다양한 활동을 통한 자신감 고취 및 활기찬 학교 분위기를 형성하고, 지덕체의 균형 있는 전인격적 교사와 학생을 양성한다.

전북외고는 학교 축제인 유엔위(You and we)를 개최한다. 유엔위는 전공어 국가의 화폐 단위로, 스페인, 독일, 프랑스의 화폐인 유로, 일본의 화폐인 엔, 중국의 화폐인 위안의 앞자리를 따서 이름 붙여진 축제다. 각 학과나 동아리별로 부스를 운영하고 공연이 이루어진다. 교내 대회로는 모의 유엔총회와 모의 유네스코총회가 있으며, 경제 용어 탐구대회, 정치 외교 용어 탐구대회, 국어과 토론대회, 수리 논술대회, 전공어로 전공어 국가 문화나 이슈를 발표하는 등 다양한 분야와 과목에서 대회 및 행사가 이루어진다.

전남외국어고등학교

- 학생 수 : 297명(남 96명, 여 201명)
- 교원 수 : 47명(남 17명, 여 30명)
- 주소 : 전라남도 나주시 영나로 2434(대표번호 061-333-1056)

전남외고는 나주에 위치한 공립 외고로 한 학년 5개 학급 100명 규모로 영어과 2개 반에 독일어과, 프랑스어과, 중국어과 각 1개 반으로 구성되어 있다. '공부는 외고처럼, 축제는 예고처럼, 체육대회는 체고처럼'이라는 구호 아래 기숙사 생활을 하며, 학교 구성원 간의 친밀도가 높다. 같은 과, 같은 번호인 선후배끼리 서로 선물도 챙겨주고 선배가 후배의 학교생활을 도우며, 시험 전에는 간식을 챙기면서 친목을 나눈다.

학교 특색 사업으로 '(학생)心(교사)心 UP, 레벨 UP'을 운영하고 있다. 학생 성장을 위한 다양한 정보 제공과 맞춤형 컨설팅을 하고 입학사정관을 통한 직접적 대학 입시 관련 정보 제공함으로써 학생부종합전형에 맞는 자기 주도적 진로 진학 설계 역량을 강화하기 위한 목적이다. 대학 입시의 변화를 알고 전남 진로진학지원단으로 활동한 교사 중 학교의 특성을 잘 이해하는 상담 역량이 높은 교사를 선정하여 학생 개별 상담을 진행하고 학생들 진학 희망 서울 소재 대학 중 5개 대학 이상을 선정하여 입학사정관 특강을 실시 진학률을 제고한다.

학력 레벨업 프로그램(학력 향상)으로는 기초학력지도 프로그램을 운영한다. 학습 결손을 해소하고 맞춤형 학습지원을 통해 기초학력을 보장하고 자기 주도적 학습 능력을 배양함으로써 스스로 학습 동기를 찾고 자신의 꿈과 진로에 대한 목표를 갖게 한다. 1학년은 국어, 수학, 영어 과목에 대한 기초학력 부진 학생을 파악하고, 이를 지원할 수 있는 예방지도 프로그램을 운영한다. 예방지도 프로그램은 온라인 강좌 수강권 또는 AI 교육 프로그램을 지원함으로써 스스로 학습할 수 있는 환경을 조성한다.

선택형 교과 보충 프로그램으로는 1, 2학년 각 5개의 진로 주제를 바탕으로 진로 탐색 및 심화반을 운영한다. 진로 주제는 '경영, 경제' '국제외교, 통상' '철학, 예술' '언어, 문학' '미디어, 교육' 등으로 학생이 1개의 진로 주제를 선정하여 학사 운영 일정에 따라 심층적으로 탐구하고, 교사는 학생이 심화 탐구 주제 선정, 정보 수집 및 분석, 독서 토론 등 프로젝트 추진을 자율적으로 수행할 수 있도록 지도한다.

그리고 문화체험 프로그램으로 마을공동체와 함께하는 1, 2학년 진로 탐색 프로그램을 운영하고 있다. 마을공동체 탐방 프로그램 등 지역 거점형 현장 체험학습을 운영하여 지역사회의 자원과 환경을 활용하여 학생들에게 더 많은 학습경험을 제공한다.

학교 주요행사로는 5월에 열리는 체육대회가 있다. 영어 A, 영어 B, 독일어과, 프랑스어과, 중국어과 등 총 5팀으로 배구, 농구, 축구, 피구, 발야구, 계주, 줄다리기, 단체줄넘기 등을 하는데 주로 여자 종목에서 우승이 갈린다. 체육대회 약 한 달 전부터 각 과별로 고유의 응원가와 과별 특색을 살린 테마곡을 준비한다. 정규 체육 시간 외에 이루어지는 과 운동도 활발하게 진행된다. 매일 과 대항으로 남자 배구, 남자 농구, 여자 농구 시합을 한다. 체육부 부장이 일정표를 만들어 경기를 뛰는 식이다.

12월 말에는 학교 축제인 송백제가 열린다. 오전에는 우리말 연극과 각 과 전 공어로 연극을 공연한다. 각 반에서 우리말로 기획하는 반 연극과, 각 과 1, 2학 년이 합동하여 전공어로 기획하는 과 연극이 진행된다. 오후에는 동아리별 부 스가 운영과 동아리 공연을 진행한다. 동아리 특성을 살린 부스 운영과 음식점, 카페를 운영한다. 저녁에는 주로 예능 동아리 공연이 이루어지는데 댄스 동아 리, 힙합 동아리, 밴드 동아리, 보컬 동아리, 연극 동아리, 관현악 동아리, 모델 동아리 등이 공연을 펼친다. 학생들의 호응이 대단하여 전교생이 댄스를 즐기 는 장관이 펼쳐지기도 한다.

경북외국어고등학교

- 학생 수 : 326명(남 92명, 여 234명)
- 교원 수 : 52명(남 19명, 여 33명)
- 주소 : 경상북도 구미시 금오산로 198-10(대표번호 054-458-2011)

경북외고는 구미시에 위치한 공립고로 교훈은 '올바르게(禮)·슬기롭게(智)· 더불어 함께(和)'로 의미는 다음과 같다. "남을 사랑하는 마음을 가짐이 예(禮) 의 첫걸음이며, 겸손하고 성실하며 정직하고 양보하는 마음씨가 곧 예이다. 슬기로움(智)은 사리를 밝게 다스리는 재능이다. 부지런히 공부를 해야 하는 이유도 사리를 밝게 분별하고 이해하는 능력을 키우기 위한 것이므로 쉼 없 이 지혜를 갈고 닦자. 서로가 아무런 격의 없이 어려울 수 있는 마음을 주고

받는 것이 조화(和)이고, 서로 마음이 맞는 사람은 벗이 될 수 있다. 가득히 흐르는 강물은 오염된 물이 스며들어도 함께 어울려 도도히 흐르듯, 포용과 화합의 자세로 친구를 사귀자."

5학급 학년당 정원은 125명으로 영어과 3학급, 일본어과 1학급, 중국어과 1학급으로 구성된다. 영어과는 영중과, 영일과로 영일과가 25명 정도라면 1반은 영일과, 2, 3반이 영중과로 편성되는데 학생의 희망에 따라 해마다 변화가 있다.

벚꽃이 개화하는 3월 말 4월 초에 벛꽃데이가 열린다. 전교생이 아름다운 교정에서 반별, 학년별, 동아리별 단체 사진을 찍고 자유시간을 갖는다. 학기 초 친구, 선후배와 사진을 찍으며 우정을 다지는 시간이다. 1학년은 동기 간에 사귐을 위해 2박 3일로 야영하는데 장소는 울진, 상주 등 해마다 상황에 따라 다르다.

학교 특색 사업으로는 원서(영어, 일본어, 중국어) 독서 능력 인증제를 운영하고 있다. 학생들이 다양한 분야의 많은 원서를 통하여 원서 읽기 능력을 향상하고 다양한 독후 활동을 통해 쓰기 능력을 신장하며, 외국에 대한 이해와 세상을 보는 안목을 높이기 위한 목적이다. 인증 등급은 개인별 원서의 독서량과 각 원서에 대한 다음 독후 활동 사항을 반영하여 내용의 충실도에 따라 5개 등급(A, B, C, D, E)으로 구분하여 평가한다. 매 학년도 3월 1일부터 12월 초까지의 독서량을 기준으로 3학년은 7월에 1, 2학년은 12월에 원서 독서 인증 신청을 받아 인증심사를 실시한다. 전공어/부전공어 분과별 인증심사위원단이 인증 등급 기준표에 따라 신청자의 독서 후 활동 내역과 내용의 충실도에 따라 등급을 판단하여 인증한다.

1학년부는 '스스로 꿈꾸고 더불어 성장하는 28청춘'이라는 비전 아래 나를 알고, 꿈을 꾸며, 세상에 대한 이해를 바탕으로 공동체를 성장시키는 미래 인재 육성을 목표로 살아온 날들, 살아갈 날들(자서전 쓰기), Book作Book作(북작북작), 에클레시아(PDC에 근거한 민주적 자치회의 활성화), 다문화 멘토링 봉사 등 다양한 활동을 한다.

2학년부는 외고 학생다운 국제적 감각을 기르고 각국의 역사·문화·지리적 소양을 함양하고 우리나라 외교 현안에 대한 관심을 기르기 위해 외무부 장관과 차관 역할을 수행할 학생을 선발한다. 우리나라와 외교를 맺고 있는 나라 중 학생들에게 소개할 40개국을 선정하고, 외무부 장·차관 수행 학생은 40개국 중 2개국씩 짝을 지어 나라별 역사·문화·지리적 현황을 소개하는 자료를 제작할 대사 역할을 수행할 학생을 매주 2인을 선발하며, 대사 역할을 수행하는 학생은 선생님들의 지도·조언을 받아 나라를 소개할 자료를 제작한다.

드림북(DREAM BOOK) 프로젝트는 1인 1영어 동화 짓기 프로젝트로 초등학생이나 유치원생들에게 전할 삶의 가치에 대해 생각하는 기회를 통해 창의력을 기르고 문장력과 사고력을 증진하며 지역 사회에 나눔을 실천하는 활동이다. 동화의 내용과 문장 등을 담당 전공 선생님 및 원어민 교사로부터 지도·감수받고 완성된 동화는 묶어 동화책으로 만든 후, 인근 유치원과 초등학교에 기증한다.

9월에는 학교 축제인 솔숲제가 열린다. 전야제에는 동아리의 공연이 있고 솔숲제 당일에는 동아리별로 부스 운영을 한다. 12월 말에서 1월 초에는 합창제를 진행한다. 반별로 지정곡과 자유곡으로 경연하는데, 무대 기획과 구성 등 모두 자율적으로 진행한다. 1부 합창제에 이어 2부에는 뮤지컬 공연을 한다.

경남외국어고등학교

- 학생 수 : 553명(남 181명, 여 372명)
- 교원 수 : 52명(남 34명, 여 18명)
- 주소 : 경상남도 양산시 어실로 388(대표번호 055-383-6601)

경남외고는 경상남도에서 처음 설립된 사립 외고이자 우리나라에서 5번째로 개교한 외고이다. 신불산 자락에 위치하여 자연환경이 좋다. 1987년 개교 후 4기까지는 양산외고로 남학교였고, 5기부터 경남외고로 남녀공학이 되었다. 교훈은 '讀書百遍其義自見(독서백편기의자현)'이다. 지식 정보 사회가 요구하는 창의 융합형 인재 양성 및 외국어 학습 강화를 통해 국제 사회의 리더를 양성하기 위한 첫걸음이 되고자 노력하고 있다. 영중국어과와 영일본어과 각 4개씩 총 8학급으로 운영하고 있다. 2020학년도부터 기숙사비와 급식비를 제외한 학비는 무료이며, 부유한 중국의 유학생들이 같은 기숙사에서 생활하고 있다.

경남외고는 토론 수업을 중시하여 교과별 특성과 단원의 내용에 따라 수업 시간의 약 20% 내외를 토론 수업으로 진행한다. 사회적 이슈가 되고 있거나 학습 내용과 관련이 있는 주제를 학생과 교사가 협의하여 선정한 후 학생들을 몇 개의 모둠으로 나누어 토론하고 발표하는 토론 수업이 활성화되어 있으며, 교내 대회로 연결된다.

① 아당 학술제
학기당 1회씩 전공 심화 분야와 교과 심화 분야로 나뉘어서 학생 스스로 연구 주제 및 계획을 선정하고 연구하는 학내 분위기 조성을 목적으로 학

생이 관심 있는 전공 분야 또는 교과 수업에서 다룬 내용 중 진로와 관련이 있는 주제를 설정하여 스스로 또는 교사와 협력하여 심화·탐구 활동을 펼친다. 그리고 작성된 결과물로 발표, 토론, 전시를 진행한다. 선정된 제출작은 강당에서 공개적으로 발표를 진행한다.

② MCE(Multilateral Concurrent Education)

방과 후 학교 운영으로 다양하고 창의적인 특기 적성 프로그램이다. 2022학년도 기준 총 56개의 강좌가 개설되어 8교시와 9교시에 수강을 원하는 학생들이 자율적으로 참여하며, MCE를 수강하지 않는 학생은 기숙사 자습실에서 자습한다.

③ GMP(Global Meeting with Prominent People)

'영사 강연'이라고 부르는 활동으로, 주한 외교공관의 외교관이 학교를 방문하여 강연과 질의응답을 진행하는 프로그램이다. 강연 후 학생들은 각 나라와 관련한 다양한 주제 발표를 해당 언어로 진행하고, 프레젠테이션에 관해 해당국 외교관의 피드백을 받는다.

④ 자율 진로 주제 탐구 활동

학생들의 기초 능력을 바탕으로 학생들의 탐구 능력과 창의적인 문제해결 능력을 향상하는 것을 목적으로 하는 프로그램이다. 학기 내내 수시로 원하는 학생들에 한해 진행되며, 정규 수업 과정에서 탐구하고 싶은 점이 생겼을 때 학생들이 자율적으로 지도교사를 선정하여 연구하도록 하는 활동이다.

⑤ International Forum&Cultural Exchange

학업 증진 및 글로벌 리더십을 함양하고, 교류 프로그램을 통해 외국 학교와 교류하는 프로그램이다. 중국 낙양시 제1고급고등학교, 중국 초작시 제1고등학교, 일본 죠오토오(城東)고등학교, 뉴질랜드 Westlake Boy's High School과 교류 활동을 진행한다.

⑥ Unesco Project

유네스코 학교로 지정되어 진행하는 프로젝트로, 학급별로 프로젝트를 구상하여 유네스코가 지향하는 가치와 이상을 실천하기 위해 노력하고, 유네스코의 7대 핵심 주제 중 하나 이상을 선택해 다양한 학습과 활동을 계획하고 실행한다.

김해외국어고등학교

- 학생 수 : 357명(남 75명, 여 282명)
- 교원 수 : 52명(남 18명, 여 34명)
- 주소 : 경상남도 김해시 율하로 266(대표번호 055-312-1280)

김해외고는 우리나라 외고 중 가장 늦게 개교한 공립 외고로 5학급 125명 규모로 영어중국어과 2학급, 영어일본어과 1학급, 중국어영어과 1학급, 일본어영어과 1학급이다. 김해외고에 다니는 학생은 김플인이라고 하는데 학교 행사로는 김플 스포츠 페스티벌이 있다. 5월에 열리는 체육대회 형식으로 피구, 배드민턴, 축구, 농구, 줄다리기, 이어달리기 등이 있는데 매년 학생의 요구를 반영하여 종목을 선정한다. 1, 2학년의 춤과 응원전에 열정을 쏟는다. 학교 축제인 아람실은 오전에는 전공어별 부스를 운영하고 오후에 공연을 하며, 6월에는 동아리 발표회가 열린다. 예술 동아리와 학술 동아리에서 수업 시간 외에 동아리의 정체성을 살리는 행사를 진행한다. 1학년 때는 미국 해외 문화 체험 연수로 미국의 자매학교와 명문대, 국제기구와 주요 시설을 견학하고, 2학년 때는 전공어에 따라 일본과 중국에서 문화 체험을 하게 된다.

김해외고 인재상 구현을 위한 교육운영 특색 사업은 다음과 같다.

① Graceful Citizen(기품 있는 시민)

김플 글판을 운영하고 한글날 기념 문학상을 수여하고, 가야의 땅을 투어하며, 여학생 체육 활성화 학교를 운영한다. 김플 글판은 분기별 1회 교무기획부 및 학생회 임원이 1층과 3층에 학생과 교직원이 전하는 메시지를 전달하며 공동체 의식을 함양하고 인권 친화적 학교 문화를 조성한다.

② Intelligent Youth(지적인 젊은이)

학문을 좋아하는 인재 육성을 위해 수학 나눔 학교 운영, 진로 독서교육, 학급 특색 활동, 창의 주제 탐구 활동, 한빛마루 토론대회, 3학년 '다독다독' 전공 심화 독서 교육에 힘쓴다. 창의 주제 탐구 활동은 여러 교과의 지식과 기능을 융합하여 특정 주제에 대해 다각적으로 접근하고 더 넓고 더 깊게 탐구하여 창의적 결과물을 산출하여 주제 탐구, 소집단 공동 연구, 프로젝트 학습과 관련된 교육 프로그램을 개발하여 운영한다.

③ Modest Partner(겸허한 파트너)

더불어 살아가는 공동체 의식을 갖춘 인재 육성을 위해 영재원 멘토링 글로벌 인재 멘토링, 배움공동체, 함·성(함께 성장) 배움공동체, 전(田)·함·성(밭에서 함께 성장), 산(山)·함·성(산에서 함께 성장), '알음 다름' 배움 공동체를 운영한다. 전(田)·함·성은 학교 유휴지를 활용한 친환경 텃밭을 가꾸며 성취감과 생명의 소중함을 느끼고 생태 환경의 중요성에 관심을 가지는 기회 제공하며, 산(山)·함·성은 교가에 나오는 굴암산 및 인근 산을 등산하는 것이다.

④ Future-Oriented Cosmopolitan(미래 지향적인 세계인)

미래 지향적 비전을 가진 인재 육성을 위해 유네스코 학교 운영, 김플인이

간다(해외 탐방 프로그램), 국제교류 활동, 외국어 말하기 대회, 해외 문화체험 연수를 실시한다. 국제교류 학교는 Merrimack High School(미국 뉴햄프셔), School of Languages(호주), 타이중시립장억고등학교(대만), 카이바라고등학교(일본), 죠토 고등학교(일본), La Mennais Ploermel(프랑스), 야마구치 고등학교(일본) 등이다.

⑤ Liberal Leader(관습과 편견에 얽매이지 않는 리더)

창의적이고 독창적인 꿈을 가진 인재 육성을 위해 졸업생 멘토링, 직업인 멘토링, 나의 꿈 헌정식, 수업량 유연화, 인문학 아카데미 등을 운영한다. 나의 꿈 헌정식은 빛무리관(강당)에 '나의 꿈'을 작성하여 학년별 '나의 꿈 헌정함'에 넣고 입학식 행사 시 '나의 꿈 헌정함' 전달식을 진행하여 자신의 꿈을 구체화함으로써 내적 동기를 부여하고 내적 자아와의 만남을 통한 자기 성찰 기회를 부여한다.

제주외국어고등학교

- 학생 수 : 286명(남 91명, 여 195명)
- 교원 수 : 38명(남 12명, 여 26명)
- 주소 : 제주특별자치도 제주시 애월읍 고성남길 34(대표번호 064-717-7700)

제주외고는 제주특별자치도의 유일한 공립 외고로 교훈은 '스스로 탐구하여 세계로 나아가자(Accessing the World through Self-directed Learning)'이다. 스페인어과, 영어과, 일본어과, 중국어과로 구성되어 100명 정도를 신입생으로 선발하는 소규모 학교이다. 제주도에서 유일하게 스페인어를 가르치는 학교로 어느 해는 스페인어과만 경쟁률이 치솟은 적도 있다. 다른 외고처럼 여학생 수가 많고 학교 정원이 작아서 중국어과 남자 신입생이 2명이었던 적도 있었다고 한다. 소수 학생끼리 기숙사에서 함께 생활하여 동기, 선후배 간 친밀도가 매우 높고 제주도라는 지역적 특색으로 인해 속속들이 서로의 사정을 다 알고 지내는 정도이다.

제주외고는 30여 명 교원의 연령대가 30~40대에 밀집되어 교육활동에 대한 열정이 높고 활기차며, 학생과의 소통이 원활하다고 한다. 교육목표는 바른 품성과 창의성을 지닌 글로벌 인재 양성으로 이를 이루기 위한 추진 계획은 긍정적 사고를 강화하는 바른 품성 함양, 글로벌 리더십을 배양하는 자기관리 능력 강화, 꿈과 끼를 실현하는 진로·진학 교육 충실, 자율과 소통으로 함께하는 학교문화 조성이다.

학교 특색 사업으로는 독서, 토론, 논술 융합 탐구 프로그램 운영이다. 독서를 기반으로 한 글쓰기, 토론 활동으로 글로벌 리더십을 갖춘 인재를 양성하고 사회 현상에 대한 기술(Describe)-분석(Analyze)-제안(Suggest)-실천(Act)하는 과정을 경험토록 함으로써 문제해결 능력을 신장시킨다. 이를 위해 열린 학교 도서관 구현, 사제 동행 체험형 프로그램 등을 통하여 독서 친화적 분위기를 조성하고 위계를 갖춘 연속적 논술 프로그램 운영을 통해 지식과 정보를 확대 재생산하며, 논리성 및 형식을 갖춘 글쓰기 소양을 키울 수 있다. 독서-토론-논술 활동의 횡적 연계와 학년 간의 종적 연계를 통해 학생들이 나선형의 성장 과정을 거칠 수 있도록 돕는다.

또한 외국어 특화 글로벌 리더십 프로그램 운영으로 외국어(전공어 및 영어) 구사 능력 신장을 통해 정보 습득에 제약받지 않고 사고력을 키우며, 국제무대에서 자유롭게 의사소통할 수 있는 역량을 기른다. 이를 위해 각종 외국어 대회를 개최하고, 학생들이 적극적으로 참여할 수 있도록 독려하며, 외국어 능력 신장을 위한 인증시험 응시를 지원하고, 시험 대비 프로그램을 운영한다. 세계 시민 의식 및 글로벌 마인드 함양을 위해 세계 시민 아카데미를 운영하여 인류 공동 현안 과제에 대한 학생들의 인식을 높이고, 모의 유엔, 유네스코 협동 학교, 학생 외교관 활동 등을 통해 학생들이 글로벌 네트워크에 대한 관심과 적극적인 참여 태도를 기를 수 있도록 지원한다.

제주외고의 지덕체 어울림 공동체 의식 함양 프로그램은 문화 예술 및 체육 활동을 통해 학생들의 소질과 적성을 계발하고, 창의성과 협동심을 기르며 학생 자치를 구현하는 새로운 학교 문화 창조를 목적으로 한다. 학술, 봉사, 문화 예술 및 체육 등 다양한 분야의 활동을 할 수 있도록 자원을 발굴하여 지원하고 동아리 및 각종 캠페인 활동, 봉사활동, 행사 등에서 학생들이 스스로 기획하고 진행할 수 있도록 지도한다.

❸ 외국어고 입시 준비 사항

　서울에 있는 외고와 수도권 외고, 지방에 소재한 외고 간에는 학력 편차가 많은 편이다. 일부 지역의 외고는 일반고보다 선호도가 낮다. 외고라고 묶어서 고민하는 것보다는 진학을 희망하는 특정 외고를 세세하게 분석할 필요가 있다. 일반적으로 그 지역에서 명문고로 알려진 외고는 좋은 학교이다. 선호도가 낮은 학교가 갑자기 좋은 학교로 변모하는 게 쉬운 일은 아니다. 대부분 대입 실적과 학교 프로그램을 살핀 후, 학생이 그 학교에 진학했을 때 어느 정도의 성적을 거둘 것인가를 보고 선택하게 된다.

　공립과 사립에 따라 학비의 차이가 크다는 점도 감안해야 한다. 겉으로 드러난 진학 실적만으로 판단하지 말고 학생 수와 교육 여건 등 세부 내용까지 잘 분석할 필요가 있다. 인천을 예로 든다면 과학고나 자연 이공 계열이 아니라 인문 사회 쪽으로 진로를 정했다면, 인천국제고와 미추홀외고, 미추홀외고와 인천외고, 인천외고와 일반고 등을 놓고 고민하는 것이 좋다. 경기권이나 다른 지역도 비슷한 양상이다. 국제고와 외고라고 통으로 비교하기보다는 학생이 선호하는 학교를 놓고 구체적으로 비교하는 것이 좋다. 진학하려는 학교가 변경되더라도 국제고와 외고의 전형 요소와 방법은 동일하다.

외국어고는 외국어에 대한 전문적인 교육을 제공하는 고등학교이므로 외국어 능력은 기본이다. 입학 후 외국어 능력을 키우고자 한다면 다른 활동을 할 수 있는 여유가 없어서 좋은 프로그램을 따라가기가 버겁다. 영어를 중심으로 전공 또는 제2외국어 학습을 한다. 원어민 교사와 전문 교사의 지도를 받으며 외국어를 하는 것이 즐거워야 한다. 외국어 능력을 인증하는 시험과 자격증을 미리 취득하면 고교생활이 훨씬 편해진다. TOEFL, TOEIC, TEPS 등 공인 인증 점수를 높이기 위한 공부는 목표 의식과 어학 능력을 높여준다.

그리고 국제 문제와 각 문화권에 대한 흥미를 갖는 것이 좋다. 외국어를 배우는 것은 언어 능력뿐만 아니라 해당 언어권의 문화와 사회를 이해하는 일이기도 하다. 외국 문화에 대한 관심을 가지고 문학, 역사, 영화, 예술 등을 통해 문화적인 이해를 넓혀가기 바란다.

외고 진학을 위해서는 학업 능력을 키워야 한다. 특히 수학 성적은 외고 학생의 발목을 잡는 경우가 많다. 세부 전공 학생들 간의 경쟁과 학생 선택 교과가 많아지고 학업 능력이 비슷한 학생들의 경쟁은 피를 말린다. 정신적으로 피폐해질 수 있다. 국, 영, 수 모든 교과에서 학문적 역량을 갖추어야 대입에 도움이 된다. 독서를 통한 독해 능력, 문해력을 키우는 것도 중요하다.

모든 외고의 전형 방법은 같다. 학교, 학과, 전형에 따라 경쟁률에는 차이가 있다. 대원외고의 입시 요강을 예로 외고의 전형을 살펴보면 다음과 같다.

대원외국어고등학교 입학 전형

1. 모집 학과 및 모집 인원(남여 10학급)

모집 단위	학과	독일어과	프랑스어과	스페인어과	일본어과	중국어과
	학급 수	2	2	2	2	2
정 원 내	사회통합전형(20%)	10	10	10	10	10
	일반전형(80%)	40	40	40	40	40
	합계	50	50	50	50	50
정 원 외	보훈자자녀전형	정원의 3% 이내(7명)				
	고입특례대상자전형	정원의 2% 이내(5명)				
	외국인전형	학급수 X 2명(20명)				
	합계	32명				

※ 지원자는 한 가지 전형에만 지원할 수 있음

※ 학과별로 선발하며(학과 복수 지원 금지), 모집 인원은 추후 변동될 수 있음

※ 사회통합전형은 모집 정원의 20%(50명)를 의무적으로 선발하며, 유형 순위에 따른 단계별 전형 실시

－ 단계별 전형으로 전형 기회를 갖지 못하게 되는 후순위 지원자는 해당 학과 일반전형으로 전환됨

－ 다자녀가족(3자녀 이상) 자녀는 사회통합전형 모집 정원의 30% 이내로 제한하며, 과별 최대 모집 정원을 정함

(총 15명 : 독일어과 3명, 프랑스어과 3명, 스페인어과 3명, 일본어과 3명, 중국어과 3명)

※ '정원 외' 보훈자자녀전형은 국가보훈대상자 중 '교육지원대상자'만 지원 가능하며, 교육지원대상자가 아닌 기타 국가보훈대상자는 '정원 내' 사회통합전형(기회균등전형)에 지원해야 함

※ '정원 외' 각 전형에서, 합격자는 전원 지망학과에 배정함

※ 모든 전공어과의 제1외국어는 영어임

2. 모집 단위별 지원 자격

(1) 공통 사항 : 다음 중 하나에 해당하는 자

구분	지원 자격
공통 사항	1) 서울특별시 소재 중학교 졸업예정자 2) 중학교 졸업자로서 서울특별시에 거주하는 자 3) 중학교 졸업자와 동등의 학력이 있다고 인정된 재(「초·중등교육법 시행령」 제97조)로서 서울특별시에 거주하는 자 4) 다른 시·도 소재 특성화중학교 및 전국단위 모집 자율학교로 지정된 중학교 졸업예정자 중 서울특별시에 거주하는 자 　　※ 위 '2)~4)'항의 '서울특별시에 거주하는 자'라 함은 원서 접수일 현재 '전 가족이 서울특별시에 주민 등록이 되어 있고 실제 거주하는 자'를 뜻함 　　※ 외국인의 경우 자국에서 직접 지원할 수도 있음 5) 외국어고등학교가 없는 시·도 소재 중학교 졸업예정자 또는 해당 지역에 거주하는 졸업자(학력 인정자 포함)

(2) 전형 유형 및 세부 지원 자격 : '가'항의 자격을 갖추고 다음의 전형 자격을 갖춘 자

전형 구분			유형별 지원 자격
정원 내	일반전형		공통 자격을 갖춘 자
	사회 통합 전형	기회 균등 전형 (60% 우선 선발)	1)「국민기초생활보장법」제2조 제1호 및 제2호에 따른 수급(권)자 또는 그 자녀 2)「한부모가족지원법」제5조 및 제5조의2에 따른 한부모가족 지원 대상자 3)「국민기초생활보장법」제2조 제10호에 근거하여 주민자치센터에 등록된 차상위계층 또는 그 자녀 4) 기준 중위소득 50% 이하로 「국민기초생활보장법」제12조에 따른 교육급여 수급자 5) 기준 중위소득 60% 이하로 「초·중등교육법」제60조의4에 따른 교육비 지원자 6) 가정형편이 어려운 학생 중 학교장이 추천한 자 - 국민기초생활수급자 또는 법정차상위대상자, 기준 중위소득 50% 및 60% 이하에는 포함되지 않았으나, 갑작스런 사유로 가정형편이 어렵다고 학교장이 판단·추천한 자 -「아동복지법」제3조 제10호에 따른 아동복지시설에서 보호받는 아동 포함 ※ 학교운영위원회 심의 후 위원회의 의견서 작성 및 첨부 7)「국가보훈기본법」제3조 제2호에 따른 대상자로 국가보훈대상자임을 확인할 수 있는 서류를 제출한 국가보훈대상자 또는 그 자녀(※ 교육지원대상자가 아닌 자)
		사회 다양성 전형 1 순 위	1)「다문화가족지원법」제2조 제1호 및 제14조의 2에 따른 다문화가족의 자녀 2)「북한이탈주민의 보호 및 정착지원에 관한 법률」제2조 제1호에 따른 북한이탈주민 또는 그 자녀 3) 지원 당시 관할 교육지원청 특수교육운영위원회에서 특수교육대상자로 선정된 자 4)「도서·벽지 교육진흥법」제2조에 따른 도서·벽지의 거주자로서 해당 지역 중학교 졸업(예정)자 5)「한부모가족지원법」제5조 및 제5조의 2에 따른 한부모가족지원대상자 이외 소년·소녀가장 또는 조손가족의 자녀 6)「장애인복지법시행규칙」제2조의 [별표1]에 따른 장애의 정도가 심한 자의 자녀 7) 순직군경, 순직소방관, 순직교원, 순직공무원의 자녀
		사회 다양성 전형 2 순 위	1)「한부모가족지원법」제4조 제1호~제5호에 따른 한부모가족 자녀 ※ 한부모가족 지원대상자의 경우 기회균등전형으로 지원 2) 3자녀 이상의 다자녀가족의 자녀(자녀 모두 지원 가능) 3) 15년 이상 재직 중인 중령 이하 군인 자녀 4) 15년 이상 재직 중인 경감 이하 경찰(해양경찰) 자녀 5) 15년 이상 재직 중인 소방경 이하 소방공무원 자녀 6) 시·도 또는 군·구 소속으로 재직 중인 환경미화원의 자녀

	보훈자 자녀전형	국가보훈처에서 교육지원대상자로 지정되거나 교육지원 대상자증명서를 발급받은 자	학비 면제 대상
정원 외	고입특례 대상자전형	「초·중등교육법 시행령」 제82조 제3항 제2호의 각목 및 제3호에 의거 서울특별시고등학교특례입학자격심사위원회에서 심사·선정되어 통보된 자	
	외국인전형	부모와 본인이 모두 외국인으로 한국어 수업이 가능한 자	

3. 전형 방법 및 사정 기준

(1) 자기주도학습전형 절차

1) 1단계 : '영어 교과성적(160점)+출결점수(감점)'로 선발

① 영어 교과성적 산출 방식

영어 교과성적 = 중학교 2~3학년 4개 학기 영어 교과성적 성취도별 부여 점수의 합

※ 영어 교과성적은 중학교 2, 3학년(4개 학기)의 원점수, 과목 평균(표준 편차)을 제외한 성취도를 성적 산출 기준표에 의거, 점수화하여 반영 (학기별 40점)

※ 1단계 동점자 발생 시, 3학년 2학기 국어, 3학년 2학기 사회, 3학년 1학기 국어, 3학년 1학기 사회, 2학년 2학기 국어, 2학년 2학기 사회, 2학년 1학기 국어, 2학년 1학기 사회의 순서로 성취도를 반영하여 선발(사회 과목이 없는 학기의 경우 역사 과목으로 대체)

※ 1단계 최종 동점자는 전원 2단계 전형 대상자로 선발함

② 성적 산출 기준표

성취도	A	B	C	D	E
점수	40점	36점	32점	28점	24점

※ 자유학기제가 포함된 학기의 경우, 성적 산출 시 자유학기제 미운영 학기의 성적으로 대체하여 활용함(예 : 2학년 1학기에서 자유학기제를 이수한 경우 2학년 1학기 성적을 2학년 2학기 성적으로 대체)

③ 교과성적 산출 관련 유의 사항

가. 영어 교과성적 산출 유의 사항

ⅰ) 조기진급·조기졸업(예정)자의 교과성적은 교육과정을 이수한 최종 학년(조기이수 프로그램에 의한 이수학년 제외)을 반영하되, 조기진급자 는 3학년 영어 교과성적 100%의 비율을 적용·산출하고, 조기졸업 (예정)자는 2학년 영어 교과성적 100%의 비율을 적용·산출함

ⅱ) 2, 3학년 영어 교과성적이 부분적으로 없는 학생은 본교 입학전형 위원회의 관리 규정에 따라 학년별로 최인접 성적을 반영함(단, 한 학 년의 1, 2학기 성적이 모두 없는 경우 인접학년 최인접 성적으로 반영함)

나. 해외 중학교 출신자 교과성적 산출 방법

ⅰ) 최종 4학기 중 한 학기라도 국내성적이 있으면 국내성적만 반영

ⅱ) 국내 중학교 2, 3학년 성적이 모두 없는 해외중학교 졸업자 : 해외 최종 4학기 영어성적을 성취도(A, B, C…)로 점수를 부여

ⅲ) 동점자 발생 시, 국어·사회 교과 대신 영어·사회 관련 교과(social studies, geography 등)를 반영함[※ 사회 관련 교과가 없는 경우 역사 관련 교과(history 등)를 반영하며, 역사 관련 교과가 없는 경우 외국어

관련 교과(spanish 등)를 반영함]

> [동점자 처리 기준]
> 3학년 2학기 영어 → 3학년 2학기 사회(역사/외국어) → 3학년 1학기 영어 → 3학년 1학기
> 사회(역사/외국어) → 2학년 2학기 영어 → 2학년 2학기 사회(역사/외국어) → 2학년 1학기
> 영어 → 2학년 1학기 사회(역사/외국어) 순으로 반영

iv) 해외 중학교 출신자 서류 관련 사항

- 서류는 원본을 제출하여야 하나 원본 제출이 어려울 경우, 본교에서 원본대조필한 후 사본 제출 가능(원본대조 확인자 서명 날인)
- 아포스티유 가입국의 국공립학교는 성적증명서 및 재학증명서에 아포스티유 인증을 받아 제출(아포스티유 인증을 받을 수 없는 경우는 재외공관의 공증을 받아 제출)

다. 중학교 졸업 학력 검정고시 합격자 내신 성적 산출 방법

- 중학교 졸업 학력 검정고시 영어, 국어, 사회 과목의 원점수를 아래의 환산표에 의해 성취도를 반영한다.

원점수	90점 이상	90점 미만~ 80점 이상	80점 미만~ 70점 이상	70점 미만~ 60점 이상	60점 미만
성취도	A	B	C	D	E

④ 출결점수 산출 방식

> 출결점수 = – (3개 학년 미인정 결석 일수)

가. 중학교 졸업예정자 출결점수 산출 기준 : 2022.11.18.(금)까지의 중학교 1, 2, 3학년 출결 사항

나. 미인정 지각, 미인정 조퇴, 미인정 결과 3회는 미인정 결석 1일로 간

주하며 나머지 2회 이하는 버림

다. 출결점수 최대 감점은 10점으로 함

라. 출결성적이 없는 자의 출결점수 산출 : 3학년 2학기 영어 과목 성취
도로 반영

성취도	A	B	C	D	E
출결점수	0점	−1점	−2점	−3점	−4점

2) 2단계 : '1단계 성적(160점)+면접점수(40점)'로 선발

※자기주도학습전형의 면접점수 산출방식

> 면접＝자기주도학습(꿈과 끼 영역)+인성 영역
> (면접을 위한 사전단계인 서류평가도 면접점수에 포함됨)

(2) 영역별 평가 요소 및 배점

1단계					2단계	총점
2-1학기	2-2학기	3-1학기	3-2학기	출결	면접	
40점	40점	40점	40점	감점	40점	200점

(3) 면접 영역별 평가 내용

영역별 평가 요소	평가 내용	배점
자기주도학습 영역 (꿈과 끼 영역)	■ 자기주도학습 과정 학습을 위해 주도적으로 수행한 목표 설정·계획 수립·실천 그리고 그 결과 및 평가까지의 전 과정(교육과정에서 동아리 활동 및 진로체험, 꿈과 끼를 살리기 위한 활동 및 경험 등을 포함)	20점
	■ 지원동기 및 진로 계획 학교 특성과 연계해 지원학교에 관심을 갖게 된 동기, 꿈과 끼를 살리기 위한 활동 계획과 진로 계획	10점
인성 영역	■ 핵심 인성 요소에 대한 중학교 활동 실적 : 자기소개서, 학교생활기록부 행동특성 및 종합의견에 기재된 핵심 인성 요소에 대한 중학교 활동 실적 ■ 인성 영역 활동을 통해 느낀 점 : 중학교 활동을 통해 배우고 느낀 점	10점

(4) 자기소개서 작성 방법 및 유의사항

1) 자기소개서는 자기주도학습 영역(꿈과 끼 영역)과 인성 영역 평가가 가능하도록 학생 본인이 직접 작성하여 원서접수 사이트에 입력하고 저장함 (최종 저장본이 자동 제출됨)

※ 학교 등 특정 장소에서 지원자를 소집하여 자기소개서 작성 금지

※ 대리 작성, 허위 작성 혹은 표절 시에는 사후에도 입학 취소 등 불이익 부과

※ '유사도검증시스템'을 통해 표절, 대필 등이 확인될 경우 감점 처리

2) 본문에 영어 등 각종 인증시험 점수, 교과목의 점수나 석차, 교내·외 각종 대회 입상실적, 자격증, 영재교육원 교육 및 수료 여부 등 기재 시 0점 처리, 부모 및 친인척의 사회·경제적 지위 암시 내용, 지원자

본인의 인적 사항을 암시하는 내용 등 기재 시 항목 배점의 10% 이상 감점 처리함

※ 인증시험 및 경시대회 입상 증빙자료를 참고자료로 제출 시 0점 처리하며, 면접 시 관련 내용을 언급하는 경우 입학전형위원회 심의를 거쳐 감점, 심사 제외 및 불합격 처리 등 조치

4. 전형 유형별 선발 방법

(1) 일반전형·보훈자자녀 전형·고입특례대상자 전형·외국인전형

본교의 지원 자격 요건을 갖춘 지원자 중 자기주도학습전형을 통해 선발함

(2) 사회통합전형

1) 모집정원의 20%(50명)를 순위에 따른 단계별 전형을 실시하며, 자기주도학습전형에 의해 영어 교과성적 점수(출결 감점 포함), 면접점수를 합산한 총점순으로 선발함

2) 사회통합전형 관련 증빙 서류 및 추천 사유 등을 정확하게 검증하여 적격자를 선발함

※ 중학교에서 사회통합전형 자격이 있다고 추천받은 지원자도 지원 자격 여부를 본교에서 재심의하며 그 결과에 따라 탈락될 수 있음

3) 순위에 따른 단계별 전형 절차 준수로 기회균등전형 및 사회다양성전형 중 사회적 소수(약자) 유형을 배려하여 선발함

사회통합전형 전형 단계
1단계 : 기회균등전형 대상자를 사회통합전형 정원의 60% 우선 선발
2단계 : 1단계 탈락자와 사회다양성전형 1순위 대상자 선발
3단계 : 2단계 미충원 시 사회다양성전형 2순위 대상자 선발

4) 교육지원대상자 외 '국가보훈대상자 또는 자녀'는 기회균등전형으로 타 유형의 사회통합전형 대상자와 동일한 기준을 적용하여 선발함

5) 다자녀가족(3자녀 이상) 자녀 선발 인원은 사회통합전형 정원의 30% 이내(15명)로 함

학과	독어과	불어과	서어과	일어과	중어과	학과별 최대 선발 인원
인원	3명	3명	3명	3명	3명	30%(15명)

국제고　외국어고　과학고　영재학교　자사고

Chapter 5

과학고 가는 길

❶ 과학고의 현황과 특성

과학고는 20개교 4,401명, 신입생은 1,663명 선발했다. 20개교 모두 공립이고 기숙사를 운영한다. 과학고의 지역별 분포와 현황은 아래와 같다.
*2023년 5월 정보 공시 자료집계 기준

지역	학교명	설립년도	학급 수	학생 수				교원총원	교원1인당 학생 수
				신입생	전교생	여학생	학급당		
서울	한성과학고	1992	20	145	382	76	19.1	74	6.2
서울	세종과학고	2008	23	163	434	91	18.9	89	5.9
부산	부산과학고	2003	15	95	271	76	18.1	53	6
부산	부산일과학고	2012	15	90	270	66	18	47	6.8
대구	대구일과학고	2011	12	81	209	53	17.4	44	6.3

인천	인천과학고	1994	12	82	212	49	17.7	41	6.1
인천	인천진산과학고	2006	12	80	211	54	17.6	45	5.9
대전	대전동신과학고	1991	15	80	214	65	14.3	49	5.6
울산	울산과학고	2006	12	70	186	38	15.5	41	6
경기	경기북과학고	2005	15	101	274	53	18.3	53	5.8
강원	강원과학고	1992	9	60	163	40	18.1	33	6.3
충북	충북과학고	1989	9	55	142	32	15.8	30	5.9
충남	충남과학고	1994	12	74	199	52	16.6	37	6.9
전북	전북과학고	1991	9	62	152	40	16.9	32	5.8
전남	전남과학고	1992	12	80	224	65	18.7	42	7.2
경북	경북과학고	1993	7	60	121	27	17.3	27	5.8
경북	경산과학고	2007	9	59	154	35	17.1	35	5.7
경남	경남과학고	1984	14	104	272	54	19.4	45	7
경남	창원과학고	2011	11	81	209	41	19	41	6.1
제주	제주과학고	1999	5	41	102	23	20.4	25	5.1
20개교 합계 또는 평균			248	1,663	4,401	1,030	17.71	44.15	6.12

　　과학고와 영재학교는 비슷한 듯 많은 부분에서 차이를 보이는 학교이다. 과학고에서 영재로 전환한 학교가 8개교 중 6개교이고, 학교 명칭이 과학고라고 되어 있지만, 엄연히 다른 교육기관이다. 과학고는 「초·중등교육법」에 따라 설립된 특목고이고, 영재학교는 「영재교육진흥법」에 따라 영재교육을 목적으로 설립한 학교이다. 과학고는 수학과 과학에 탁월한 재능을 보이고 깊이 있게 학습을 진행한 학생이 강점을 보이며, 영재학교는 자율적인 교육

환경 속에서 창의력과 연구 활동에 강점이 있는 학생에게 적합하다고 한다. 과학고와 영재학교 모두 의대 진학을 제한하고 있다. 이 부분은 뒤에서 다시 살펴보기로 하고 여기서는 과학고 운영의 일반적인 특징을 살펴보기로 한다.

　과학고는 과학 분야에 대한 깊이 있는 학습을 진행한다. 과학을 잘하기 위해 수학은 필수적인 능력이고 수학을 잘해야만 과학고 생활이 수월하다. 과학고는 학생들에게 과학 분야에 대한 깊은 이해와 학습 기회를 제공한다. 교육과정에서 다룰 과학 지식과 개념은 이미 선행학습으로 해결했고 대학교 교재와 대학교 진학 시 학점으로 인정받는 AP 과목을 이수한다. 과고생은 고난도 과학 교육과정을 수강하며, 이론적인 지식과 함께 실험적인 실습과 과제 탐구로 과학적인 사고력과 문제해결 능력을 신장한다.

　또한 과학고는 전문 교수진과 연구 환경을 제공한다. 과학교과 교사는 박사 학위 소지자가 대부분이고 대학 교수나 연구진과 협력하여 학생들에게 최고 수준의 과학교육을 제공한다. 학교 내에는 실험실, 연구실, 과학 장비 등 과학 연구를 위한 전문적인 시설과 환경이 갖추어져 있다. 대학과의 협력 프로그램, 대학 연구소에서의 인턴십, 과학 연구에 대한 지원 등을 통해 학생들은 실제 과학 연구 활동에 참여하고 대학 수준의 경험을 쌓을 수 있다. 좋은 교육 환경에서 심층적인 연구를 진행하고 과학적인 문제들을 탐구한다.

　과학고에는 수학, 과학 경시대회와 창의적인 활동이 많다. 학생들이 대회나 과학 창의적인 활동에 참여하는 기회를 무한 제공한다. 학생들은 개인 또는 팀을 이루어 연구나 프로젝트를 발표하고, 다른 학생들과의 교류와 지식 공유를 통해 자신의 능력을 키워간다. 과학고에서는 STEM(과학, 기술, 공학, 수학) 교육을 강화하고 있다. 이를 통해 학생들은 다양한 분야의 지식과 기술을 익히고 이를 실생활에 적용하는 창의적인 상품과 창업할 수 있는 기회를 갖는다.

과학고와 영재학교 모두 조기 진학, 조기 졸업이 가능하지만 실제로 과학고 학생들은 10~40% 정도 대학에 조기 진학한다. 「고등교육법 시행령」에 따라 특별법이 재정된 학교(KAIST, GIST, UNIST, DGIST 등)는 모두 고등학생을 조기 선발할 수 있다. 과거에 비해 조기 졸업자의 비율이 축소되어, 과학고는 대학에 조기 진학하는 2학년 학생보다는 상대적으로 다수인 3학년 학생들을 중심으로 교육과정과 학교 시설을 개편하여 운영한다.

❷ 과학고 운영과 특색 교육활동

한성과학고등학교

- 학생 수 : 382명(남 306명, 여 76명)
- 교원 수 : 74명(남 33명, 여 41명)
- 주소 : 서울특별시 서대문구 통일로 279-79(대표번호 02-6917-0000)

　한성과학고는 인왕산 자락의 폐교된 서대문중학교 부지에 1992년 개교하여 과학 인재 양성 중심 학교로서 그 지위를 굳건히 하고 있다. 교훈은 '창조(創造)'이고 학교의 목표는 '품격과 인성을 갖춘 과학 인재 양성'이다. 학교 비전은 '내일의 한국을 이끌어갈 과학 인재 육성'이다. 운영 방침은 지성, 감성, 인성을 기르는 창의적 교육과정 운영, 창의력과 탐구력 신장을 위한 교수 학습 방법 개선, 학생의 전인적 발달을 위한 창의적 체험 활동 강화, 지역사회 연계 활동을 위한 지역인재 양성과 봉사활동 실시, 학부모 의견 수렴 및 반영을 위한 효율적인 체계 구축 등이다.

과학고 교육과정이 어렵고 신입생의 학교 적응이 필요하기 때문에 선배가 후배의 학습과 생활을 도와주는 멘토링을 운영하고 있다. 1학년이 수강하는 과목을 선배가 도와주는 활동으로, 신입생은 선배들의 조언을 듣고 교과에 대한 궁금증과 어려움을 해결해 나간다. 과학고 학생들의 생활은 하루가 벅차다. 아침 운동이 자율적으로 변했어도 수학과 과학 교과의 학습과 대회 준비에 조기 졸업이나 대학 진학 등으로 학생이 넘어야 할 산은 많다. 수학, 과학은 과목별로 수준에 따라 브릿지반, 심화반 등을 운영한다. 개설 당시 심화반은 한 학기에 대학 교재를 마치는 목적이었으나 지금은 자습 형태로 진행되고 학교 교육과정의 심화된 내용을 공부하는 것으로 방향성이 바뀌었다.

2022년에는 한성 수학 올림피아드(Hansung Math Olympiad)가 생겼다. 2학기 기말고사 이후 각 반에서 문제를 출제하고, 출제된 문제를 각 반에서 푸는데 가장 어려운 문제를 출제한 반과 문제를 가장 많이 풀어낸 반이 상을 받는다. 학생 간 협력과 공동 프로젝트를 수행하는 소통 능력이 더 중시되고 있다는 의미이다. 전공 탐색 프로그램은 학기 초 최소 8명의 인원을 모아 내신, 심화, 교양 등의 분야 중 하나를 정해 모임을 가지며, 전공 관련 분야의 전문성을 키워간다. 아울러 스포츠 클럽은 교내에서 스포츠를 취미로 즐길 수 있도록 8명 이상이 하는 활동으로 축구, 농구, 배드민턴, 웨이트 트레이닝, 플로어볼 등을 운영하고 있다.

한성과학고의 연구·탐구 역량 강화 프로그램으로는 융합 과제 연구가 있다. 학생이 교과목을 통해 습득한 여러 개념과 원리들을 활용해 과학자처럼 스스로 궁금한 점을 찾아 해결해 가는 목적으로 다양한 탐구 방법을 수행하여 익힘으로써 문제해결 능력을 신장한다. 1, 2학년 학생 1~2명으로 한 팀을 구성하여 수학, 물리학, 화학, 생명과학, 지구과학, 정보의 6개 영역에서 주제를 정하고 계획을 확정하여 지도를 희망하는 교사에게 계획서를 제출한다. 심사 후 선정하여 각 과에 배정한 후 지도교사와의 면담을 통해 탐구 주제 및 계획을 수정·보완하여 집중 탐구한 탐구 수행 및 연구 노트를 작성한다.

그리고 융합 과제 연구 멘토링제는 3학년 학생이 자신의 과제 연구 경험과 노하우를 토대로 후배들의 과제 연구 과정 전반에 대해 조언하고 지원하는 활동이다. 멘토링에 참가를 희망하는 학생은 참가신청서를 제출하고, 각 과에서 멘토 학생을 선정한다. 멘토 학생은 연구 설계, 연구 수행, 보고서 작성, 발표 등의 과제 연구 과정을 조언하고 지원한다.

연구를 통한 학습(R&E) 프로그램은 대학의 연구실, 연구소 및 학교 실험실에서 교수나 교사의 지도하에 4인이 팀을 구성하여 연구를 수행하며 그 결과를 논문으로 제출하는 교육 프로그램이다. 학생들이 대학의 집중적이고 밀도 있는 연구를 체험하면서 자연스럽게 과학 연구 활동에 관심을 갖게 되고 연구 능력을 갖추게 되어 이후에 학생들 스스로 연구하고 논문을 작성할 수 있는 능력을 키우는 데 그 목적이 있다.

유레카 탐구대회는 연구보고서와 논문 등 과학 연구 글쓰기를 통해 자신이 수행한 연구에 대한 성과를 전달하고 자신이 알고자 했던 방법이 얼마나 유용했으며 어떤 한계가 있는지 논리적으로 설명하는 활동이다. 전교생이 수학, 물리학, 화학, 생명과학, 지구과학, 정보의 6개 영역의 지원 분과별로 참가하고, 분야별로 지도교사가 지도하는 것을 원칙으로 한다.

배움을 즐기며 상상력을 발휘하는 창의인재 프로그램으로는 융합 과학의 날을 운영한다. 학생의 과학적 사고력, 문제 해결력 및 창의성을 계발하기 위한 프로그램으로 수학, 과학, 국어 등 다양한 분야의 융합적 지식을 활용하여 팀을 이루어 프로그램을 수행함으로써 협동심과 리더십, 배려심을 기르는 것이 목적이다. 또한 과학기술 창업 교육 프로그램을 통해 학생들에게 과학기술 창업의 중요성에 대한 인식을 제고하고, 과학기술 경영인 분야 진로 모색의 기회를 제공하며 창의적인 아이디어를 구체화하는 과정을 통해 도전 의식과 성취감 경험의 기회를 제공한다. 희망자를 대상으로 과학기술인의 자세 및 과학기술 창업의 현황 및 전망에 대한 창업 교육과 전문가 멘토링을 통해 창업 아이디어를 발굴하고 구체화하는 프로그램을 운영한다.

이 밖에도 미래를 준비하는 이공계 특화 진로 프로그램이 있는데, 직업인 선배와의 대화 및 멘토링, 선배들이 들려주는 학과 이야기, 이공계 진로 체험학습 등을 진행한다. 진로 체험학습은 1학년 학생 전체가 미국의 이공계 대학과 연구소를 방문하고 저명인사의 강연을 통해 이공계 분야의 전망과 최신 연구 활동 등을 들음으로써, 국제적 마인드와 이공계 진로에 대한 비전을 품을 수 있도록 하는 활동이다.

한성과학고는 자연과학도에게 필요한 기본 소양 교육을 위해 생각의 폭을 넓히는 인문학 프로그램도 시행한다. 추천 도서 목록 작성 및 독서록을 배부하고 학생들이 1년 동안 꾸준히 책을 읽고 책에 대한 자기 생각과 느낌을 기록할 수 있도록 지도하고, 독서 신문 전시회를 열고 인문학 특강을 실시하며, 사제 동행 독서 멘토링 등을 운영한다.

세종과학고등학교

- 학생 수 : 434명(남 343명, 여 91명)
- 교원 수 : 89명(남 25명, 여 64명)
- 주소 : 서울특별시 구로구 오리로21길 79(대표번호 02-2060-4133)

세종과학고는 세종과학예술영재학교(세종시 소재)와는 관련이 없는 학교로 한성과학고, 서울과학고(영재학교)와 함께 서울에 소재한 우리나라 과학영재의 요람이라 할 수 있다. 3개교가 연합체육대회 등으로 교류하는데 체육대회에서는 한성과학고가 막강하다고 한다. 세종의 창조 정신을 계승하여 진리를 탐구하고 봉사를 실천하는 행복한 학교 구현을 목적으로 교훈은 '진리 탐구, 인류 봉사'이다. 미래를 선도하는 창의적 과학 인재 양성을 위해 진리 탐구를 위한 창의성 신장, 인류 봉사를 위한 인성 감성 함양, 행복 인생을 위한 체력 심력 증진에 힘을 쏟고 있다.

과학고 교육과정과 대회는 유사성이 많다. 세종과학고 역시 교내대회 중에서는 수학, 과학의 비중이 크다. 수학, 과학, 정보 경시대회는 3과목을 보는데 1교시 수학은 필수이고, 2, 3교시에는 물리, 화학, 생명과학, 지구과학, 정보 중 2과목을 선택하여 참가한다. 수학은 KMO와 유사한 내용의 증명 문제가 주로 출제되고, 과학은 대학 수준의 문제가 출제되며, 정보는 알고리즘 설계 및 분석이 주를 이룬다고 한다. 참가 인원의 20%를 시상하는데, 비율은 금상 5%, 은상 7%, 동상 8%이다.

과학 아이디어 경진대회는 대회 직전까지 학생들에게 대회 운영 방식이 극비로 진행되며, 대회가 시작된 후 주제가 공개되었다. 2018년 주제는 주어진 도구를 가지고 제한 시간 내에 30초 이상 형태를 유지하는 구조물 만들기였다. 결선 대회는 A4 용지 5장과 가위, 풀만으로 50분 이내에 구조물을 만드는 것이 목표였다. 2019년 3학년은 비닐, 노끈, 종이컵, 테이프, 가위만을 이용한 낙하산 제작이었고, 2학년은 비행체 만들기였으며, 1학년은 마시멜로와 스파게티 면을 이용하여 60초 동안 골프공을 버틸 수 있는 구조물을 만드는 것이 목표였다고 한다.

과제연구는 개인 혹은 2인 1조로 자신의 실험을 바탕으로 논문을 작성하여 지도교사에게 제출하는 형식이다. 수학, 물리, 화학, 생명과학, 지구과학, 정보 분과로 진행하는데 지구과학과 정보는 선택자가 적은 편이고, 수학은 실험이 없고 과제 수행이 비교적 단순하여 과학에 비해 참가자가 많다고 한다. 과제연구 계획서 제출, 과제연구 기자재 대출 및 신청서 제출, 집중 탐구 기간, 과제연구 논문 제출, 과제연구 발표대회로 구성되며, 좋은 성적을 거두면 외부 대회에도 출품된다. 과제연구와 논문, 발표 등은 대학 입시 때 중요한 지표가 되고 주제 선정에 많은 어려움이 있어서 과고생의 스트레스에 주원인이 된다. 2020학년도부터는 학생부에 소논문 기재 금지가 되어 학교에서는 '융합과학탐구'라는 과목을 개설하여 연구 산출물과 과정 등을 교과목별 세부 특기사항에 기재한다.

수학 체험전은 1학기 기말고사 이후 3일간 진행되는 행사이다. 8명 내외의 학생이 주제를 선정하여 부스를 운영한다. 학기 초 부스 신청을 받아 2, 3학년은 거의 참가하는데, 학생들은 강연과 스태프로도 활동한다. R&E는 창의재단과 교육청 R&E로 나뉘어 진행된다. 창의재단에 지원하고 채택되지 못한 경우 교육청 R&E를 진행한다. 1학년을 대상으로 하는데 3월 입학하자마자 팀을 꾸려 진행한다. 4인 1조로 진행되고 교사의 지도가 성과에 반영되며, 오랜 시간이 요구되는 활동이라 과학고 입학 후 스트레스를 경험하게 된다.

미래 진로 캠프는 10월에 1학년이 해외에서 이공계에 관련된 것들을 경험하는 체험학습이다. 컬럼비아, 하버드, MIT, 프린스턴, UCLA, UC 버클리, 캘텍, 스탠퍼드 등의 미국 소재 대학교와 타임스퀘어, 엠파이어 스테이트 빌딩, 백악관, 그리피스 천문대, 요세미티 국립공원, 피어 39, 게티 센터, 실리콘밸리, NASA 고다드 우주비행센터, 보스턴 프리덤 트레일 등을 가는데 해마다 일정과 방문지에 차이가 있다.

과학고는 모든 학생이 미래 사회의 변화에 대비하여 능동적으로 진로와 학업을 설계할 수 있도록 도움을 준다. 학생의 잠재력과 역량을 키우기 위해 배움이 느린 학생들을 위한 개별지도 방안과 진로지도 방안을 마련한다. 과목 수강에 학생들의 미이수를 예방하기 위한 교육과정을 운영하고, 보충 이수 과정 운영을 위한 규정을 마련한다. 교육과정 지원팀을 구성하여 진로 컨설팅을 운영하며 3년간의 학업 계획서를 작성, 이를 토대로 개인 교육과정에 대한 컨설팅과 개인 시간표 관리를 돕는다.

뿐만 아니라 지속 가능한 미래를 준비하기 위한 생태 전환 교육을 위해 교과 간 통합과 환경, 사회, 경제, 문화 등 전 영역에 걸친 통합적 관점의 교육을 진행한다. 기후위기에 대응한 탄소중립 실현을 위해 개인의 성찰과 실천을 넘어 학부모, 지역사회 등 다양한 주체와 공유하고 실천 행동 참여를 유도한다. 교과 수업 및 창의적 체험활동에서 기후위기와 환경 재난에 대응한 지속 가능한 미래 준비를 위한 다양한 학생 참여형 수업 및 자치 활동을 강화하고 학교 구성원 모두가 함께하는 기후위기 대응 행동을 실천함으로써 에너지 절약 실천 문화를 조성하고, 생태 친화적 학교 공간 및 시설을 활용한 생태 전환 교육을 실시하고 있다.

부산과학고등학교

- 학생 수 : 271명(남 195명, 여 76명)
- 교원 수 : 53명(남 25명, 여 28명)
- 주소 : 부산광역시 금정구 금샘로 455-1(대표번호 051-580-8520)

부산과학고는 지금의 이름을 갖기까지 우여곡절이 있었다. 기존의 부산과학고(현 KAIST 부설 한국과학영재학교)가 2002년 영재학교로 전환되면서 2003년 장영실과학고로 개교했다가, 2010년 지금의 부산과학고로 교명을 변경했고, 2011년에 지금의 금정구에 새롭게 건물을 마련하여 이전하였다. 교훈은 '창의, 덕성, 봉사'이고 교육목표는 '미래 세계를 이끌어 갈 창의적인 지도자 육성'이다. 인재상은 자신의 재능과 창의성을 잘 계발해 국가와 사회에 이바지하는 창의인, 타인에 대한 존중과 배려심을 갖고 더불어 살아가는 인성이 바른 덕성인, 건강한 심신과 문화 예술적 소양을 바탕으로 품격 있는 삶을 영위하는 건전인이다.

학교 교육목적을 달성하기 위한 구체적인 실천 과제로 과학적 사고력 및 창의적 문제 해결력을 신장하는 교육과정 운영을 위해 실험·실습 중심의 탐구 활동과 연구 프로젝트 수행, 토의·토론, 발표를 중심으로 한 교과 수업, 과학기술 및 STEAM 관련 창의 융합 인재 육성 프로그램 강화, 이공계 진학을 위한 진로지도 및 전공 관련 심화학습 역량 강화를 들고 있다. 탐구력 및 창의성 신장을 위한 창의과제연구(R&E) 활동, 학생 주도적 심화 교과 동아리 활동, 풍부한 감성 함양을 위한 문화 예술 동아리 활동 등이 있다. 인공지능(AI) 기반의 창의융합 교육을 위해 해양 클러스터와 연계한 AI 중심의 해양 탐구 활동(제6회 Ocean ICT 페스티벌), 인공지능 알고리즘과 구현 중심의 교육과정 재구성 및 적용, 창의 상상 스페이스를 운영(무한상상, 발명, 로봇, AI 연계)한다. 공동체 의식과 문화 예술적 감성을 기르는 인성교육으로 학생회 중심의 학생 자치 활동, 존중과 배려 중심의 기숙형 단체생활, 학생 재능을 살린 교육 기부 및 은애학교와의 통합교육, 건강한 몸과 마음을 위한 스포츠 활동 및 음악, 예술 프로그램을 운영한다.

과학 탐방 보고서 대회, 수학 과학 경시대회, 과학 글쓰기 대회, 무한 상상 경진대회 등 다양한 활동을 뒷받침하는 대회도 개최된다. Ocean ICT 페스티

별은 부산이라는 지역 특색을 살려 바다와 관련있는 문제에 대한 아이디어를 제시하고 ICT와 융합하여 산출물을 만들어내는 대회이다.

1, 2학년은 모두 수학, 물리, 화학, 생명과학, 지구과학, 정보 분야의 R&E를 한다. 수학 R&E가 가장 많고 지구과학은 학년당 지질, 대기, 천문 세 팀으로 구성되며, 정보는 학년당 두 팀으로 구성된다. 4~5명 정도가 팀으로 구성, 3월부터 연구를 수행하여 11월에 탐구 활동을 발표하는데, 부산대, 부경대, UNIST 등에서 R&E를 하는 학생들도 있다. 외부에서 활동하는 R&E는 보조금이 주어진다. 발표 기간이 되면 연구물을 정리하고 포스터와 홍보물, 발표 PPT 등을 만들기 위해 애를 쓴다. R&E상은 대입에 훌륭한 성과가 되고 우수 결과물은 외부 대회와 연결되는 일이 많다.

부산과학고는 해양 클러스터와 연계한 해양 심화 탐구 활동에 특화되어 있다. 부산 지역 문제(해양)에 관심을 갖고 지역사회와 함께하는 교육생태계의 조성과 AI에 기반한 해양+과학+정보기술의 창의적 융합 경험을 통해 미래 핵심 역량을 함양하기 위한 목적이다. 주요 추진 업무는 ABM 융합 프로젝트 수행을 위한 교육과정 재구성과 해양 클러스터와 연계한 심화 탐구이다. 해양에 대한 지속적이고 심화된 역량을 강화하고 창의 상상 스페이스와 연계한 장기간(6개월) 프로젝트를 수행하여 프로젝트 산출물을 공유한다.

창의 융합 스페이스 운영은 상상력과 창의력에 기반한 아이디어 창출 및 아이디어 시제품화 체험 등 다양한 발명 및 메이커 관련 체험활동 환경을 조성하고 이를 활용한 발명 및 메이커 관련 체험활동에 적극적으로 참여하도록 유도함으로써 학생의 잠재력을 계발한다. 스카시 톱, 드릴, 3D 프린터, CNC, 레이저 조각기 등의 다양한 공작 기기들의 조작 능력을 익혀 학생들의 활동 범위를 넓히고, 산출물의 질을 향상시키며, 재능(Maker)이 있는 학생들에게 연구 윤리 및 지적 재산권 획득 등에 대해 지속적으로 교육함으로써 인성과 지도자의 자질을 함양한다.

부산일과학고등학교

- 학생 수 : 270명(남 204명, 여 66명)
- 교원 수 : 47명(남 20명, 여 27명)
- 주소 : 부산광역시 사하구 제석로 242(대표번호 051-290-6800)

부산일과학고는 부산에 있는 2개의 과학고 중 하나로 교명의 '일'은 숫자 1을 의미하는데, 부산에서 으뜸가는 인재를 양성한다는 의미이다. 하지만 아직 넘어야 할 산이 있는 듯하다. 승학산 자락의 목장 부지에 학교가 들어섰고, 연못이 있으며, 각종 야생 동식물들이 서식한다. 산에 위치하여 도심 지역보다 온도가 낮으나 여름에는 습도가 높아 장마철에는 학교가 구름에 덮여 건물이 잘 보이지 않을 정도이다. 운동장 한편에는 야채를 재배하는 공간도 있다.

부산일과학고는 미래를 이끌어 갈 글로벌 과학 리더 육성을 목적으로 자기 주도학습을 강화하여 부분적으로 부족한 과목을 지도하는 브릿지 프로그램을 운영하고, 학생 중심 블렌디드 러닝, 학생 선택형 방과 후 학교를 운영하며, 수업 및 평가 방법의 다양화로 학생 맞춤형 지도를 위해 노력한다. 연구 중심 교육으로 R&E 프로그램 운영, 각종 연구 학술대회 참가, 탐구 실험 실습 중심 교육, 교사 전문성 신장을 위해 노력한다. 창의융합 교육으로 과학고 SW·AI 교육 지원사업, 인문 자연 예술 융합형 교육과정 운영, 독서 토론 교육을 활성화, 문화적 소양을 위한 문화예술 교육을 한다. 그리고 글로벌 인재 육성을 위해 국내외 우수교육 기관과의 교류 활성화, 미래형 학과 진로 개척, 외국어 능력 신장, 학생 자치 역량을 강화한다.

학교의 중·장기 발전 계획 방향은 과학영재 교육의 목표 달성을 위한 다양한 교육과정 도입, 과학영재의 능력을 극대화할 수 있는 교육 시스템 운영, 과학영재의 능력을 발전시킬 수 있는 체험학습 및 탐구 활동 적극 장려, 영재교육을 지원할 수 있도록 국내·외 교육 및 연구기관과 협력 체제 유지, 수학·과학에 우수한 재능을 가진 학생의 적극 유치, 교사의 안정적인 교육과 연구활동 및 우수 교원의 확보 노력, 과학영재의 학습·연구, 창의적 체험활동의 효율적 수행을 위한 시설과 환경의 구축이다.

학교 발전 방향은 과학고등학교의 교육과정을 따르지만, 부산일과고만의 특징을 정리해보면 다음과 같다.

① 과학 영재교육에 적합한 교재 및 교육내용의 재구성
② 수학·과학 교과의 경우 심화 과정 및 AP 교육 과정과 연계 운영
③ R&E 프로그램은 대학이나 연구소와 연계하여 온라인 및 현장 체험으로 운영, 결과물의 학술지 게재
④ 각종 교외대회에 참가토록 장려하여 연구 활동 업그레이드
⑤ 개인 연구 및 자율 위탁연구의 활성화와 진로지도를 위해 국내·외 대학 및 연구소의 전문가를 자문 교수로 위촉
⑥ SW·AI 교육 지원사업을 위한 특화 교육과정을 운영
⑦ 교과 외 프로그램으로 예술(미술·음악) 융합 활동, 프렉탈 교실 운영 봉사활동 등을 실시
⑧ 인공지능 교육 전문성 강화를 위한 교육역량 강화 연수와 교과별 맞춤식 연수 프로그램 개발 및 인공지능교육센터 등의 물적 기반 구축

이 학교의 교육과정은 부산과학고와 유사하다. 수학은 1학년에서 공통수학, 심화수학 1을 공부하고, 2학년은 심화수학 2와 고급수학 1을 공부하며, 3학년은 스튜어트 미적분학을 원서로 공부한다. 과학은 고등학교 교육과정을 다루지만, 학생의 수준과 교사의 재량에 따라 운영된다. 1, 2학년 때는 R&E를 한다. 과목은 수학, 물리, 화학, 생물, 지구과학, 정보이고 여름방학 전 중간 발표를 하고 겨울방학 전 최종 발표 대회를 개최한다.

과학고 학생으로 선행학습이 되어 있다는 가정하에 진도가 빠르고 심화된 내용으로 수업이 이루어진다. 기본적인 내용을 짚은 후 난도가 높은 수능 문제, 카이스트나 포스텍 등의 면접 문제를 다루며 학생의 문제풀이와 발표를 보고 교사가 개선점과 심층 지도를 한다.

대구일과학고등학교

- 학생 수 : 209명(남 156명, 여 53명)
- 교원 수 : 44명(남 19명, 여 25명)
- 주소 : 대구광역시 동구 경안로 987(대표번호 053-231-7700)

대구일과학고는 대구과학고가 영재학교로 전환하면서 2011년 개교한 과학고이다. 팔공산 자락 초례봉에 위치하여 전교생이 초례봉을 등산하는 날이 있다. 비전은 '꿈·희망·행복을 가꾸는 대구일과학고 교육'이며 인재상은 '창의적이고 따뜻한 과학인재 학교'이다. 학교의 교육목표는 과학적 지식에 기초하여 새로운 가치를 창출하는 창의인, 건강한 심신을 바탕으로 올바른 행동을 하는 도덕인, 민주시민으로서 국가와 인류의 발전에 기여하는 봉사인을 키우는 것이다. 이에 따라 학생의 5대 행복 역량을 키우는 교육활동으로 통합·창조 중심 지적 역량, 긍정·도전 중심 정서적 역량, 건강·체력 중심 신체적 역량, 정직·자율 중심 도덕적 역량, 소통·배려 중심 사회적 역량 계발을 목표로 하고 있다.

학교 교육 중점 사항으로 R&E 프로그램 운영은 수준 높은 연구 인력의 전문적 지도와 첨단 기자재를 활용하는 교육을 제공하여 과학자로서의 연구 태도와 품성 및 자질을 함양하고 진로를 탐색하고 학생 스스로의 아이디어 산출을 통해 연구 주제를 탐색하며 실험을 설계, 데이터를 분석하는 등 일련의 탐구 능력 신장을 목적으로 한다. 연구과제 선정 시 적절한 수준의 과제를 통해 학생들이 주도적으로 활동하고 성장할 수 있도록 권장하고 수학, 과학(물리, 화학, 생물, 지구과학) 및 정보, 공학 등 여러 영역을 통합하는 융합형 형태의 주제를 권장한다. DGIST, 경북대, 영남대 등 지역사회의 대학 및 혁신도시 내 연구소와의 상호교류를 확대하고 협약을 체결하여 R&E 운영을 위한 인프라를 구축 대구광역시교육청과 한국과학창의재단 지원 경비를 기본으로 운영한다.

HOT 일곽 페스티벌은 학생들이 자신의 아이디어와 기존의 지식을 융합하여 창의력을 발휘할 기회를 제공하고 연구 결과 및 작품의 프레젠테이션을 통해 자긍심을 기르고 다른 학생들의 결과물을 공유함으로써 성장의 기회를 제공한다. 이를 위해 2개 영역의 학생 주도형 과학대회와 첨단과학기기 활용 교육을 8월부터 집중적으로 실시하여 학생 저마다의 소질과 역량을 발휘할 수 있도록 한다. 학생들은 프레젠테이션 및 포스터, 기타 다양한 형태의 발표 기회를 접하고, 교내 첨단기기 중 선호도 조사를 통해 관련 기기의 전문가들을 섭외하여 활용법과 이를 활용한 연구에 대한 특강을 통해 학생들의 첨단기기에 대한 이해를 돕는다.

논문 리뷰 발표대회(논리발)는 11월 중 1~2인이 팀을 이루어 학생들이 최근 자신의 진로와 관련된 논문을 리뷰하고 연구 과정, 연구 결과 등을 잘 정리하여 연구를 통해 배우게 된 내용을 직접 프레젠테이션을 진행하고, 창의적 문제해결 능력 경진대회(창문해)는 11월 중 학생들이 사회 문제 등을 해결할 수 있는 과학 아이디어와 해결 방안을 포스터로 제작하여 포스터 발표(자율 주제) 대회를 개최한다.

또한 1인 1 첨단기기 익히기를 통해 첨단 과학 기자재의 활용 방법을 익히게 함으로써 탐구력과 창의력을 기르고, 미래 과학을 이끌어갈 과학자로서의 기초를 함양하게 된다. 5월 중에는 동아리별, 학생별로 첨단 과학 기자재를 배정하고, 연구 활동이나 수업 등에서 많이 활용하게 될 것으로 예상되는 학생들에게 우선권을 부여하며 첨단 과학 기자재별로 지정된 담당 교사를 통해 기기 관련 전문가를 초청하여 기기 활용에 대한 교육을 실시, 참여 학생은 기기 사용법을 마스터하고, 교육과정에서 배우게 되는 사항들을 정리한다. UV-Vis, GC-MS, 형광분광광도계, Micro plate reader, Real Time PCR, Genetic Analyzer 등 첨단 과학 기자재 활용 방법 보고서를 작성 및 게시하고 활용 과정에서 작성한 산출물을 인트라넷에 올려 여러 가지 정보를 저장하고 공유한다.

SW·AI 역량 강화 프로그램은 학생에게 능력과 적성에 맞는 SW·AI 교육 교수·학습 기회를 제공하고 인공지능 융합 교육과정의 인문 사회적 측면과 자연 과학적 측면을 통합적으로 탐구하여 창의력, 문제해결력을 함양한다. 다양한 AI 융합 프로젝트 연구 활동을 통해 AI 핵심 인재를 양성하고 인공지능 연계 수학, 과학, 정보 융합 탐구 활동을 추진한다. 그리고 이 분야의 숨은 인재 발굴을 위한 Global AI Research Program을 운영한다. SW·AI 교육 확대와 세계화에 따른 학생들의 전문적인 R&E 교육 활성화를 위해 미국 영재교육 기관과 협력하여 SW·AI R&E 프로그램 참여 기회를 제공한다. AI 기초 체력을 튼튼히 할 수 있도록, 파이선 등 SW·AI 기초 학습과 관심 있고 배우고 싶은 분야에 대한 '선택과 집중' 교육을 하고 MIT, UC Berkeley, Kernal Biologics 등에서 파견된 박사급 전문가들과 함께 다양한 연구 활동에 참여하여 R&E 과정 수행 및 연구 보고서를 작성한다.

대구일과고는 세계 우수 교육·연구기관 탐방 학습을 진행하여 해외의 선진 과학 문화를 직접 체험함으로써 미래 과학자로서의 거시적 안목을 기르고, 국제학술교류를 통해 학술 연구 내용을 나누고 문화 교류 시간을 통해 문화 다양성을 잘 이해하는 융합형 인재로 성장하기 위한 발판을 마련한다. 1학기 때 사전 설문을 통해 주로 지역, 일정, 프로그램을 선택하여 1학년 전체가 10월 중순 미 동부, 서부 등에서 10일 정도의 체험학습을 진행한다. 워싱턴 D.C, 필라델피아, 볼티모어, 뉴욕, 보스턴, 캘리포니아, 라스베이거스, 샌디에이고 등이 주요 코스이다.

인천과학고등학교

- 학생 수 : 212명(남 163명, 여 49명)
- 교원 수 : 41명(남 22명, 여 19명)
- 주소 : 인천광역시 중구 영종대로277번길 74-37(대표번호 032-746-8302)

인천과학고는 영종도 백운산 자락에 인천연수원, 인천국제고와 붙어 있고 주변에는 인천하늘고가 있으며 멀리 인천공항이 있다. 섬이라는 특성으로 과학고의 오지라고 불렸지만, 섬을 연결하는 대교가 놓여 접근성은 좋아졌다.

그러나 인천과학예술영재학교와 진산과학고가 개교하면서 우수 인재 유치의 어려움과 교사의 유출, 신입생 선발 인원의 축소로 과거의 인천과학고 명성을 유지하는 데 어려움을 겪을 것으로 보인다. 효율적인 교육과정 운영을 통한 창조 융합형 과학인재 육성을 위해 80여 명 4학급으로 운영하고 있다. 아침 기상과 함께 학교 주변 도로를 산책하고 인원 점검을 한 후 아침 식사를 하거나 개인 학습을 이어간다. 아침 자율학습은 8시 30분까지 이어지는데 화, 목요일에는 멘토-멘티 활동으로 한 과목을 정해서 선배가 후배를 가르쳐 주는 활동이다. 이외에도 지리적 고립성으로 자기 주도적으로 면학하는 일이 많다. 면학 시간을 효율적으로 관리해야 험한 내신 경쟁에서 승리하고, 조기 졸업과 대입에서 좋은 성과를 낼 수 있다. 조기 졸업은 40%로 다른 과학고에 비해 많은 편이다. 연구 활동, 동아리 활동 등으로 면학을 빠질 때는 해당 교사의 허락을 받아야 한다. 주중에 끼어있는 공휴일에는 하루 종일 면학을 하는 일도 있다. 서울의 과학고와 연합 체육대회, 진산과학고와의 체육대회, 인천 특목고와의 연합 학술대회 등은 축소 폐지되었고, 한 번씩 인천국제고와 점심시간에 축구와 농구 등으로 친선 경기를 한다.

수학과 과학의 비중이 압도적이어서 선행학습을 하지 않고 따라잡는 것은 만만치 않다. 교육과정이 해마다 차이가 있으나 보통 2학년의 경우 수학 6단위, 물리, 화학, 생물, 지구과학이 각각 3단위씩이고 영어 3단위, 국어가 2단위이다. 3학년은 수학 7단위, 과학 선택과목 두 개가 각각 5단위이다. 2학년은 실험과목과 대입 준비로 1학년 때 수학과 과학의 진도를 빨리 마치는 편이다. 교과서는 거의 사용하지 않고 수학의 정석과 일반물리학 등이 교재 역할을 한다.

인천과학고는 교육과정의 탄력적 운영으로 대학과목 선이수(AP)에 해당하는 교과 운영을 대비하고 조기 진학을 원하는 학생을 위하여 심화·속진 과정을 운영하며 SW·AI 교육 강화를 위해 정보 전문 교과 2개 과목을 무학년 중 배 운영한다. 수요자 중심 교육과정으로 학생들의 융합적 사고능력과 진로와 적성에 맞는 융합 프로젝트를 기반으로 한 자율적 교육과정을 학기당 1회 운영하고, 학생들의 연구 활동을 강화하기 위하여 학술 동아리의 비중을 늘리고, 1, 2학년에 과학 과제 연구를 1단위 편성하고 있다.

과학고 R&E 프로그램 운영 지원으로 실험·실습 및 토론 위주의 학습 중심형 과제로 과학영재들의 창의성과 과학적 탐구력을 신장하는 데 적합한 연구 과제를 진행한다. 연구과제를 신청받아 한국과학창의재단과 협약을 맺은 후 참여 학생을 교과별로 선정하여 진행한다. 과제 연구 시행으로 1, 2학년 학생은 4명씩 팀을 이루어 수학, 물리, 화학, 생물, 지구과학, 정보, 융합과학 분야중 택일한 후 매주 정규수업 및 방과 후 활동, 야간 시간에 정기적인 과제 연구 활동을 실시하고 신입생 적응 교육 및 학기 초에는 논문 작성법, 심화기기 사용법, 자료의 검색과 가공법 등을 익힌다. 팀 구성이 끝나면 지도교사와 함께 주제별로 학생 위주의 집중 연구를 실시하게 된다. 교내 과제 연구 논문대회를 개최, '창조지'와 일반 논문지, 과학 논문 대회, 휴먼테크 논문 대상 등에 발표할 수 있는 기회를 부여하고 과제 연구비를 편성하여 실질적인 지원을 한다. 수월성 교육 관련 교재와 교과별 심화 자료집을 개발하고 학생 대상 심화 기자재 사용 연수를 한다.

학교 특색 교육활동으로는 SW-AI 과학고 교육 지원 사업을 운영한다. SW(소프트웨어)-AI(인공지능) 분야의 핵심 인재 양성을 위해 교육환경 기반 구축 및 교과 외 프로그램 운영, AI-융합실 확보, SW-AI 교과 외 프로그램 운영을 통한 학생들의 관련 역량 강화, SW-AI 교사 연수 및 인적 자원 확보를 위한 교육환경을 조성한다.

인천과학고는 융합인재교육(STEAM)을 통한 창의적 체험활동 운영으로 과학기술을 기반으로 실생활과 연계하여 과학과 수학 분야의 전문 인재를 육성하기 위해 과제 연구와 학술 동아리에 참여하는 1, 2학년 전원이 주말 과학체험마당과 과학대제전 등 외부 활동에서 성과물을 발표하고 과제 연구팀의 경우 연구 주제에 STEAM 교육 관련 내용을 반영한다. 학술 동아리로는 PLUTONIUM(로봇공학), WIN(물리 연구), TNT(화학 실험), LOTTO(생물 연구), QUASAR(천체 관측), LOGIC(수학 연구), RAIBIT(정보 연구) 등이 있다.

또한 독서 역량 강화 프로젝트 '독서 미식회(美識會)'를 운영하여 심화된 과학적 내용 파악 및 통찰력을 습득하고 친구들과 독서 지식 공유를 통한 사고력과 창의력을 신장하고, 더불어 사는 공동체 의식을 함양한다. 1인 1권 독서를 집중적으로 실시하고 오프라인 발표 및 토론을 할 수 있는 시간을 확보하며 독서 소감문 작성을 통한 내용 교류 및 피드백을 진행한다.

이 밖에도 인공지능 관련 학급 세미나를 통해 학급 단위의 자율활동-인문 및 휴먼 사이언스 활동의 일환으로 개인당 1개의 주제(인공지능 관련 물리, 화학, 생명과학, 지구과학, 수학, 융합, 공학)를 선택하여 탐구하고, 개인별 탐구 내용을 PPT로 제작하고 발표 영상을 학급 구글 드라이브에 탑재한다. 발표 내용을 요약한 포스터를 제작하여 학급에 게시하고 발표자는 발표 PPT, 포스터, 발표 소감문을 정리하여 제출하고, 참관록을 통해 발표 학생의 발표 내용을 숙지할 수 있도록 하며 학급별 우수 포스터를 학술제에 전시하여 학급별, 학년별 성과를 공유하기도 한다.

인천진산과학고등학교

- 학생 수 : 211명(남 157명, 여 54명)
- 교원 수 : 45명(남 27명, 여 18명)
- 주소 : 인천광역시 부평구 굴포로 194-9(대표번호 032-508-8260)

　인천진산과학고는 일반고로 개교한 인천진산고가 2009년 과학 중점학교로 지정된 이후 2013년 과학고로 전환하여, 일반고가 과학고로 전환한 사례이다. 신입생은 80여 명으로 4개 학급이 운영되는데, 정원의 40%까지 조기 졸업이 가능하여 3학년의 수가 적다. 인천과학고가 영종도에 있다면 진산과학고는 부평구 삼산 택지지구에 위치하여 인천의 과학 우수 학생을 유치하며 선발 과학고를 따라잡고자 노력하고 있다. 전교생이 의무적으로 기숙사 생활을 하고 입사는 월요일 아침, 퇴사는 금요일 밤이다. 학교가 도심에 있으나 학교 주변에는 교통량이 많지 않고 학교 담장 외부는 나무가 많고 언덕이 있어서 학교 안은 조용한 편이다. 부천과 목동에 가까워 사교육 혜택을 받기 좋은 조건이다.

　교훈은 '창의, 도전, 봉사'이고 교육목표는 탐구정신으로 미래를 개척하는 창의적인 사람(創意人), 공동체 발전을 위해 배려하고 봉사하는 사람(協同人), 심신이 건강하고 바른 인성을 갖춘 사람(健康人)을 기르는 것이다. 학교 교육 과정 편성 운영 및 특성화 계획은 AP 교육과정 운영을 통한 대학과의 연계 강화, 탐구 활동 강화를 위한 심화 및 전문 교과 확대 편성, 창의 과학 인재와 창업 인재 양성을 위한 동아리 활동 강화, 창의 인재 양성을 위한 과제 연구, R&E, 자율 연구 등의 연구 역량 강화 프로그램 등이다. 다른 과학고와 마찬 가지로 3학년 때 수학, 과학 과목에 한하여 AP 과정을 진행한다. AP 과정을 이수하면 대학교에서 학점으로 인정해주고, 조기 졸업을 위해서는 AP 과정 시험에 통과해야 대학교에 원서를 낼 수 있다.

과학고 생활이 벅찬 것은 수학과 과학 교과에서의 내신 경쟁과 R&E 나 과제 연구 활동을 일상적으로 해야 하기 때문이다. 아침 자습, 점심, 저녁 면학 시간 등을 활용하여 실험과 프로젝트를 수행하고 보고서를 작성해야 한다. 특히 학년 말이 되면 기말고사와 R&E 보고서, 과제 연구 보고서, 동아리 보고서, 수행평가 등 동시에 많은 일들을 해내야 한다. R&E와 I&D(Imagination&Development)는 공동 프로젝트이다. R&E는 기본적으로 5인 1조로 구성되며, 크게 아래의 6가지 주제로 활동한다.

R&E 연구 프로그램 운영으로 비판적 사고력과 협력적 문제 해결력을 함양하여 학생 연구 능력을 신장시키고 미래 과학 인재 육성에 기여한다. 학생들의 자발적 참여를 기본으로 수학, 물리, 화학, 생명과학, 지구과학, 정보의 6개 분야로 운영한다. 연구 주제는 지도교사의 관심 분야와 학생의 희망을 바탕으로 구성하여 가급적 교내 첨단 기자재를 활용하고 연구할 수 있는 주제를 선정한다. 지도교사를 중심으로 학생들이 창의적인 활동을 할 수 있도록 하며, 대학 및 연구소와 긴밀한 협조 체계를 구축하여 연구를 수행한다.

그리고 탐구력 신장을 위한 자율 연구 프로그램 운영으로 능동적이고 적극적인 과학자로서의 연구 역량과 품성, 자질을 기르고 명제적 지식을 실생활에 적용하여 새로운 가치를 창출한다. 학생들의 자발적 참여를 기본으로 하며 2명 내외의 학생을 1팀으로 구성하고 연구 주제는 발명 및 탐구 활동이다. 아이디어를 중심으로, 학생이 주도적으로 2학기 중 연구할 수 있는 것으로 선정하고 지도교사의 책임하에 학생 중심의 창의적인 연구 활동이 이루어질 수 있도록 운영한다.

연구 역량 강화를 위한 여울목 창의 연구 프로그램 운영으로 다양한 연구 중심의 자기 주도적 탐구 활동을 통하여 탐구 능력과 창의적인 문제 해결력을 증진하고 교사-학생 및 학생-학생 간의 상호작용을 통해 과학자로서의 연구 태도와 품성, 자질 등을 함양한다. 3학년 학생 1인 연구로 수학, 물리, 화학, 생명과학, 지구과학, 정보. 융합 분야에 연구 활동 보고서를 작성하여 자료집을 제작한다.

수학 멘토-멘티 Morning Question 활동은 학년 멘토를 중심으로 문항을 출제하여 수학 문제풀이 토론의 장을 형성한다. 발표와 토론을 통해 학생의 잠재력을 개발하고 수학적 사고력을 증진한다. 학기별로 학급 멘토를 2명씩 선정하여 학년 멘토들이 모여 매일 문항을 출제하고 토의하여 매일의 Morning Question 문항을 선정한다. 매주 월요일~금요일 오전 8시 10분~8시 40분에 진행한다. 매월 1회 멘토들은 학급별 활동 우수자를 선발하여 Math King으로 선정한다.

미래를 창조할 수 있는 과학 기술 창업 프로그램 운영으로 과학도들에게 기업가 정신의 함양 및 창업과 벤처에 대한 Know-How를 습득하게 한다. 각각의 프로그램이 유기적으로 연결되어, 체계적이고 통합적으로 교육이 이루어질 수 있도록 하고, 학생들이 직접 체험할 수 있는 프로그램을 중심으로 운영하여 교육 효과를 높이고 학생들의 만족도를 끌어올린다.

휴먼 디지털 미래 교육활동으로 인공지능 교육을 활성화하여 미래 인재 양성에 힘쓴다. 디지털 기반 혁신 교육을 추진하고 디지털 시대에 인간의 존엄성을 인식하고 주체적으로 기술을 활용할 수 있는 능력을 함양한다. 디지털 문해력을 신장하고 각각의 프로그램이 유기적으로 연결되어, 미래를 여는 통합적인 교육이 이루어질 수 있도록 한다.

인성·창의력 향상을 위한 독서 교육 및 문화 예술 활동으로 지속해서 독서·토론·논술의 다양한 체험 기회를 확대하여 독서의 즐거움을 경험하며 타인과 소통하며 공감하는 역량을 기른다. 문화예술 공연 관람을 통해 학생들의 문화적 감수성 및 인성·창의력 향상을 도모하고 문화예술에 대한 역량을 갖춘 창의적 인재를 양성한다. 도서관 운영 계획을 수립하여 독서 및 토론 자료를 제작하고 학생들이 자신의 능력을 계발하고 관심사를 넓히며 인문적 소양을 갖출 수 있도록 계획한다. 다양한 문화예술 체험활동을 통해 문화적 소양을 갖춘 과학 인재로의 역량을 키우고, 사회적 리더로서의 면모를 갖추며, 표현의 장을 마련하여 유대감과 소통의 기회를 제공함으로써 정서 함양에 긍정적 영향을 줄 수 있는 밑거름이 되도록 한다.

대전동신과학고등학교

- 학생 수 : 214명(남 149명, 여 65명)
- 교원 수 : 49명(남 20명, 여 29명)
- 주소 : 대전광역시 동구 옥천로 423(대표번호 042-717-9400)

대전동신과학고는 대전과학고가 영재학교로 전환되고, 자율형 공립고인 동신고와 교명으로 분쟁 끝에 2014년 시설 현대화 공사가 완료되어 과학고로 개교하였다. 2015년까지는 과학고생과 자공고생이 함께 학교를 사용했지만 2016년 이후로는 전원 과학고생으로 80여 명을 선발하고 있다. 교훈은 '정직, 성실, 근면'이고 최근에는 창의, 혁신, 도전을 강조하고 있다. 학교 비전은 '정의로운 과학으로 창의적인 도전'이고, 교육목표는 바른 인성을 갖춘 노벨 과학 인재 육성으로 따뜻한 감성을 지닌 사람, 합리적인 지성을 지닌 사람, 융합적 사고의 리더십을 지닌 사람을 중시하고 있다. 중점 추진 교육은 체험과 실천을 통한 감성과 인성 함양, 탐구 토론 중심 창의 융합형 연구 능력 신장, 세계 시민교육을 통한 글로벌 리더십 함양이다.

대전동신과학고는 많은 대회를 개최하는 학교로 알려져 있다. 교내와 교외 R&E 대회, 비룡논문대회, 창의적 문제 해결력 대회로 수학, 물리, 화학, 생물, 지구과학 5부문에서 경쟁한다. R&E를 카이스트와 협약을 맺어 카이스트 영재교육원 주관으로 1학년 2학기에 카이스트의 랩들과 연결하여 사전 연구를 하고 다음 해 1월 카이스트에서 숙박하며 집중 연구를 하며, 집중 연구 후 사후 연구를 한다.

창의적 연구 역량 강화를 위한 논문 비평·발표 대회는 자기주도적 연구 활동을 통해 과학적 탐구 능력과 창의적인 문제 해결력 배양을 목적으로 1학년 학생은 자율 연구 활동, 학생 개발 교육, 동아리 활동 등의 다양한 탐구 활동을 바탕으로 1인 1명품 논문을 작성하여 발표한다. 2학년 학생은 창의연구 활동, 학생 개발 교육, 동아리 활동을 바탕으로 논문을 작성하여 발표한다. 3학년 학생은 창의연구 활동, 동아리 활동 등을 바탕으로 1인 1명품 논문을 작성하여 발표한다. 2~3학년의 경우 공동 연구자의 동의하에 이전의 공동 연구 결과 중 본인이 수행한 부분을 부각시켜 다른 관점에서 해석 및 변형하여 논문을 제출할 수 있다. 교사는 학생이 탐구 수준에 알맞은 논문을 스스로 작성할 수 있도록 지도·조언한다.

노벨 과학 인재 육성을 위한 명사 초청 특강은 최근 과학의 흐름을 알고 있는 과학자를 초청하여 과학적 마인드 함양 및 연구를 향한 미래 과학자의 소양을 함양시킨다. 학생들의 눈높이에 알맞은 강의를 중심으로, 과학고 학생들의 멘토가 될 수 있는 현대과학의 흐름을 파악하고 있는 교수, 교사, 연구원 등을 대상으로 섭외한다.

또한 배움을 나눔으로 완성하기 위한 '꿈·빛·나·주'를 운영한다. 한 해의 학교 교육 주제를 선정하고, 주제 중심 교과 프로젝트 수업을 진행하여 학생 중심 융합 탐구 활동의 일관성을 높인다. 2023년의 주제는 '빛, 이음'이다. 학기 중 다양한 방법으로 배우고 익힌 수학·과학적 지식과 연구 활동을 정리하여 발표하고, 이를 공유함으로써 연구 동기를 자극하고, 상호 발전의 기회로 삼는다. 과학 기술과 인문학적 소양을 융합한 개발 교육을 통해 창의적인 아이디어를 실제로 구현하고, 예술적으로 디자인하는 창의적 탐구 역량을 신장한다. 수학·과학 창의 체험 캠프 운영을 통해 창의력 및 문제해결 역량을 높이며, 지역사회 초등학생들을 대상으로 재능을 나누면서 예비 과학자의 사회적 책임감과 나눔의 태도를 함양한다.

울산과학고등학교

- 학생 수 : 186명(남 148명, 여 38명)
- 교원 수 : 41명(남 18명, 여 23명)
- 주소 : 울산광역시 울주군 상북면 도동신리로(대표번호 052-263-3182)

울산과학고는 개교 당시 3학급 60명으로 출발하여 지금은 4학급 80여 명을 선발한다. 울산 인구 대비 학생 수가 많은 편이며, 학비는 다른 과학고보다 비싸다고 알려진 적이 있다. 교훈은 '박학(博學), 신사(愼思), 독행(篤行)'이고 미래 사회를 이끌어 갈 창조적 과학 인재 양성을 목표로 하고 있다. 교육목표는 인류의 행복한 삶에 공헌할 과학 창의 인재 양성이며, 학교 운영 방침은 넓고 다양한 배움을 통해 창의적이고 혁신적인 사고를 할 수 있는 융합 인재를 양성, 자율적인 연구 능력을 배양하고 세계 과학계의 최신 연구 동향을 적용하여 미래 과학계를 선도할 글로벌 리더를 양성, 나눔과 배려, 지속 가능한 발전을 위해 배움을 실천하는 따뜻한 인성의 이공계 인재 양성이다.

개교 당시부터 예절을 중요시하여 인사를 잘하는 특징이 있다. 신입생 교육 때부터 인사를 강조하여 교사와 선배, 외부 손님을 보면 무조건 인사를 하라고 강조한다. 그만큼 선배나 교사의 권위가 있다. 페이스북을 통해 대화가 활발하게 이뤄지고 많은 정보가 오간다. 선배들에게 친구 추가를 요청하면 대부분 받아주고, 궁금한 점이 있으면 친절하게 답해준다. 울산 수학고라는 별명처럼 선배들로부터 전해지는 공부 방법은 항상 수학을 중심에 두라는 것이다. 평소 수학에 집중하고 시험기간에 그 과목을 공부하면 된다는 식이다. 입학까지는 선행을 하지만 진도가 엄청나기에 자습 시간을 충실하게 활용하는 것이 필수이다. 모든 시험은 서술형이다. 시험이나 대회, 활동에서 정보가 중요하여 '직속'이라는 제도가 있다. 선배와 후배가 멘토와 멘티 역할을 하는 것이다. 과학고 생활과 학습 방법부터 일상적인 생활까지 선배가 많은 도움을 준다. 선배가 후배에게 책을 전해주는 일도 많다. 과학고에서 정보력과 인맥은 매우 중요하다. 학생회 주도하에 급식실에서 함께 생일 축하 노래를 불러주는 문화도 있었다.

학교 특색 사업으로는 인문 소양과 창의성 함양을 위한 독서 교육이 있다. 책 읽기, 책 쓰기, 토론 교육을 위한 프로그램을 체계적으로 계획하고 추진하여 앎과 꿈에서 삶으로 나아갈 수 있도록 지원한다. 도서관 이용을 권장하여 독서 기회를 확대하고 독서 문화를 정착시키고 독서, 글쓰기 관련 동아리 및 소모임을 적극적으로 지원한다.

학교 사업 제안 공모전은 학생들이 실생활에 도움이 될 만한 생각들을 학교에 제안하고, 학교는 이것이 도전할 만한 가치가 있고 투자해볼 여력이 있다고 판단되는 경우, 학교 사업으로 지정하여 인적, 물질적 자원을 제공하고 가치를 창출하기 위한 프로젝트이다. 학생이 학교에 제안하고자 하는 것이 구체적으로 무엇인지 그리고 이를 어떻게 구현할 것이며, 어느 정도의 비용과 시간, 인력(학생 및 교직원, 외부 전문가 자문 인력 등)이 투입되어야 하는지 설명하는 발표물을 제작하여 제출한다. 학교 측은 학생의 학교 사업 제안서를 검토하고, 실현 가능성에 대해 논의하여 채택되면 학생의 프로젝트 수행을 도와줄 교직원을 선정한다.

'미래 인재 양성을 위한 연구 인프라 및 연구 풍토 조성'이라는 슬로건 아래 국제교류 프로그램 운영을 활발하게 전개한다. 특히 UNIST와 교육과정 운영 협약을 맺어 매년 교류하고 있다. 대표적으로 R&E의 지도교수 대부분이 UNIST 교수진이고 유니스트에서 진행되는 특강 및 행사에 울산과학고 학생들이 참여하는 경우가 많다. BCA(Bergen County Academies)와 자매결연하고 문화 교류를 하고 있다. 치바 시립 도야마 고등학교, 이나게 고등학교와 협약을 체결하고 프로그램을 운영하여 언어적 의사소통 능력 향상과 다양한 프로그램을 운영하고 있다.

경기북과학고등학교

- 학생 수 : 274명(남 221명, 여 53명)
- 교원 수 : 53명(남 24명, 여 29명)
- 주소 : 경기도 의정부시 체육로135번길 32(대표번호 031-870-2706)

경기북과학고는 경기과학고가 2010년 영재학교로 전환함에 따라 경기도 유일의 과학고로 학년 정원은 100명으로 20명씩 5학급이다. 교훈은 '절문근사(切問近思)'로 《논어》에 나오는 문구이다. '절문'은 궁극적인 관심을 가지고 진지하게 묻고 고민하는 것이고, '근사'는 다른 사람의 일을 자신의 일상사를 중심으로 생각을 잘 정리하는 것이다. 교육목표는 기본에 충실한 탐구·체험 중심의 창의융합 교육, 더불어 성장할 수 있는 자발적 학습공동체 구현, 인류 번영에 이바지할 선한 과학기술 인재 양성이다. 탐구·체험 중심의 창의 융합 교육을 위해 과학고 설립 목적 및 인재상에 부합하는 창의성과 잠재력을 갖춘 인재 선발, 창의 융합형 과학·기술 인재 양성을 위한 고교학점제 기반 교육과정의 편성·운영, 미래 핵심역량 함양을 위한 다양한 탐구·체험활동 프로그램 구안·적용에 힘쓴다.

서로에게 스승이 되고 배움의 동료가 되는 자발적 학습 공동체 구현, 지역 사회와 연대하여 과학교육·과학문화 협력을 위한 네트워크 구축, 학생 선택 중심 연구 활동 및 연구 자문 프로그램 지원을 통한 과학적 탐구 역량의 질 향상을 위해 노력한다. 과학·기술 인재 양성을 위해 다양한 인문학 및 문화예술 체험 프로그램을 통한 창의융합 역량 신장, 모두가 참여하고 소통하며 협력하는 자치 문화 조성을 통한 민주시민 교육, 국내외 이공계 진로체험 활동을 통한 글로벌 마인드 함양과 국제적 진로 모색을 추진한다.

경기도 중심권에서 벗어난 의정부에 위치하여 모든 학생이 2인 1실로 기숙사 생활을 하는데 방 안에 책상이 없는 것이 특징이다. 방 안에는 화장실, 침대, 옷장 등이 있고, 편의시설도 잘 갖추어져 있는데 공부하는 책상은 없다. 치열한 학교생활에서 기숙사는 쉬는 공간이 되어야 한다는 의미라고는 해도, 학생들은 작은 책상을 준비해서라도 공부할 만큼 시간적 여유가 없다.

경기 레인보우 메이커 학교로 메이커스 교육은 상상, 창작·협동, 공유·나눔의 가치를 바탕으로 로봇/공학, 정보과학/SW/AI, 발명/목공에서의 메이커 교육을 추진함으로써 메이커 문화를 확산시키고 운영한다. 이를 위해 학생

206

중심 교육과정 운영으로 메이커 교육 협의체(교사, 학생)를 통한 메이커스페이스 운영, 동아리 등을 통한 메이커스페이스의 학생 중심 운영, 교과와 연계된 메이커 교육 프로젝트 진행 및 활동 나눔, 방과 후 학교, 학생 발명 지원 등 교육 프로그램 운영을 지원한다. 상호 교류를 위한 메이커스페이스 공간 활용으로 동아리 학술발표회, 이공계 체험 프로그램 등에서 외부 기관과의 활발한 교류 활동을 위한 온오프라인 공간으로 활용한다.

수학과 과학을 중심으로 하는 교육과정과 함께 AP 교육과정을 운영한다. 수학·과학·정보 분야에서 과학영재들의 수월성 교육의 기회와, 이공계 진로 탐색 및 전공 심화의 계기를 부여한다. 과학기술특성화대학 진학 시 해당 과목의 학점을 인정 후 과학고와 대학 교육이 연계된다. 3학년 진급 예정자를 대상으로 2학년 2학기에 희망 조사하여 개설 과목 및 편성 학급을 정한다. AP 과목 담당교사는 해당 전공 석사 학위 이상의 교사 중 교과협의회를 거쳐 학교장 추천으로 정한다. AP 과목의 교재는 AP 표준 교육과정에서 정한 대학교재 중 교육부 인정도서 승인 교재에서 선정한다. 그 밖에 AP 교육과정의 전반적 운영에 관한 사항은 5개 과학기술원(KAIST, POSTECH, UNIST, GIST, DGIST)과 과학고 MOU에 따른 공동 AP 표준 교육과정을 따른다.

학생 연구 활동 지원 프로그램으로 창의적 심화 연구 활동(R&E) 프로그램과 창의 개인 연구 및 졸업 심화 연구를 통해 예비 과학자로서의 자기주도적 탐구 능력과 과학적 소양을 함양한다. 신입생들의 연구 능력을 기르기 위하여 1학년 기초연구 교육을 실시하고 적성을 고려하여 수학, 과학 및 정보과학 분야를 전체 6개 분과로 나누어 융합과학탐구 교과 연구 활동을 진행한다. 수학, 물리, 화학, 생명과학, 지구과학, 정보, 융합(STEAM) 분야에서 2, 3학년 약 20개의 R&E 팀을 구성하여 교사 지도하에 창의 심화 연구를 진행한다. 청소년 과학자로서의 연구 능력 및 연구 마인드를 고취할 수 있도록 전 학년 중 희망하는 학생들을 대상으로 1인 또는 공동 2인으로 각 학기별 창의개인연구를 운영한다. 교내 과학탐구 토론회, 창의 심화 연구 발표회, 졸업논문 발표회 등 많은 학생들이 참여할 수 있는 교내 과학연구 행사활동을 기획, 추진함으로써 학생들의 과학에 대한 안목을 높이고 과학 연구 활동에 참여할 수 있는 기회를 제공한다. 또한 과학전람회, 삼성휴먼테크 논문대회, 한화 사이언스 챌린지, 노벨 에세이 등의 다양한 교외 연구 활동에서 학생을 지도하고 참가를 독려함으로써 학생들이 과학자로서 전문성을 높이는 기회를 마련한다.

국제 자매결연 학술 교류 활동으로 대만의 첨단과학 연구거점인 신죽시의 국립신죽고와 자매결연 활동을 유지하며, 프랑스 펠릭스 르 단텍 고등학교와 국제 교류 활동을 시작하여 학술교류 및 자연 탐사 활동, 문화 체험 등을 통해 국제적 시야를 확장하여 글로벌 인재로 성장할 수 있는 기회를 제공한다. 외국어 능력 향상과 함께 학술적 교류가 자연스럽게 이루어질 수 있도록 학교 수업과 연계 운영한다.

해외 이공계 심화학습은 1학년 학생들을 대상으로 10월경 미국에서 10일 정도 체험활동을 한다. UCLA, CALTECH, UC 버클리, 스탠퍼드 등에서 탐방과 강연을 듣고 그랜드 캐니언, 요세미티 같은 국립공원이나 뉴욕 일대에서 문화 체험을 한다.

또한 학생 참여 중심 인문 교육활동을 통해 창의력 및 융합적 사고 능력을 신장시킨다. 교육과정과 연계한 학생 중심의 자발적 독서문화를 조성하여 자신의 삶을 풍요롭게 향유할 수 있는 자기 주도적 성장 역량을 강화한다. '세계 책의 날' 행사, 독서 관련 학생 참여형 이벤트 진행, 독서의 달 운영, 독서 사진 콘테스트, 독서주간 프로그램, 도서관 카카오 채널 운영, '북곽인 인생도서' 공모, 교과별 추천도서 게시, 독서동아리 운영 및 지원으로 학생의 자발적인 독서문화 조성, 인문의 날 운영, 학교신문(송련 소식) 및 영어신문 기사 편집, 인문 강연 등 다채로운 행사를 진행한다.

강원과학고등학교

- 학생 수 : 163명(남 136명, 여 27명)
- 교원 수 : 33명(남 13명, 여 20명)
- 주소 : 강원도 원주시 치악로 2242(대표번호 033-740-9700)

강원과학고는 강원도 유일의 과학영재 기관으로 학년당 3학급에 60명의 신입생을 선발하는 소규모 학교이다. 학교가 산속에 위치하여 자연경관이 좋고 전원 기숙사 생활을 하여 학교 구성원 간 친밀도가 높다. 교훈은 선각선행(先覺先行), 즉 '남보다 앞서 생각하고 먼저 실천하자'이다. 미래를 창조하는 유능한 과학인 육성을 위해 나라와 고장을 사랑하는 미래지향적인 자주인, 예절 바르고 공동체 의식이 투철한 도덕인, 한국 과학을 이끌어 갈 탐구 능력을 갖춘 창조인, 풍부한 정서와 건전한 심신을 갖춘 건강인을 기른다. 자주인 육성을 위해, 애국·애족·애향심 고취, 자주적 생활 태도 확립, 세계화 시대 대응 교육에 힘쓰며, 도덕인 육성을 위해 민주 시민의 자질 육성, 예절 바른 태도 함양, 공동체 의식 및 봉사 정신을 함양한다. 그리고 창조인 육성을 위해 자기 주도적 학습 능력 배양, 탐구 활동을 통한 창의력 배양, 선택별 교육과정을 운영하고 건강인 육성을 위해 독서 지도의 내실화, 실천 위주의 인성 교육 내면화, 보건·체육 교육의 충실을 중시한다.

학교 상징 새가 기러기여서 교조를 딴 축제가 있다. '작은 기러기의 밤'은 6월 중순 열리는 학교 축제이다. 신입생이 학교에 들어와서 시험을 보고 적응을 해가면서 학교 구성원과 동화되는 행사로 노래하고 춤추고 일부 공연을 하면서 서로가 친해지는 계기가 된다. '큰 기러기의 밤'은 8월 중순에 열리는 축제로 하루 종일 공부하지 않고 즐기는 날이다. 개인별 장기 자랑, 동아리 공연, 방송제, E-Sports로 과학고가 하나가 되는 날이다.

학술 동아리 탐구논총은 학생들의 이공계 진로 선택에 도움을 주고 수학적 사고력 및 과학적 탐구 능력을 향상시키기 위해 1학년 학생들이 과학·수학·정보 분야의 주제로 수개월에 걸쳐 자기 주도적 탐구 활동을 수행한 후 그 결과를 발표용 포스터로 제작하여 발표하는 프로그램이다. 학기 말에 전교생이 참여하는 학술 발표회를 진행하며, 보고서를 취합하여 다음 해에 〈탐구논총집〉을 발간한다. 개교 이래 해마다 실시하고 있는 이 활동은 학생들에게 자신이 수행한 연구에 대해 진지하게 성찰하고, 학생들이 과학자가 되기 위한 꿈을 다지는 기회를 제공한다.

과제 연구(R&E) 활동은 한국과학창의재단에서 연구비를 지원받아 교사와 학생 중심의 연구를 지원한다. 학생들이 연구하고자 하는 활동을 지원하고, 그 활동을 통해 첨단 기자재의 사용법, 논문 요약법 및 작성법 등을 배우고 자신들이 수행한 연구 결과를 발표하는 기회를 갖는다.

강원과고의 다빈치 프로젝트는 3학년 특색 활동으로 과학과 예술, 인문학과의 만남을 주제로 모둠 프로젝트 활동을 진행한다. 학생들이 기존에 많이 연구했던 과학·수학, 과학·공학의 융합에서 나아가 과학과 예술, 인문학의 융합 연구를 통해 융합 소양을 함양할 수 있다. 모둠 프로젝트 활동을 통해 협업 역량을 강화하고, 국내 과학기술 전문가 및 과학 크리에이터와의 만남 및 체험 프로그램 운영을 통해 최신 연구 동향 및 연구 환경에 대한 이해를 증진한다.

학습 멘토링을 통한 협력 학습은 멘토와 멘티 간 서로 부족한 부분을 채우고 학업적인 면에서 함께 발전해 나갈 수 있다. 1, 2학년에 사전 학습 멘토링에 관해 안내하고 양식을 공유하여 활용하고 교내 봉사활동과 연계하여 멘토 학생들이 자신의 지식을 나누고 멘티들의 학업을 도와 가며 공동체 의식을 배우며 성장한다.

충북과학고등학교

- 학생 수 : 142명(남 110명, 여 32명)

- 교원 수 : 30명(남 21명, 여 9명)

- 주소 : 충청북도 청주시 상당구 가덕면 교육원로 153-135(대표번호 043-715-2505)

충북과학고는 1989년 개교한 우리나라에서 두 번째로 오래된 과학고이다. 청원군에 있었으나 청주시와 지역 통합으로 청주 소재가 되었고, 단재교육연수원과 함께 있는데, 주변에 연수원이 3개나 있고 산 중턱에 위치하여 자연 경관이 좋다. 학교 주변에 상업시설이 없어서 기숙사에 들어올 때 미리 간식을 챙기는 문화가 있다. 학년당 3개 학급으로 신입생을 55명 선발하는 소규모 학교이다. 청주 학생이 주를 이루고 충주, 제천 출신 학생이 있는 정도이다. 학연과 지연의 분위기는 직속 선후배 관계로 이어져 동문 모임이 있고 선배가 후배의 학교생활과 시험 정보 등을 자발적으로 제공하기도 한다.

오랜 전통이 있는 만큼 각종 대회에서 양호한 성과를 내고 있으나 인원수가 적어서 대학 입시 실적은 상대적으로 다른 과학고에 비해 아쉬움이 있다. 올림피아드보다는 국가 주도 전국 학생 과학 전람회, 전국 학생 과학 발명품

경진대회와 사설 주관으로 한화 사이언스 챌린지, 화학 탐구 프런티어 페스티벌 등에서 양호한 실적을 내고 있다. 선배의 노력이 후배에게 전통으로 이어지며 국제대회에 출전하여 우수한 성적을 거두고 있다.

학교 규모는 작아도 과학고에서 시행하는 프로그램과 교육과정은 거의 동일하며 학교가 추진하는 교육활동이 다양하다. 사름 'Eureka Project'(대학 연계 과학·수학·정보 심화교육과정)는 정규 교육과정 내 학생의 요구를 반영한 창의적 체험활동 동아리를 운영하고 개설 동아리는 교내 교사와 함께 교수·연구원 등의 협력수업(Co-teaching)으로 과제 연구 및 첨단 기자재 활용 실험, 프로젝트 형식으로 진행한다. 학기 중 수요일 6~7교시에 18개 동아리가 카이스트, 한국교원대학교, 충북대학교, 한국천문연구원 등과 협력하여 프로젝트를 수행한다.

지능정보기술(AI+ICBM) 아카데미는 학생들의 요구를 반영한 지능정보기술 강좌를 개설·운영함으로써, 인공지능 분야 교과 외 프로그램의 활성화를 도모한다. 주요 프로그램은 Data Frame을 활용한 데이터 분석 및 시각화, 머신러닝 알고리즘 및 최적화, 3D 모델링 기술과 공학적 설계, 프로그래밍 핵심 개념 in Python, 머신러닝을 활용한 퀀트 투자, 반응형 애플리케이션 개발, 드론 코딩, 미래 교통환경 도심 항공 모빌리티, 자율주행 자동차, Limo와 ROS를 활용한 자율주행, AI 플랫폼 학습 및 콘텐츠 제작, 유니티를 이용한 VR 제작, 피지컬 컴퓨팅(아두이노) 활용 수업 등이다.

또한 인공지능 융합교육(AI+X) 시범학급 운영으로 인공지능과 미래 사회 교과, 인공지능 기초 교과를 중심으로 인공지능 프로젝트 수업 프로그램을 개발·적용하고 다양한 교과 주제를 활용한 인공지능 수업을 구안하여 프로그램을 보급하여 지역사회 인공지능 수업의 거점학교 역할을 수행한다.

창업가 정신 함양 교육 중점학교 운영의 일환으로 청소년들의 창의적 사고를 바탕으로 새로운 가치를 창출하는 창업가 정신 함양을 위한 체험 중심의 교육을 추진한다. 창업의 가치 탐색을 시작으로 창업의 전 과정을 체험하며 실패와 성공의 경험을 제공하고 가치를 이해하며 재해석하는 학습의 기회를 제공한다.

학년별 단계형 연구 역량 강화 Project로 1학년은 기초 R&E에 주력한다. 1학년 전체 학생을 대상으로 과학·수학·정보 분야의 기초과학 창의 연구 (R&E) 프로그램을 운영하여 한국과학창의재단과 연계하여 자문교수−지도교사−학생이 팀을 이뤄 연구를 진행한다. 과학·수학·정보 분야의 연구 활동을 통해, 연구의 기본 방향과 실험 방법 등을 익히고 연구자의 기본 역량을 신장한다. 2학년은 발명 및 기술 창업 관련 프로젝트 I&D 프로그램으로 상상 (Imagination)에서 개발(Development)까지의 과정, 나아가 창업까지 이르는 활동으로 생활 속 불편함을 해결하기 위한 창의적 아이디어를 기반으로 문제 해결력을 신장한다. 3학년은 프로젝트 R&E를 수행한다. 과학 영재로서 연구 주제의 자체 선정으로 창의성과 문제 해결력을 신장하고 탐구 활동을 통해 과학자로서의 기본 자질과 역량을 키운다.

학교 축제인 사름제는 학교 구성원이 화합하고 소통하는 시간을 통해 건전하고 발전적인 학교 문화를 마련한다. 학생회를 중심으로 학생들의 자율적이고 주체적인 운영으로 협동심과 민주시민 의식을 신장한다. 전시 프로그램, 부스 프로그램, 테마 프로그램, 공연 프로그램 등을 운영하여 과학고 학생들의 문화 욕구 해소, 문화·예술로 소통하는 건강한 청소년 문화를 조성한다.

충남과학고등학교

- 학생 수 : 199명(남 147명, 여 52명)
- 교원 수 : 37명(남 22명, 여 15명)
- 주소 : 충청남도 공주시 반포면 금벽로 1351-15(대표번호 041-852-1428)

충남과학고는 교육열이 높고 인근에 특목고가 즐비한 공주시에 위치하여 학년당 4학급에 신입생 76명을 선발했다. 교훈은 '誠實(성실)과 探究(탐구)'로 배움과 성장, 어울림이 있는 행복학교 실현에 노력하고 있다. 교육목표는 생각인, 세계인, 창의인, 자주인, 융합인, 사랑인 양성이다. 이를 위해 학교가 역점을 두고 있는 사업을 정리하면 다음과 같다.

① 생각하는 힘을 가진 과학자를 위한 서향 Book&Think 프로젝트
② 국제 경쟁력을 갖춘 과학자를 위한 Global Scientist
③ 연구력과 메이커 역량을 갖춘 과학자를 위한 사이언스 크리에이터
④ 자기관리 역량을 갖춘 과학자를 위한 미래로 자기 경영 액션 플랜
⑤ 융합 역량을 갖춘 과학자를 위한 아인슈타인&피카소 오디세이
⑥ 더불어 살 줄 아는 과학자를 위한 We Love Together 사랑場(장) 프로그램

산 중턱에 학교가 위치하여 인근에 상업시설이 없고, 학교 급식의 질이 높으며, 모든 학생이 기숙사 생활을 하기에 학교 안에서 자급자족한다. 학교 구성원 간의 친밀도가 높다. 선후배 간에 인사하는 전통이 있다. 생일인 사람은 급식실에서 전교생으로부터 박수를 받는다. 시험을 앞두고는 친한 선후배, 멘토와 멘티, 동아리 부원끼리 과자를 나누어 먹고 응원 쪽지를 남기기도 한다.

학교가 카이스트와 가까이 위치하여 연계 행사도 많다. R&E를 연계해서 진행하고 방학에는 실험실 체험을 한다. 이런저런 인연으로 카이스트 진학자가 많다. 학생의 창의성과 편리함을 이유로 교복이 없으며 학생회가 추진하여 만든 생활복이 있다.

특색 교육활동으로 Art&Science 창의 융합 오디세이가 있다. 과학과 예술의 통섭을 통한 STEAM형 프로그램으로 각 교과별 인문학과 과학기술의 만남을 통한 팀 프로젝트이다. 오디세이 추진위원단이 선정한 '올해의 창의융합인'에 대해 조사하고 융합적 탐구를 하며 실생활에서 발견되는 응용 아이디어를 발표한다.

사이언스 크리에이터 프로젝트는 학교 내 학습 공동체 중심으로 자발적인 상상이룸 교육의 확산과 창업 관련 경험을 쌓는 기회를 제공한다. 창의적 체험활동, 과제 연구 등의 교육과정 내에서 메이커 요소를 발굴하고 발전 심화한다. 과학, 수학, 정보 분야 전문가가 기술 창업에 관심 있는 학생의 아이디어 제안서를 받아 약 20% 시상 및 선발하고 지원한다.

나도 이공계 CEO project Ⅱ는 기술 창업 챌린지에서 선발된 30명 학생과 캠프운영(기술검색+3D모델링+기술사업계획서 작성+상상이룸 교육) 및 특강으로 창업 아이디어 기획 → 기술 검색을 통한 차별화 → 3D 모델링 → 기술 사업 계획서 작성 → 메이커 역량 교육을 완성하는 프로젝트이다. 나도 이공계 CEO project Ⅲ은 아이디어를 창출하고 이를 기술 검색 및 사업계획서로 구체화하여, 3D모델링, 아두이노 등을 활용해 시제품을 제작 후 창업할 시 투자자 및 구매자의 반응을 확인해 보기 위한 가상 체험 프로그램이다. 가상 투자자 및 구매자가 기술 창업 챌린지에서 선발된 30명 학생의 사업계획서 심사 → 제작비 지원 → 제작 → 시제품 브랜딩 → 펀딩을 한다. 나도 이공계 CEO project Ⅳ는 CNSH 스타트업 체험 캠프로 크라우드펀딩에서 선발된

20명 학생의 창업 관련 기업 체험과 창업존 견학을 돕는다.

전북과학고등학교

- 학생 수 : 152명(남 112명, 여 40명)
- 교원 수 : 32명(남 14명, 여 18명)
- 주소 : 전라북도 익산시 금마면 용순신기길 48-69(대표번호 063-830-2301)

전북과학고는 익산 미륵산 아래 위치한 전북 유일의 과학고이다. 교훈은 '성실(誠實), 탐구(探究), 조화(造化)'이지만 '인류를 품에 안고 미래를 창조하는 전북과학고'라는 슬로건이 토론학습실, 수리데이터분석실에 적혀있고 자주 인용된다. 학교가 산 밑에 위치하여 학생들은 산에 오르고, 사제 동행 미륵산 등산 행사도 있다. 산이 높지 않아 학교 청운관 뒤편에서 정상까지 2시간 이내 등반이 가능하다.

교육과정은 과학고와 거의 같다. 수학은 5~7단위, 과학은 과목당 3~4단위에 물리의 비중이 좀 더 높고, 국어 3단위, 영어 3단위, 정보 3단위 등이다. 수학은 1학년에서 교육과정을 모두 마치고 조기 졸업자는 AP 과정을 수료한다. 과학은 기본 개념에서 전공 수준까지 심화하는데 주로 대학 교재나 학교 자체 개발 자료를 활용한다. 정원이 적어서 입시와 조기 졸업에서 학생들 간 경쟁이 치열하고, 각종 연구와 대회 및 프로젝트를 수행하는 과정에서 협업이 중시된다.

학교 특색 사업으로는 미래 과학자로서 탐구 능력과 문제해결 능력 배양을 위한 심화학습 프로그램이 있다. 미래 과학자로서의 역량을 키우며 자기 주도적 탐구 능력을 향상하고 교과 학습 내용을 융합하여 심화학습과 문제해결 능력을 배양한다.

인문학적 사고력 향상과 융합적 인재 양성을 위한 독서 토론 프로그램은 다양한 사고와 질문을 통해 인문학적 관점과 과학적인 접근을 시도하여 융합적 인재를 양성하고 함께 읽고 토론하는 학교 독서 문화 형성과 학생들의 논리적인 말하기 능력을 신장한다.

또한 교육 기부를 통해 학력 향상을 지원하고 동반 성장을 장려하는 대학생 멘토링 프로그램은 자율적 학습 멘토링 활동을 통한 인성과 특기 계발 및 학습의 내적 동기를 향상하고, 대학생 멘토와 멘티의 결연을 통한 수학, 과학 학력 신장 및 진로 설계에 도움을 준다.

전북과고에는 과학 분야 우수 인재 양성을 위한 진로교육 및 진학지도 프로그램이 있다. 학년 특색 사업 운영을 통한 진로 역량을 함양하고 인성 함양을 위한 명사 특강을 실시하며 '진로 진학 멘토링의 날' 운영을 통한 진로 진학 역량을 함양한다.

고교-대학 및 연구소 연계 프로그램을 통한 맞춤형 심화학습 프로그램은 과학자와 학생 간의 지속적인 상호작용으로 과학자로서의 연구 태도와 품성을 함양하고 과학 전문가들의 첨단 과학 기자재를 활용한 교육 기회 제공 및 전문 분야의 연구 방법을 체험하는 경험을 제공한다.

이 밖에도 창의 융합형 인재 양성을 위한 인공지능 수학 프로그램은 체계적인 AI 역량을 기를 수 있도록 교육과정 기반 활동을 강화하고 대학과 연계한 인공지능(AI) 수학 특화 프로그램 운영을 통한 AI 역량을 강화하며 융합인재 프로젝트 운영을 통해 수학 및 인공지능 역량 강화 기회를 제공한다.

모든 1학년 학생들은 R&E를 한다. R&E 분야 및 팀 선정은 각 학술 동아리에서 한다. 3월에 3~4명으로 팀을 구성하고 연구를 진행하여 12월에 발표

대회를 연다. 창의재단 등에서 우수 R&E로 지정되면 다음 해 1월에 과학고, 영재학교 R&E 페스티벌에 참여한다. 주로 일과 시간에는 교과 공부를 하고 야간 자습 시간에 연구를 수행하며 1학기 기말고사 이후부터 2학기 중간고사 기간까지 집중적인 연구가 이루어진다.

전북과학고는 야간 산책을 하는데 야간 자습을 마치고 11시 30분부터 운동장이나 연수원 주변을 돌고 기숙사로 입실한다. 교지 동아리가 주축이 되어 〈결지〉라는 교지를 발행한다. 2학년이 주축이 되어 졸업하는 기수의 번호로 결지를 따서 발행한다. 예를 들면 20결은 'No Answer', 21결은 'Last Page', 22결은 'New 金馬(금마)', 23결은 '응답하라 전북과학고', 24결은 'geumma' 등이다. 학교마다 교지가 있지만 결지의 분량과 내용을 담아 전통을 이어가는 학교는 거의 없을 것이다. 1년의 마지막에는 학교 축제인 한결제가 열린다. 오전 쇼박스 1부, 오후 쇼박스 2부, 저녁 동문회와 뒤풀이로 이어지는데 여장대회는 빠지지 않는 메뉴이다. 이 행사를 마친 후, 졸업하는 학생들이 퇴사하고 겨울방학으로 이어진다.

전남과학고등학교

- 학생 수 : 224명(남 159명, 여 65명)
- 교원 수 : 42명(남 20명, 여 22명)
- 주소 : 전라남도 나주시 금천면 오강길 33(대표번호 061-330-2300)

전남과학고는 나주시에 있는 전남 유일의 과학고로 학년당 4개 학급으로 80명의 신입생을 선발한다. 교사 1인당 7.2명의 학생을 담당하여 과학고 평균 6.12에 비하면 월등히 높은 수치다. 교훈은 '성실과 창의'이고 비전은 '창의성과 바른 인성을 갖춘 글로벌 과학 인재 육성'이다. 다른 과학고와 유사한 교육과정과 프로그램을 운영하는데 외국어 교육과 인문학에 좀 더 관심을 보이는 편이다. 이를 위해 학교가 중점 운영하는 특색 사업은 다음과 같다.

과학영재 탐구 활동으로 과학영재 육성 기능과 역할을 수행하고, 학교 교육을 특성화하여 과학 교육 수준 향상과 외부 전문가(대학교수, 지도교사)의 지도 및 과학기술 첨단 시설·설비를 활용한 교육을 받을 기회를 제공한다. 도교육청 지원과 한국과학창의재단의 지원을 합쳐 총 20개 팀을 운영하며, 연구팀은 지도교사 1인, 학생 4인, 관련 외부 전문가로 구성하여 다양한 체험활동 및 지도 활동 등을 통해 연구과제의 완성도를 높이고 학생들의 연구 역량을 강화시킨다.

1학년 학생을 대상으로 기본적 탐구소양을 키우는 데 주안점을 두어, 학생들이 차후 연구를 수행하는 능력을 키울 수 있는 연구 주제를 선정한다. 연구윤리 및 연구 논문 작성법 관련 교육을 실시하여, 연구에 대한 기본 소양을 갖도록 하고 중간발표 및 최종발표회를 마련하여 각 전공 교수의 조언을 받아 연구의 질을 높인다. 정규 활동 시간은 화요일 15:40~21:30까지이며, 기숙학교로서 공휴일에도 연구 활동을 진행할 수 있다. 연구 결과를 논문으로 제작하고, 공개 발표회를 하며 우수 작품은 과학전람회 등 각종 발표대회에 참가를 유도한다.

그리고 자연 생태환경 현장 자율 탐구로 공동체 생활을 통한 조화로운 인격 형성 및 자연 친화적 심성을 함양하고 과학적 지식을 체계화하며 창의적인 아이디어를 구체화할 수 있는 응용 능력을 신장한다. 1학년 전원이 제주도 일대에서 자율 탐구를 진행하고 우수작을 시상 및 자료집을 발간한다.

탐구논문 작성으로 과학 영재로서 자기 주도적인 탐구 활동 능력을 신장시켜 미래 우수 과학자가 될 수 있는 소양을 함양하고 미래 사회의 훌륭한 공동체 구성원으로서 성장하는 기회를 마련한다. 1학년 과제 연구 활동을 바탕으로 탐구 활동을 지속하여 2학년 상반기에 논문을 제출하고 발표한다. 주제는 가능한 학문 간 융합형 과제를 선정토록 지도하며, 매주 화요일 7, 8교시 자율활동 시간을 이용하여 탐구 활동을 진행하며 연구 집중 기간을 두어 논문 완성도 제고를 위한 연구 몰입 환경을 제공한다. 단독 과제 혹은 1~3명의 팀별 과제로 구분하여 효율적인 탐구 활동이 이루어지도록 한다. 최종 작성된 논문에 대해 각 전공 대학 교수의 첨삭을 받아 논문의 질을 담보할 수 있도록 하고 독창성이 뛰어난 우수 작품은 과학 전람회, 삼성 휴먼테크 논문 대상전, 대한민국과학기술경진대회 등 각종 대회에 출품한다.

창의·융합 교육 프로그램을 통해 인문 소양을 갖춘 과학 인재를 육성하고 창의·융합적 사고와 정서를 함양하여 스스로 생각하는 힘과 다양한 관점에서 세상을 볼 수 있는 힘을 기르게 한다. 국어, 영어, 한국사, 사회과가 함께 주관하여 다양한 프로그램을 마련하여 참여도를 높인다. 전곽 글로벌 리더(Reader) 플랜(전남과학고 독서·토론 활성화)을 통해 개인의 성장과 삶의 질 향상 및 포용·공감 능력을 배양하고 독서·토론의 생활화로 융합·통섭의 지식을 창출하고 진로 직업 탐색 기회를 제공한다. 인문 사회, 자연과학, 영어 원서 등 세 분야로 나누어 추천도서를 선정하고 전 교과에서 권장 도서 선정 및 독서·토론 수업을 하며 사제동행 및 교사 독서·토론 동아리 운영을 통해 독서·토론 문화를 활성화와 글쓰기 교육을 강화한다.

또한 'Think Global, Act Local' English Program으로 외국어 능력 강화에 힘쓰고 있다. 학술 연구와 업무 수행에 능동적, 창의적으로 대처하는 데 필요한 심화된 영어 능력을 배양하고 외국어로 쓰인 과학 관련 자료와 정보를 이해하고 활용하는 능력을 길러 글로벌 리더로서의 자질을 갖추기 위해서이다. 1

학년 전체를 대상으로 영어 원서 강독 프로그램을 마련하여 3월~12월 중 수요일(18:40 ~ 21:30) 3시간씩 총 20회 운영하며 내용은 수학, 물리학, 생물학 및 유전학 분야의 전공 논문 영어 강독과 과학에 관한 일반적인 글 및 과학 학술 잡지와 영어신문 읽기 등으로 진행한다. 영어 어휘 능력 향상 프로그램은 전교생이 아침 자기주도학습 시간(08:10~08:30) 및 영어수업 시간에 TOFEL VOCABULARY 암기 후 확인을 통하여 기본 영어단어 학습 및 독해 능력을 향상한다. 그리고 원어민 보조교사를 활용하여 영어 프레젠테이션 및 영어 심층 인터뷰(소주제 관련) 진행과 학생 각종 연구 보고서의 Abstract 및 영어 보고서 작성 자문을 한다. 뿐만 아니라 집중 영어회화 프로그램과 작문 프로그램을 운영한다. 말하기(Speaking) 및 듣기(Listening) 능력 향상을 위해 각 학년별 수행평가로 Speech 발표를 진행하고 학기 중 3~5회 정도 Speech 발표를 함으로써 영어 말하기 능력을 향상시킨다. 최신 영어 뉴스 및 TED 강의 시청 활동과 과학기술대학의 영어 활용 능력 면접 대비를 통하여 영어로 읽고, 쓰고, 말하는 연습을 통해 전반적인 영어 활용 능력을 배양한다.

경북과학고등학교

- 학생 수 : 121명(남 94명, 여 27명)
- 교원 수 : 27명(남 15명, 여 12명)
- 주소 : 경상북도 포항시 남구 지곡로 130(대표번호 054-240-2600)

경북과학고는 경북의 2개 과학고 중 하나로 학년당 정원은 60명 3개 학급이다. 3학년의 경우 조기 졸업자 40%를 제외하면 실제 생활하는 학생 정원은 더 적다. 2023년부터 포항시 포항제철중 옆에 신축된 건물에서 재개교하였다. 교복이 없다는 것이 특징이다. 전원 기수가 생활하는데 아침 6:30 기상, 6:35 아침 점호, 7:30 아침 식사를 하고 8:20에 등교하듯 기숙사를 나가서 오후 6:00까지 수업하고 이후 자습시간을 갖는다. 토요일에는 오후 1시까지 수업하고 자습시간을 운영하며 일요일에는 하루 종일 자습이다.

교훈은 '성실, 창조, 강건'이다. 홍익하는 과학 창의 인재 육성을 위해 바른 가치관과 인성을 지닌 사람(도덕인), 열정을 가지고 열심히 노력하는 사람(성실인), 다양한 생각으로 새로움을 만드는 사람(창조인), 바르고 이로운 의지를 끝까지 이루려는 사람(강건인), 국가와 세계를 위해 자신의 능력을 나누는 사람(봉사인)을 양성한다.

학교 특색 교육활동으로 메타버스 선도학교를 운영한다. 메타버스와 VR 기술 적용을 위한 물적, 인적 기반을 조성하여 메타버스 활용 교육의 성공 모델을 만들기 위해 노력하고 있다. 기존 메타버스 플랫폼 비교를 통한 구축 환경 분석으로 VR 장비 및 콘텐츠 구비, VR 교육실을 구성한다. VR 콘텐츠 활용 교육으로 기존 교육과정 중 VR 콘텐츠 활용 가능 단원 분석 및 적용 연수를 실시하고 360° 영상 형태의 VR 콘텐츠 제작 연수를 실시한다.

첨단 기자재 및 소프트웨어 마스터 과정도 운영한다. 이 과정을 통한 분야별 전문 인력 양성을 위해 과목별 첨단 기자재, 소프트웨어 매뉴얼 제작 첨단 기자개, 소프트웨어 활용으로 탐구 능력을 향상하고 탐구 활동에 첨단 기자재, 소프트웨어 활용 기회를 확대하며 학술 동아리 연구 활동을 활성화한다. 첨단 기자재 및 소프트웨어(6과목 12종)는 수학의 Geogebra, Matlab, 물리의 MBL, 초고속 카메라, 화학의 UV, IR, 지구과학의 천체망원경, 라디오존데, 생명과학의 PCR, SEM, 정보의 아두이노, 유니티마스터이다. 기자재와 소프트웨어 교육을 실시하여 주어진 문제상황을 해결하는 정도에 따라 마스터 자격을 부여한다.

우수 학생 해외 이공계 탐방 프로그램도 진행한다. 첨단 연구 동향 분석 및 진로 탐색 기회를 부여하기 위해 세계적인 연구소를 탐방하고, 보고서를 작성한다. 1월 중 7박 8일 미국 서부 또는 동부 일대에 학생 60명 이내, 5명의 인솔 교사가 해외 우수 이공계 대학 및 세계적인 연구 시설을 탐방하고 해외 석학 및 졸업생 만남의 장을 통한 새로운 진로 탐색의 기회를 제공한다.

그리고 새로운 가치를 창출하는 AI 융합 기술창업 교육을 지원한다. 미래 사회를 선도하는 프런티어 리더 양성을 위해 지식재산권 기본교육, 저작권 교육, 스타트업 성공사례 및 적용 기술 분석, AI 융합 교육, 빅데이터 활용탐구, 머신러닝 적용, AI 응용 사례 분석, 첨단기술 습득 및 활용, 특허 교육, 1인 1아이디어 기획, 특허 전문가 컨설팅, 도면 작성법, 명세서 작성법 등 1인 1특허 출원을 목표로 한다. 이는 새로운 생각을 실현하는 메이커 교육으로 지식재산권 및 저작권 교육을 통한 연구 윤리 의식 함양, 강연을 통해 기업에서 사용되는 다양한 시스템에 대한 간접 경험, AI 및 머신러닝 활용한 새로운 과학적 탐구 방법 경험 및 첨단기술 습득 및 활용, 1인 1특허 출원을 통한 특허에 관심과 이해를 높인다.

경산과학고등학교

- 학생 수 : 154명(남 117명, 여 37명)
- 교원 수 : 35명(남 23명, 여 12명)
- 주소 : 경상북도 경산시 화랑로 66(대표번호 053-717-7201)

경산과학고는 경북과학고와 함께 경북에 있는 과학고로 학년당 60명, 3학급 규모이다. 새한고등학교라는 사립 일반고를 개교하려다 공사가 중단된 상태로 건물이 방치된 것을 경상북도교육청에 기부 채납받아 2005년 공립 경산과학고가 탄생했다. 경산시에 위치하여 원효관, 화랑관, 금송관, 가람관 등 특이한 건물 이름이 있고 교훈은 '궁리 역행(窮理力行)'이다. 궁리는 사물의 이치를 끝까지 탐구한다는 뜻으로 격물치지를 말한다. 궁리의 최종 목표는 참된 앎의 실현이며, 실천적 궁리란 궁리를 통해 얻은 이치를 현실에 적극적으로 적용하여 실천함을 뜻한다. 역행은 궁리를 통해 얻은 것을 몸소 실천에 옮기는 것으로 수신과 거경을 포함한 실천을 의미한다. 역행하는 참된 인재는 내적인 마음의 다스림을 통해 스스로를 이기고 배움의 열매를 맺음으로써 인류를 위한 봉사를 실천한다. 궁리는 지(知)에 대한 다짐이며, 역행은 행(行)에 대한 다짐이라고 강조하고 있다. 이에 따른 교육목표는 따뜻한 품성을 지닌 도덕적인 사람, 생각과 마음이 열린 창의적인 사람, 몸과 마음이 조화로운 건강한 사람, 자기 삶을 개척하는 진취적인 사람을 육성하는 것이다.

학교가 밝히고 있는 특색 교육활동으로는 과학고 AP제도 운영이 있다. 과학고와 과학기술특성화대학 간 공동 협약을 통해 우수한 학생들이 고등학교에서 대학 수준의 과목을 일정 수준 이상으로 이수할 수 있도록 하는 제도이다. AP 교육과정의 원활한 운영을 위한 진학 및 연수 활동을 장려하여 교원의 해당 전공 관련 석사 학위 취득을 위한 대학원 진학을 독려하고 과학기술특성화대학이 진행하는 AP 교사연수 및 워크숍 참석을 장려하고 AP 교육과정 참가 학생을 위한 교재를 확보하여 활용한다.

경산과고는 첨단 기자재 확충 및 활용을 위해 노력한다. 첨단 기자재 확충을 통해 연구 기반을 마련하고 첨단 기자재 활용 연수(교사, 학생)를 통한 활용도를 극대화한다. 첨단 기자재의 적극적인 활용을 통한 영재교육 내실화 및 연구 활동을 지원하며 경상북도교육청 첨단 기자재 확충 사업을 통해 필요한 첨단 기자재를 조기 확충하며 기자재 관리 지침(매뉴얼 등) 제작을 통해 첨단 기자재의 효율적 유지 관리에 힘쓴다.

창의 융합 미래교실 운영으로 학생 아이디어를 구체화시키는 활동을 통한 상상력, 공학적 능력을 함양하고 상상-도전-창업 중심의 I&D, 창업교육 등 창의적 과학 문화를 확립하며 발명, 전람회, 자율 탐구 등 학생 탐구 활동 과정에서 필요한 실험 도구를 직접 제작하여 활용함으로써 문제 해결력을 신장한다. S1-ACADEMIA(LED 전광판, 전자 교탁, 계단식 좌석, 복층 테라스), S2-AGORA(3벽면 6세트 단초점 빔프로젝터), S3-FACTORY(3D프린터 및 밀폐시약장, 레이저 커터기, CNC 선반 조각기)를 적극 활용한다.

또한 첨단 과학 실험실을 운영한다. 첨단 교구 기자재를 구축하여 수준 높은 탐구 활동을 할 수 있도록 장려하기 위해 공동 실험실에 이동식 실험장비를 비치하여 실험 활동이 필요한 교과에서 수시로 실험을 진행할 수 있다. 첨단 물리 실험실로는 광학 실험실, 영상 분석실, 전자기 계측실, MBL 실험실, 풍동 실험실을 운영한다. 첨단 화학 실험실은 전 처리 공간, 시료 분석 공간 등을 활용하여 시료 분석을 구현한다. 첨단 생물 실험실은 미생물 배양 공간에 BSC(생물안전작업대), low temperature incubator(저온배양기), shaking incubator(진탕배양기), auto clave(고압멸균기) 등을 활용한 미생물 배양과 분자 생물학 실험 공간에 RT-PCR(실시간 중합효소 연쇄 반응기), nanodrop, 초저온 냉장고/냉동고, gel-doc(겔 전기영동 장치) 등을 활용한 분자 생물학 실험을 구현한다. 첨단 지구과학 실험실은 Radio Sonde(고층 기상관측장비), 자력계(지질, 광물탐사), 토론 공간, 전시 공간에 천체망원경 등 천체 관측과 관련된 전시 공간을 구축한다.

경남과학고등학교

- 학생 수 : 272명(남 218명, 여 54명)

- 교원 수 : 45명(남 25명, 여 20명)

- 주소 : 경상남도 진주시 진성면 진의로 178-22(대표번호 055-759-4003)

경남과학고는 진주시에 위치하며 학년당 100여 명, 5개 학급으로 구성되어 있다. 비슷한 시기에 개교한 학교가 영재학교로 전환하면서 경남과학고가 현존하는 가장 오래된 과학고가 되었다. 학교 설립 취지는 과학에 소질이 있는 학생의 조기 발굴과 능력 개발, 우수 학생의 기초과학 분야 진로 개척, 과학교육 개선의 선도적 역할 수행이었다. 교훈은 '성실, 자율, 탐구'이고 교육목표는 성실과 자율을 바탕으로 탐구학습을 생활화하여 미래 사회를 창조적으로 개척하는 과학인 양성이다. 학교가 추구하는 인재상은 성실하게 탐구하는 창의적인 길라잡이, 존중하고 배려하는 슬기로운 길라잡이이다.

경남과학고는 오랜 전통이 있는 만큼 많은 대회와 행사가 있다. 일종의 학교 브랜드처럼 큰들(KNDL)이라는 단어를 사용하는데, 큰들 축제나 큰들 선배 강연 등이 열린다. 신입생을 선발하면 적응 교육으로 과학고 생활을 미리 체험하고 교육과정과 학습 방법 등을 안내하여 학생 스스로 학습 계획과 방향을 설정하는 시간을 갖는다. 입학 전 방학에 브릿지로 미리 과학고 수업과 학교생활을 안내하고 시험을 보기도 했는데, 지금은 선행교육 금지로 지필 형태의 시험은 보지 않는다. 브릿지 기간에 공부 방법과 습관을 들이는 것만큼 선배들이 강조하는 것은 교사들에게 잘 보이는 것이 이후 과학고 생활에 큰 도움이 된다는 것이다.

큰들 학교 축제는 1학년 5개 반이 부스를 운영하는데 오후에 대회와 행사가 치러지며 저녁에는 공연을 한다. 학생회 주관하에 대강당에서 동아리 공연과 자발적 참여자들이 끼와 흥을 발산한다. 대미는 라이시스라는 밴드 동아리 연주에 맞춰 전교생이 열광한다. 공연이 끝나면 촛불을 켜고 학생회 부회장이 마지막 편지를 낭독하던 진한 전통이 있었다. 공연의 전 과정은 사진 동아리 CUT에서 촬영하여 DVD로 제작한다. 축제가 끝나면 2학년은 귀가하고 1학년은 다시 과학고 생활을 이어간다.

경남과학고에서 가장 중시하는 공간은 자습실이다. 모든 학생과 교사는 합강이라는 용어를 쓴다. 학생들의 모든 물건은 기숙사와 합강에 있다. 개인 책걸상과 책장이 하나씩 있는데 책장에 꽂힌 책을 보면 학생을 이해할 수 있다. 1학년 합강은 2층, 2학년 합강은 3층, 3학년 합강은 탐구관에 있다. 합강 게시판에는 수많은 공지와 생일을 축하 페이퍼 등 각종 포스트잇이 붙어있다. 합강에서 어떻게 시간을 보내는지에 따라 친구들과의 경쟁, 대학 입시, 대회 등의 성과가 달라진다.

학교 특색 교육활동으로는 경상남도교육청 R&E 및 과제 연구가 있다. 학생 스스로 탐구 주제를 설정하고, 창의적으로 문제를 해결하는 능력을 함양하기 위해 재학 중 1인 1개 R&E 활동의 기회를 제공한다. 1학년 학생 전원이 팀을 편성하고 각 팀은 지도교사 1명과 학생 3명 이내로 구성한다. 학생들이 관심을 가지고 있는 분야(수학, 물리, 화학, 생명과학, 지구과학, 정보, 에너지, 농생명, 건축건설, 환경, 기계, 전기전자, 재료 등)별로 연구를 진행하고, 연구 결과를 토대로 창의연구발표회를 진행한다. 연구 결과로 〈경남과학탐구논총〉을 발간하고 과학 전람회, 휴먼테크 논문 대상 등 다양한 대회에 참여하여 학문교류의 장으로 활용한다.

또한 음악의 생활화를 통한 올바른 품성 함양을 위해 노력한다. 창의성과 인성을 겸비한 인재 양성을 위해 음악적 소양을 기르고 정서적 갈증을 해소하여 학생들의 안정된 정서 유지와 클래식 및 다양한 장르의 음악적 소양을 길러 글로벌 시대의 리더십 능력을 고취한다. 전교생이 음악 수업시간 활용 및 방과 후 교육활동, 수시 시간을 활용해 활동하여 1인 1악기 지도, 아름다운 선율이 함께하는 'Morning Concert' 및 관현악 합주, 음악가 초청 연주회, 반별 합창 대회 등을 하면서 서로에게 음악적 감동을 전하고 하나됨을 느끼게 한다.

창원과학고등학교

- 학생 수 : 209명(남 153명, 여 56명)
- 교원 수 : 41명(남 18명, 여 23명)
- 주소 : 경상남도 창원시 의창구 평산로159번길 30(대표번호 055-711-2300)

창원과학고는 창원의 가장 서쪽 남산 자락을 끼고 있다. 한 학년 80명, 4개 학급으로 경남과학고보다 규모가 작다. 교훈은 '원형이정(元亨利貞)'으로, 하늘의 4가지 덕 또는 사물의 근본 원리를 뜻한다. '원'은 교양인, '형'은 봉사인, '이'는 탐구인, '정'은 전문인을 나타낸다. 교육목표는 인격과 전문성을 갖춘 봉사하는 과학인재 양성이다.

후발 과학고이기에 교육과정과 특색있는 교육활동을 위해 다양한 시도와 도전으로 발전하고 있다. 학교 축제인 창곽제, 동아리 페스티벌, 수학 페스티벌 등이 있고 체험학습으로 청학동 예절교육, 대학 탐방 등이 있다. 교과교실제에 강의실은 각 교사에게 배정되어 공식적으로는 무학년이다. 창원 수학고라고 부를 정도로 수학의 비중이 크다. 수학이 7단위, 물리 4, 화학 4, 다른 과목들은 2, 3단위이다. 그만큼 수학이 중요하고 수학을 잘하면 과학고 생활과 대학 진학이 쉬워진다.

창원과학고는 전국 과학고 중 환경을 정규교과로 편성한 유일한 학교이다. 그래서 환경을 학교 차원에서 지원하는 대회와 프로그램이 있다. 2017년에는 꿈꾸는 환경학교 프로젝트를 통해 교내 체육관과 기숙사 사이 공간을 재설계하는 활동을 진행하였다. 환경 교실이 마련되어 있고 학교 시설에도 환경을 고려한다. 환경에 관해 주제 탐구로 환경 프로젝트를 진행한다. 2학기에 총 20여 팀이 참여하여 허니컴 콘테스트, 포트폴리오 및 보고서 부문, 발표 및 학급투표 부문 등 다양한 이름으로 시상한다. 또한 유네스코 학교로 1학년 환경 과목 이수, 유네스코 동아리 애인사이(愛人SCI) 및 E-square 운영, 융합 관련 교육으로 과학송 대회나 합창부, 영어과의 국제교류 등을 진행한다.

이 학교는 장학금이 많은 학교로 알려져 있다. 전교생이 1학기 성적을 기반으로 두산 혹은 백엽장학재단에서 주는 장학금 중 하나를 받았다. 매년 12월에 1학년 1학기, 2학기 성적을 기반으로 한성 손재한 장학회에서 지급하는 한성 노벨 영수재 장학금을 지급한다. 졸업식 때 해당 연도 졸업자 중 성적 우수자에게는 한마음병원 등에서 장학금을 준다. 학교 규정상 중복 지급은 금지하고 있어 많은 학생이 혜택을 받고 있다.

2023년은 창업가 정신 함양 교육 거점학교로 운영되고 있다. 특수 목적 고등학교의 창업 체험교육에 대한 이해와 필요성에 대한 인식을 높이고 학교 교육과정 속에서 적성과 흥미를 고려한 미래 교육의 진로설계 방향을 모색하고자 교육과정 내 창업 체험 프로그램을 개발, 운영한다. 창원진로지원센터, 창원대학교 창업지원단, 경남창조경제혁신센터, 아산나눔재단, yepp 등의 지역 연계 창업지원센터를 활용하여 다양한 영역의 창업 활동에 도전할 기회를 제공하고 있다.

창업가 정신 열기 단계에서는 창업 체험 교육과정 운영을 위한 기반을 조성하고자 창업 체험 교육 마인드 함양을 위한 교육 공동체 공감대 조성, YEEP 프로그램 적용을 위한 환경 조성, 창업 체험활동 전문적 학습 공동체 조직, 아산 유스프러너를 통한 기업가 정신 함양, 학부모 창업 체험교육을 실시한다.

창업 체험 활동 단계에서는 교육과정 재구성을 통한 창업 체험교육 프로그램 구안 및 적용으로 진로교과 연계 창업가 정신 함양 프로그램 운영, 일반 교과 연계 창업가 정신 프로그램 구안 및 개발, 창의적 체험활동 연계 창업가 정신 함양 캠프 운영, 창업 동아리 구성 – YEEP 활용 프로그램 구안 및 적용, 메타버스를 통한 창업 아이디어 페스티벌을 개최한다.

지역 창업지원센터 인프라 활용 창업가정신 함양 프로그램 운영으로 경남 창조경제혁신센터 창업 지원 프로그램 활용(CORN프로젝트), 창업 멘토링(청년 창업가), 전문직업인 특강, 창업 체험 선진지 견학(1, 2, 3학년), 아산 유스프러너를 통한 기업가 정신을 함양한다.

창업가 정신 다지기 단계에서는 스타트업! 창업경진대회 참가를 통해 창업가 정신을 이해하고 재해석하는 성찰의 기회를 제공하기 위해 전국 창업경진대회, 전국 소셜 벤처 경연대회, 대한민국 청소년 창업경진대회, 미니 데모데이, 전국학생과학발명대회, 대한민국학생발명전시회 등에 참가하고 도전한다.

제주과학고등학교

- 학생 수 : 102명(남 79명, 여 23명)
- 교원 수 : 25명(남 16명, 여 9명)
- 주소 : 제주특별자치도 제주시 산록북로 421-1(대표번호 064-754-0700)

제주과학고는 제주특별자치도 최초의 특목고로 산 중턱 인적이 없는 곳에 위치하고 있다. 겨울에 눈이 많이 내리거나 태풍 등 자연재해가 있을 때는 학생들이 산속에 고립되고 식자재 배달이 안 되어 비축 식량과 컵라면 등으로 급식을 대체한 적이 있다고 한다. 교훈은 '성실, 창의, 봉사'이고 학교 규모가 워낙 작아 학교 구성원 모두의 속사정을 알고 있을 정도이다.

신입생 40여 명이 선발되면 입학 이전에 신입생 적응 캠프를 한다. 3일 정도 합숙하며 학교 교육과정과 프로그램 소개, 동아리, 시설과 기자재 체험 등을 한다. 입학식을 하고 나면 1학년과 2학년 학생들이 4개 팀으로 나뉘어 게임을 하면서 친목의 시간을 갖는다. 중간고사가 끝나면 1학년 학생들을 위한 정서 지원 미술 치료 프로그램을 실시한다. 5월에는 체육대회를 개최하는데 학생 수가 적어서 학부모까지 참여하는 운동회가 된다. 그래도 학기 중에 학생회 주관으로 간이 체육대회를 열기도 한다. 12월에는 산울림 축제를 진행하는데 학생회가 중심이 되어 축제의 프로그램과 게임 등을 준비한다. 동아리 공연과 미스제주과학고 선발대회 등을 하면서 한 해를 마무리한다. 학업이나 성적에 반영되지 않는 활동은 부담이 덜한 편이다. 그러나 과학고 학생의 숙명과도 같은 수학과 과학 교과 학습과 경시대회, 과제연구와 프로젝트 수행으로 바쁜 시간을 보낸다.

제주과학고가 특색 활동으로 내세우는 것은 과제 연구 영어발표 대회이다. 과학적 사고력을 기초로 연구 주제를 스스로 설정하고, 탐구과정을 수행할 수 있는 능력을 배양한다. 참가 대상은 2학년으로 한 조를 구성하는 인원은 제한이 없으나, 4인 이하로 구성한다. 연구보고서는 한글로 작성하며, 발표 PPT, 포스터 및 구두 발표는 영어로 한다. 포스터 발표는 5분, 구두 발표는 10분간 발표한다.

그리고 Colloquium, 토요전일제 탐구 활동을 한다. 탐구 수행 과정, 절차 및 문제해결 방법을 배움으로써 연구 활동의 질을 개선하고 학생–교사 간 밀착형 연구 활동을 수행함으로써 질 높은 탐구 활동과 학생과 교사의 신뢰도를 향상시켜 학생에 대한 이해를 높인다. 평일 학생 연구 활동 시간의 과다에 의한 학습 시간 부족을 해소하고, 과학고등학교 학생으로서의 탐구 역량을 배우는 계기가 되도록 한다. 학기 중 토요일 오전 4시간을 방과 후 교육활동 시간으로 배정하여 지도교사가 탐구 활동을 지도한다. 수학, 물리, 화학, 생물, 지구과학, 정보 등 다수의 연구 전문가와 지도교사, 학생이 함께 탐구 내용에 대한 내용을 공유하고 활발한 토론을 통해 서로의 의견을 교환한다.

제주과고는 무한상상 STEAM 교실을 운영한다. STEAM 메이커 활동을 통해 아이디어를 구체화함으로써 창의·융합 역량 활동을 장려하고 산출물 발표대회를 개최하여 교과 지식을 바탕으로 한 창의적인 아이디어를 창출하는 기회를 제공하고 학생들의 진로를 탐색·설계하는 경험을 제공한다. 무한상상 메이커 교실, 무한상상 STEAM 교실, STEAM 산출물 발표회 등 3개의 프로그램을 운영한다. 소집단 구성원들의 연구 주제나 작품에 대해 STEAM 요소를 적용하여 무한상상실에서 실제로 연구한 내용이나 제작한 작품을 대상으로 발표대회를 개최한다.

과학영재 창의 연구(R&E) 프로그램은 과학기술 분야의 핵심 인력 양성을 위해 과학 영재교육 기회의 확대와 내실화 있는 추진으로 국가 경쟁력 확보를 추진한다. 과학영재의 지적, 정서적 특성에 맞는 자율적이고 창의적 탐구 활동 지원을 위한 사사교육 기반의 영재교육을 제공한다. 과제수행에 참여하는 학생은 1학년을 중심으로 한 과제 당 3~5명 내외이다. 교사가 연구 책임자가 되어서 교과별 심층 과제수행이 되도록 한다. 연구 주제 및 과제수행을 위한 조 구성은 학술 동아리 내에서 무작위적으로 구성하는데 전문적인 과제수행을 위해 전문가 자문을 요청하여 수행할 수도 있다.

자율 동아리 산출물 대회는 자신의 잠재 능력을 창의적으로 계발·신장하고, 학업과 직업에 대한 다양한 정보를 탐색하여 자신의 진로를 설계하고 준비한다. 자율 동아리 산출물 공유를 통해 다른 동아리의 장점을 보고, 배울 수 있는 배움의 장을 마련하고 다양한 동아리 활동에 자발적으로 참여하여 소속감을 기르고 공동체 구성원으로서의 역할을 수행한다.

또한 과학기술원과 함께하는 LAB 투어는 과학기술원과 연계하여 다양한 과학 실험 활동을 진행함으로써 최신 과학 분야에 대한 정보와 지식을 습득하며, 다양하고 수준 높은 경험과 과학적 소양을 기를 수 있는 기회를 제공한다. 실험·실습 활동을 통해 최신 첨단과학 실험 기기를 직접 다뤄 봄으로써 원리와 조작 방법을 알아보고, 실험 기기들이 과학 연구 및 다양한 산업에 어떻게 실제 활용되고 있는지 몸소 체험할 수 있다. 체험학습을 통해 연구실 연구원들의 과학실험 연구 과정과 그들의 삶을 간접 체험해보는 진로 탐색의 기회를 가진다. 1, 2학년이 과학기술원 연구소·전공 연구실을 견학하고, 전공 실험을 직접 체험한다. 소규모 조 편성을 통해 소규모 인원이 이론 및 실험 활동을 할 수 있도록 함으로써 효과적인 활동이 이뤄지며, 학생이 희망하는 분야의 실험을 자율적으로 선택하여 실시할 수 있도록 자율권을 보장한다.

❸ 과학고 입시 준비 사항

　과학고와 영재학교는 합격을 위해 초등학교 때부터 많은 준비를 하고 최상위 대학으로 진학한다는 면에서 선망의 대상이 되는 교육기관이다. 수학과 과학에서 선행과 심화학습을 잘해야 합격이 가능해서 학생 스스로 공부한다는 것이 어렵다. 사교육 기관이나 이미 영재학교와 과학고 진학을 경험한 사람들의 도움으로 입시 로드맵을 짜고 그에 따라 장기적인 학습을 진행한다. 그만큼 힘든 과정과 경제적 지출을 감당해야만 합격의 영광을 누릴 수 있다. 우리나라 조기교육과 사교육 열풍의 진원지라는 오명을 받기도 하고 대학 진학 후 의대나 로스쿨로 진로를 바꿔 다시 공부하는 일들이 있어서 사회적인 문제로 지적받고 있다.

　먼저 짚고 넘어갈 사항은 의대 진학을 희망하면 과학고나 영재학교로 진학하지 않는 것이 좋다. 개인의 선택을 제도적으로 막는다고 해도 결국 본인의 뜻을 따르겠지만, 과학고와 영재학교를 나와서 의대로 진학하는 것은 국가

나 사회적으로 볼 때 바람직하지 않다. 과학고와 영재학교 한 명의 학생을 위해 학교가 제공하는 인적, 물적 지원은 물리적으로 계산해도 어마어마하다. 수학과 과학 교과에서의 탁월성이 있고 수능 영어가 절대평가이니 대학 진학 후 국어만 공부하면 의대가 가능하다고 반수와 재수를 부추기는 개인과 집단에 넘어가는 것은 결국 그들의 주머니를 채워주는 일이다. 과학고와 영재학교의 생활 그리고 졸업 이후의 진로 또한 만만치 않으니 각오가 된 사람이 준비하면 좋겠다.

과학고는 전국에 지역별로 학교가 있고 과학과 수학에 중점을 둔 교육과정을 운영한다. 영재학교 입시가 끝나고 9~11월까지 1단계 서류전형과 2단계 면접으로 합격자를 가린다. 영재학교가 서울대 진학이 많은 것에 비해 과학고는 2학년 때 조기 졸업을 하고 KAIST 등 과학특성화학교로 진학을 많이 하며 3학년까지 과정을 모두 마치고 최상위 대학을 노리기도 한다.

과학고 진학을 위해 준비해야 할 것은 먼저 수학, 과학 교과의 학습이다. 과학고는 수학과 과학 교과가 차지하는 비중이 크다. 단 하루라도 수학과 과학을 하지 않는 날이 없고 심지어 하루에 절반 이상을 수학이나 과학을 하는 날도 있다. 수학과 과학 과목에서의 성적을 높이고, 기본 개념과 원리에 대한 이해를 확실하게 해 두어야 한다. 선행도 필요하고 심화학습도 중요하다. 과학고에서 사용하는 교재와 학습 수준을 고려하고 준비해야 한다.

다음은 실험과 연구 경험을 하는 것이 좋다. 초등학교 영재교실, 과학고와 대학에서 중학교 학생을 대상으로 운영하는 과학 프로그램 등이 있다. 과학고는 실험과 연구를 중요시한다. 실험과 연구에 대한 경험을 쌓으려면 중학교에서부터 동아리 활동과 실험실이나 도서관의 자료를 활용하여 실험과 연구를 체험해야 한다. 대학, 연구소, 학회 등에서 진행되는 과학 프로그램이나 캠프가 있다면 적극적으로 참여하는 것이 좋다.

그리고 자기 주도적 학습과 창의적 문제 해결력을 키워야 한다. 과학고 학습과 연구 활동에는 자기 주도성이 필요하다. 목표 의식을 가지고 스스로 학습 계획을 세우고 학습을 진행하는 자기 관리 능력이 필요하다. 인내와 끈기를 갖고 정보와 자료를 찾아내고 분석하고 탐구하는 능력을 갖춰야 한다. 연구과정에서 창의성과 문제해결 능력이 필요하다. 창의적인 아이디어를 발전시키고 복잡한 문제를 해결할 수 있는 능력이 있어야 한다. 누가 시키지 않아도 과학 프로젝트나 과학 올림피아드에 관심을 갖고 참가해 보는 것도 좋은 경험이 된다.

과학고에 진학하려면 교과 학업 성적이 좋아야 한다. 다른 특목고에 비해 영재학교와 과학고는 경쟁률이 높다. 수학, 과학 교과 성적은 기본이고, 수리과학 능력을 신장하기 위한 프로그램이나 활동에 참가하여 성과를 내면 좋다. 과학고와 영재학교 모두 면접이라는 관문을 통과해야 한다. 대충 적당히 넘어가지 않는다. 외형적으로 드러난 성과만이 아니라 실제 수학, 과학과 관련한 능력과 적성이 맞아야 한다.

과학고 입시 예시로 아래에 경기북과학고의 입학 전형을 소개한다.

경기북과학고등학교 입학 전형

1. 모집정원

남녀 구분 없이 100명(학급당 20명, 5학급)이며, 자기주도학습전형으로 선발함

전형 구분		모집 인원	
정원 내 (5학급, 100명)	자기주도학습전형	일반전형	80명
		사회통합전형	20명
정원 외	국가유공자자녀전형	3명 이내	
	특례입학전형	2명 이내	
	특수교육대상자전형	약간 명	

2. 지원 자격

다음 각 항에 해당하는 학생으로 자기주도학습 역량과 창의성, 잠재력을 가지고 있으며 중학교 교육과정을 성실하게 수행하고 학교장의 추천을 받은 자

구분	지원 자격
공통	다음 조건 중 어느 하나에 해당하는 자 1. 경기도 소재 중학교 졸업예정자 2. 중학교를 졸업하고 경기도에 거주하는 자 3. 고등학교 입학자격 검정고시 합격자 중 경기도에 거주하는 자 4. 중학교 졸업자와 동등의 학력이 있다고 인정된 자(「초·중등교육법 시행령」 제97조)로서 경기도에 거주하는 자 5. 타 시·도 소재 특성화 중학교(전국단위 모집 자율학교 포함) (조기) 졸업예정자 중 경기도에 거주하는 자 6. 「초·중등교육법」 제27조 1항 및 「조기진급 등에 관한 규정」 제4조 에 따른 상급학교 조기입학 대상자 ※ 위 2~5항의 '경기도에 거주하는 자'라 함은 '원서 접수일 현재 전 가족(보호자 포함)이 경기도에 단독세대로 주민등록이 되어 있고, 실제 거주하는 자'를 의미한다. ※ 위 6항의 상급학교 조기입학대상자는 경기도교육청 「조기진급 및 조기졸업에 관한 시행 지침」에 따른 조기졸업 대상자 선정기준을 만족하는 경기도 소재 중학교에 재학 중인 자
사회통합전형	다음 1, 2항 중 하나에 해당되는 자로 본교에서 수학 가능성이 있다 고 판단되어 학교장의 추천을 받은 자로서 고등학교 입학 사실이 없 는 자 1. 기회균등 대상자 2. 사회다양성 대상자(소득 분위 8분위(기준 중위소득 160%) 이하 가 정의 자녀에 한함. 가구원 수에 따른 월 소득 환산액에 대한 건강 보험료 납입금 기준)
국가유공자 자녀 [교육지원 대상자] 전형 / 정원 외	「국가보훈기본법」 제3조 제2호의 국가보훈대상자로 아래 하나에 해 당하는 자(법정대상자로서 교육지원대상자에 한함) • 「국가유공자 등 예우 및 지원에 관한 법률」에 의한 교육지원대상자 • 「독립유공자예우에 관한 법률」에 의한 교육지원대상자 • 「5.18민주유공자예우 및 단체설립에 관한 법률」에 의한 교육지원 대상자 • 「고엽제후유의증 등 환자지원 및 단체설립에 관한 법률」에 의한 교육지원대상자 • 「특수임무유공자 예우 및 단체설립에 관한 법률」에 의한 교육지원 대상자

특례입학 전형	정원 외	「초·중등교육법 시행령」 제82조 ③항의 다음 제2호, 제3호의 하나에 해당하는 자 제2호. 외국의 학교에서 국내의 중학교에 전학 또는 편입학하여 졸업한 자 가. 외국의 학교에서 2년 이상 재학하고 귀국한 학생(외국에서 부모와 함께 2년 이상 거주한 자에 한함) ▶ 부모의 거주기간은 2년 이상, 체류기간은 1년 이상, 학생은 2개 학년 이상 이수한 경우 나. 정부의 초청 또는 추천에 의하여 귀국한 과학기술자 및 교수요원의 자녀 다. 외국인 학생(부모 또는 부모 중 1인이 대한민국 국민인 경우에는 외국에서 2년 이상의 중학교 교육과정을 이수한 학생을 말함) 제3호. 「북한이탈주민의 보호 및 정착지원에 관한 법률」 제2조 제2호에 의한 보호대상자로서 군사분계선 이북지역의 학교에서 2년 이상 재학하고 군사분계선 이남지역의 중학교에 편입학하여 졸업한 자
	정원 내	「초·중등교육법 시행령」 제82조 ③항의 다음 제1호, 제4호의 하나에 해당하는 자 제1호. 외국 또는 군사분계선 이북지역에서 9년 이상의 학교교육을 이수하거나, 초·중학교에 해당하는 학교교육과정을 이수한 자 제4호. 교육감이 학력심의위원회의 심의를 거쳐 9년 이상의 우리나라 학교 교육과정을 마친 사람에 상응한 학력을 가진 것으로 인정한 사람
특수교육 대상자전형	정원 외	「장애인 등에 대한 특수교육법」 제15조 ①항에 따라 특수교육대상자로 선정된 자

3. 전형별 세부 사항

*지원자 전원에 대하여 개별면담 실시(필요 시 지원자가 재학 중인 중학교를 입학담당관이 방문하여 지원자 및 추천 교사, 담임교사와 면담을 실시할 수 있음)

(1) 공통 사항(특수교육지원대상자 전형 제외)

1) 전형 요소 : 학업소양, 탐구력, 핵심 인성 역량 등을 종합적으로 고려하

여 학습잠재력과 수학·과학 분야의 자기주도학습 역량을 평가

2) 전형절차 및 주요사항

① 1단계(서류평가 및 개별면담)

- 서류평가 : 제출된 서류를 통한 수학·과학 분야의 열정 및 학업소양, 탐구력, 핵심 인성 역량 등에 대한 종합적 평가
- 내신 성적은 성취평가제로 산출된 최근 3학기의 수학, 과학 성적(성취도 및 수강자 수)을 반영하되, 3학년 2학기 성적은 반영하지 않음
- 개별면담 : 제출된 서류에 대한 사실 여부 확인
- 서류평가와 개별면담 결과를 종합하여 소집면접 대상자 선정

② 2단계(소집면접)

- 탐구력, 창의적 문제 해결력, 의사소통능력 등에 대한 종합적 평가
- 소집면접 대상자를 본교로 소집하여 면접 실시

③ 서류평가 및 개별면담과 소집면접 결과를 종합하여 학교 입학전형위원회의 심의·의결을 통해 최종 선발

(2) 일반전형

1) 모집정원 : 80명

2) 전형방법 : 서류평가 및 개별면담 결과를 종합하여 2배수(160명) 내외의 소집면접 대상자를 선정, 소집면접을 실시한 후 서류평가 및 개별면담과 소집면접 결과를 종합하여 최종 80명 선발

(3) 사회통합전형

1) 모집정원 : 20명

2) 전형방법 : 서류평가와 개별면담을 통해 종합적으로 평가하여 소집면접

대상자로 2배수(40명) 내외를 선정하되, 순위에 따라 단계별로 선발

① 1단계 (서류평가 및 개별면담)

- 1순위 지원자를 사회통합전형 모집인원의 1.5배수(30명) 이내에서 우선 선발

- 1순위 우선 선발 대상자가 사회통합전형 모집인원의 1.5배수(30명) 미만인 경우 부족한 인원은 사회통합전형 모집인원의 1.5배수 이내에서 2순위 대상자를 우선 선발하고 미달 시 3순위를 선발

- 우선순위 모집으로 인해 지원기회를 잃은 후순위 지원자는 일반전형으로 전환하여 전형

② 2단계(소집면접)

- 소집면접을 실시한 후 서류평가 및 개별면담과 소집면접 결과를 종합하여 최종 20명 선발

- 1순위 지원자로 사회통합전형 모집인원의 60%(12명)를 의무적으로 우선 선발

- 1순위 선발 인원을 제외하고 남은 모집인원은 1순위 탈락자, 2·3순위 대상자를 포함하여 순위에 관계없이 통합 선발

③ 같은 순위 내의 대상자 간에는 우선순위를 적용하지 않음

④ 2023학년도 경기도 고입 사회통합전형 선발 절차에 따름

(4) 정원 외 전형

1) 국가유공자 자녀[교육지원대상자] 전형(3명 이내)

서류평가 및 개별면담과 소집면접 결과를 종합하여 입학전형위원회에서 본교 수학 가능 여부를 심의하여 선발

2) 특례입학 전형(2명 이내)

서류평가 및 개별면담과 소집면접 결과를 종합하여 입학전형위원회에서 본교 수학 가능 여부를 심의하여 선발

3) 특수교육대상자 전형(약간 명)

평가 및 면접 일정을 사전 안내하여 실시하고 입학전형위원회에서 학생의 수학 능력을 판단한 후 학교장 의견서를 경기도교육청 특수교육과에 송부함. 최종 배치는 경기도특수교육운영위원회에서 심사하여 결정함

4. 서류 제출 시 유의사항

① 모든 서류는 서류 제출일 기준 최근 3개월 이내 발급된 것에 한하며 일체 반환하지 않음(단, 특례입학대상자와 고입 검정고시합격자의 자격 검증 관련 서류 제외)

② 사회통합전형 증빙서류는 제출일 이전 7일 이내에 발급한 서류여야 함

③ 등기우편 제출 서류는 9월 1일 우체국 소인분까지 인정하며, 방문접수를 받지 않음

④ 서류 제출 시 학교생활기록부에 간인, 원본대조필, 학교장 직인 등이 누락되지 않도록 확인(학교생활기록부 출력 및 제출 방법에 대해 본교 홈페이지를 통해 안내 예정)

⑤ 자기소개서는 자기주도학습 영역과 인성 영역 평가가 가능하도록 학생 본인이 직접 작성하여 제출하며, 대리 작성, 허위 작성 혹은 표절 시에는 사후에도 입학 취소 등 불이익을 받을 수 있음

자기소개서 작성 시 배제 사항
• 올림피아드(KMO 등), 교내·외 각종대회 등 입상 실적, 영재학급·영재교육원 교육 및 수료 여부 등 • 부모의 사회·경제적 지위를 암시하는 내용   예) 부모의 구체적인 직장명이나 직위, 소득수준, 고비용 취미 활동(골프, 승마 등) • TOEFL·TOEIC·TEPS·TESL·TOSEL·PELT, HSK, JLPT 등 각종 어학인증시험 점수, 한국어(국어)·한자 등 능력시험 점수 • 학교에서 주관하지 않은 모둠 및 프로젝트 활동(사설 학원 및 기관에서 추진하는 교과 관련 활동) 등

※ 자기소개서에 [자기소개서 작성 시 배제 사항]의 ①, ③의 항목이 포함된 경우 해당 전형 단계의 최하 등급 처리, ②, ④의 항목이 포함된 경우 최저 등급자의 등급을 기준으로 평가 등급을 한 단계 이상 강등 처리

⑥ 추천 교사가 다음의 [교사추천서 작성 시 배제 사항]을 포함하여 교사추천서를 작성하여 제출한 경우, 해당 중학교에 추천서 재작성을 통보하며, 해당 중학교에서 불응하는 경우 당해 학생은 전형에서 배제됨

교사추천서 작성 시 배제 사항
• 올림피아드(KMO 등), 학교 내·외 각종 경시대회 입상 실적, 영재학급·영재교육원 교육 및 수료 여부 등 • 부모(친인척 포함)의 사회·경제적 지위 암시내용, 개인 정보 관련 사항 등 • 학생의 교과성적, 각종 인증시험 점수, 한국어(국어)·한자 등 능력시험 점수 등 • 기타 사교육이 유발될 수 있거나 입학 전형에 불필요한 내용

⑦ 교사 추천서의 작성은 해당 중학교에 재직 중인 수학, 과학, 정보 교사로 한정함

※ 해외에서 9학년(18학기)을 마치고 지원하는 학생과 고입 검정고시 합격자의 교사추천서 작성 가능 대상자는 다음과 같음

ⅰ) 지원자가 재학했던 국내의 초등학교, 중학교의 교사 추천 가능

ⅱ) 지원자가 다니는 국내의 종교기관 지도자

ⅲ) 국내의 공신력 있는 상담기관 전문상담가 등(단, 학원 강사 등 사교육 기관 관계자, 지원자의 가족이나 친인척 등은 원칙적으로 제외함

5. 기타 사항

① 온라인 원서 접수 후 자기소개서와 교사추천서를 제외한 모든 제출서류를 반드시 본교에 등기우편으로 접수하여야 함

② 본교 지원자는 전국 소재 다른 전기고등학교에 이중으로 지원할 수 없음

※ 이중지원 금지

    – 전기고등학교는 전형 시기와 관계없이 1개교만 지원할 수 있음

    – 전기고등학교 합격 시 후기고등학교(외고, 국제고, 자율형 공·사립고, 일반고 등) 지원 불가

③ 필요시 추가 서류를 요청할 수 있으며, 제출 서류에 기재된 사항이 사실과 다를 경우에는 합격을 취소할 수 있음

④ 입학 전형 내용은 일체 공개하지 않음

⑤ 본교 합격자는 전원 기숙사에 입사하여 생활하는 것을 원칙으로 함

⑥ 의약학계열 진학 제재 사항

> 본교는 과학, 수학 분야 우수 인재 양성을 위해 설립된 학교로 의·치의·한의·수의·약학 계열 대학으로의 진학을 희망하는 학생은 본교 지원이 적합하지 않음
> 그럼에도 불구하고 의·치의·한의·수의·약학 계열 대학에 지원할 경우, 1) 본교 교원은 상급학교 진학을 위한 추천서를 작성하지 않으며, 모든 대학의 진로 진학 지도를 실시하지 않음 2) 해당 학생이 재학 중 받은 장학금 등 지원액을 회수함 3) 졸업 시 각종 수상 및 장학금 수여 대상에서 제외함 등의 불이익이 있을 수 있으며, 응시원서 작성과정에서 위 사항에 동의하는 경우에만 지원 가능함

⑦ 기타 전형요항에 명시되지 않은 사항은 관계법령, 관련지침 및 본교 입학전형위원회의 심의에 따라 학교장이 결정하여 시행함

memo

자사고
영재학교
과학고
외국어고
국제고

Chapter 6

영재학교 가는 길

❶ 영재학교의 현황과 특성

영재학교는 8개교 842명의 신입생을 선발했다. 한국과학영재학교만 국립이고 나머지 7개 학교는 공립이며 모든 학교가 기숙사를 운영한다. 영재학교의 지역별 분포와 현황은 아래와 같다. *2023년 5월 정보 공시 자료집계 기준

지역	학교명	설립 년도	학급 수	학생 수				교원 총원	교원 1인당 학생 수
				신입생	전교생	여학생	학급당		
서울	서울과학고	1988	24	131	380	26	15.8	87	5.1
부산	한국과학 영재학교	1990	36	130	378	51	10.5	55	6.9
대구	대구과학고	1987	18	93	273	39	15.2	67	4.7
인천	인천과학예술 영재학교	2016	15	80	240	46	16	57	5

광주	광주과학고	1984	18	96	291	55	16.2	71	4.9
대전	대전과학고	1984	18	96	275	31	15.3	63	5.2
세종	세종과학예술 영재학교	2015	18	89	263	65	14.6	77	4.5
경기	경기과학고	1983	24	127	378	45	15.8	84	5.3
8개교 합계 또는 평균			171	842	2,478	358	14.93	70.13	5.20

영재학교는 영재교육을 목적으로 설립된 학교이다. 고교 과정으로 과학영재를 육성하는 곳은 8개교이다. 시행령으로 과학고에서 영재학교로 전환하여 운영하는 학교는 한국과학영재학교, 서울과학고, 경기과학고, 대구과학고, 대전과학고, 광주과학고이고, 과학예술영재학교로 개교한 학교는 세종과학예술영재학교와 인천과학예술영재학교이다. 특목고로 분류되는 과학고와는 달리, 고입 전형이 다르고 우선 선발하기에 영재학교라고 부른다. 영재학교는 특목고로 분류되지는 않으나 통상적으로 특목고 이상으로 인식되고 특별한 지위를 인정받고 있기에 특목고에 준하여 다룬다.

영재학교는 영재성과 뛰어난 학생들에게 전문적인 교육과 특화된 교육 환경을 제공한다. 고등학교 교육과정만이 아니고 과학특성화대학과 연계하고 해외에서의 연구와 교류 기회가 주어진다. 또한 과학고나 일반고와는 다른 고난도의 교육과정으로 운영된다. 고등학교보다는 오히려 대학교에 더 가까운 과정이다. 영재학교 학생들은 기초학문뿐만 아니라 창의적인 사고와 문제 해결 능력을 발전시키는 교육을 받는다. 특화된 전공 분야 학습과 전문 교수진이 학생들의 학습 역량을 키워준다. 학생들의 성장을 위해 고급 수준의 실험실, 예술실, 체육시설 등 전문적인 시설과 장비를 제공하고, 전문 강사와 연구진, 멘토의 지원을 받는다.

영재학교는 학생들의 연구와 창작 활동을 전폭적으로 지원하여 잠재력을 실현할 수 있도록 도움을 준다. 학생들은 연구 활동, 프로젝트 수행, 창작 활동 등에서 자신의 재능을 꽃피울 수 있도록 각종 혜택과 지원을 받으며 성장할 수 있다.

❷ 영재학교 운영과 특색 교육활동

서울과학고등학교

- 학생 수 : 380명(남 354명, 여 26명)
- 교원 수 : 87명(남 49명, 여 38명)
- 주소 : 서울특별시 종로구 혜화로 63(대표번호 02-740-6299)

서울과학고는 대원외고, 대일외고, 민사고, 경기과학고 등과 함께 우리나라 1세대 특목고로 출발하여 2009년 과학영재학교로 전환되었다. 학교는 대학로 근처 서울성곽 안에 있고 과거 보성고가 있던 자리이다. 인근 서울국제고와 교류하고 경기과학고와 연합 체육대회를 하기도 한다. 전국단위 학생모집이지만 서울과 수도권 학생이 대부분이고 각 도에서 1명 정도 선발된다. 공학 중 여학생 비율이 가장 작은 학교이다. 교훈 '예지의행(叡智義行)'은 예리한 지혜를 가지고 의를 행하라는 뜻으로 건물 본관 예지관, 기숙사 의행관의 이름이 여기서 유래한다. 전원 기숙사 생활에 교복이 없고 자율을 중시하는 학풍이다.

세계 인류에 공헌할 바른 인성과 창의성을 갖춘 융합인재 육성을 위해 다음과 같은 미션을 수행한다. 인류 공영에 이바지할 바른 인성을 갖춘 인재 육성을 위해 소통과 배려, 나눔과 봉사, 리더십과 협동심을 함양하고 독서 및 토론 교육, 다양한 체험학습 프로그램을 운영한다. 도전 정신을 가지고 진리를 탐구하는 창의적 융합인재 육성을 위해 창의성 및 문제 해결력 신장을 위한 융합형 교육과정을 운영하고 과학기술계 진로 지도를 위한 과학기술 체험학습 및 탐사학습 프로그램을 운영한다. 폭넓은 시야와 인문·사회 및 예술적 소양을 갖춘 과학기술 분야 리더의 육성을 위해 철학, 디자인, 세계사, 예술사 등 인문·사회·예술 분야 심화과목 운영, 스포츠클럽, 예술·스포츠 특별교육 프로그램 운영 등 인문·사회 및 예술·체육교육을 강화하며 국·내외 영재교육기관과의 교류 프로그램을 운영한다.

서울과학고에 합격하면 입학 전 브릿지 프로그램(SSHS Bridge Program)에 참여하게 된다. 수학, 물리, 정보 교과에 영어와 독서 과제를 구글 클래스룸에 올리는 형식이다. 지도교사와 직접 대면하지 않지만, 학생의 성실성과 창의성을 보여 줄 기회이고 과제를 수행하면서 실력을 향상하는 시간이 된다. 모든 수업은 대학교처럼 학생이 찾아가야 하고 학급별 교실은 없다. 교과별 강의실과 실험실이 있고, 그중 특정 공간을 학급별 교실로 지정하여 조·종례가 이루어진다. 공강 시간이 있지만 자유시간은 아니고 정해진 장소에서 자습이나 과제를 하고 잠을 자기도 한다.

교육과정은 교과 영역, 연구 활동 영역, 창의적 체험활동 영역으로 구분하여 편성한다. 교과 영역은 전인교육을 위한 일반교과, 창의성을 신장시키기 위한 융합교과, 흥미와 소질, 능력 계발을 위한 전문교과로 편성한다. 일반교과는 국어, 사회, 외국어, 예체능 관련 교과목이고 융합교과는 융합과학탐구, 창의융합특강, 과학철학특강, 양자정보특강이며, 전문교과는 수학, 물리학, 화학, 생명과학, 지구과학, 정보과학 관련 교과목이다. 융합교과의 필수는 현대과학의 발전 동향 및 연구의 기초 능력을 함양하는 내용으로 구성한다.

연구 활동을 중시하는 영재학교의 특성이 교육과정과 잘 결합이 되어 있다. 연구 활동은 자율 연구, 현장 연구, 졸업 논문 연구, 졸업 논문 발표 등으로 구성한다. 자율 연구는 R&E, 과제 연구, 창의융합 연구로 구성하고 현장 연구는 국내·외 대학 또는 연구소에서 행해지는 교육 및 연구 활동이며 졸업 논문 연구와 졸업 논문 발표는 졸업 직전 2개 학기에 걸쳐 수강하며, 개인 연구 활동을 통해 전문 교과와 관련된 개인 논문을 제출해야 한다.

학교 노력 중점 사항은 다음과 같다.

① 창의적 융합 인재 육성을 위한 교육활동 내실화
② 수업 및 평가 방법 다양화를 통한 자기 주도적 학습 능력 신장
③ 교원의 영재교육 전문성 신장을 위한 연수 및 연구 활동 프로그램 운영
④ 자율성에 기반한 연구 활동 내실화
⑤ 데이터 기반 문제 해결력을 기르는 데이터·인공지능 교육
⑥ 융합적, 창의적 사고력을 기르는 독서·토론 교육
⑦ 배려와 나눔을 배우는 봉사활동 프로그램 운영
⑧ 이공계 진로 탐색 및 리더십 함양을 위한 체험학습 프로그램 운영
⑨ 자율적인 학생회 활동을 통한 학생 자치능력 함양
⑩ 행복한 학교를 만들기 위한 소통 문화 확산
⑪ 지역사회와의 협력 강화, 예술적 감수성과 문화적 소양을 기르는 문화·

예술교육

⑫ 글로벌 인재 육성을 위한 외국어 능력 신장

⑬ 창의적 융합 인재 육성을 위한 교육활동 내실화 등

한국과학영재학교

- 학생 수 : 378명(남 327명, 여 51명)

- 교원 수 : 55명(남 40명, 여 15명)

- 주소 : 부산광역시 부산진구 백양관문로 105-47(대표번호 051-897-0006)

한국과학기술원 부설 한국과학영재학교는 부산에 자리 잡은 국내 유일의 국립 과학영재학교이다. 대전에 있는 한국과학기술원(KAIST) 부설 교육기관이고 전신은 부산과학고였으며, 2003년 최초의 과학영재학교로 출범한 국내 유일의 과학기술정보통신부 직할 출연기관이다. 국내 유일 타이틀에 맞는 특별함이 존재하는 한국과학영재학교는 KSA라고 약칭하는데 '한과영'으로 더 많이 불리고 있다.

교훈은 '창의(Creativity), 열정(Passion), 봉사(Service)'이다. KSA의 교사들은 대부분은 KAIST 소속이고 수학, 과학 교원은 모두 박사 학위자이다. 교원들은 카이스트와 동일한 연봉에 영재학생과 연구할 수 있는 환경을 제공받는다. 조교와 행정, 기능 교사까지 모두 포함하면(총 130명) 실제 교원 1인당 지도 학생 수는 통계자료보다 훨씬 낮아진다. 신입생은 130여 명 선발하는데 매년 15명 이내의 외국인 학생을 선발한다. 전국에서 모집하는데 수도권이 70% 가까이 된다. 대학생처럼 입학 년도에 맞추어 학번을 붙이고 고학년으로 갈수록 대학생에 가까운 생활을 한다. 대학처럼 수강신청을 해서 학생마다 일과는 모두 다르다. 학부는 수리정보과학부, 물리지구과학부, 화학생물학부, 인문예술학부 등으로 구분된다. 학년별 연구 활동 과정은 1학년 창의기초연구, 2학년 소집단 자율연구(R&E) 및 국내외 위탁교육, 3학년 졸업연구 과정 등으로 나뉜다. 졸업연구 과정에는 KAIST와의 연계 교육을 강화하기 위한 KAIST HRP(High School Research Program) 과정이 있다. 이 프로그램으로 졸업연구를 수행하는 학생은 KAIST 교수의 지도 아래 졸업연구를 수행한다.

과학영재를 양성하기 위해 무학년 졸업 학점제, 학습자 선택형 교육과정, 심화 중심의 교육과정, 연구 활동 중심의 교육과정, 융합 교육과정, 국제교류 활동 및 해외 위탁교육, KAIST와의 연계교육 등을 실시한다. 미국, 러시아, 이스라엘, 태국의 영재학교와 교류를 시작하여 2006년에는 21개국, 67개교, 350명의 학생이 참여하는 국제학생전람회를 개최하여 논문 학술대회와 과학 캠프, 문화 탐방 등을 실시하였고, 2014년에는 국내 최초로 고등학생 대상 연구저널인 〈리서치 커넥트(Research Connect)〉를 발간했다.

다른 영재학교에 비해서 인문학 과목 수업이 매우 많아 학생들 사이에서는 '한국 인문 영재학교'로 불리기도 하지만, 과학 학점은 그대로 하면서 졸업 학점을 늘리는 방법으로 인문 과목을 늘린 것이다. 수학, 과학 과목의 교재는 원서이고 수업 자료(강의 슬라이드, 인쇄물), 시험지 등은 모두 영어이며, 답안 작성 시 용어를 영어로 써야 하는 과목도 있다. 외국인 교원이 지도하는 과목과 영어로 강의하는 'EC' 과목을 15학점 이상 이수해야 졸업이 가능해서 영어를 못하면 살아남기 어렵다.

AP과정은 KAIST, 포스텍 등과 같은 대학에서 학점 인정 협약을 통해 KSA에서 수강 후 해당 대학에서 학점으로 인정받는다. A+에서 F까지의 평어와

4.3 만점의 GPA(평점)로 나온다. 평점이 4.0이 넘는다면 그 학기의 상위 20% 안에 드는 상위권이다. 과학기술특성화대학에서 학점을 인정받기 때문에 엄격한 성적 부여 기준을 갖고 있어 학점을 따기 어렵다고 한다. PT(Placement Test)제도는 1학년 과목에 한해, 입학 전에 시험 봐서 충분한 실력이 되는 학생들에게 미리 학점을 부여하고 수강을 면제하는 제도이다. PT를 딴 학생은 상위 과목을 수강할 수 있는데, 1학기에 상위 과목을 들으려면 해당 과목의 I, II를 모두 취득해야 한다. 영어는 시험을 보는 대신 공인영어시험 성적으로 대체할 수 있으며 이것으로 영어 1, 2에 대한 PT를 동시에 딸 수 있다. 전체 혹은 수학, 과학 과목에서 2.0 미만의 학점이 나오면 학사경고를 받게 되며, 학사경고를 두 번 받으면 학교에서 제적된다.

졸업생의 대부분은 KAIST에 진학하는 편이고 서울대 진학의 숫자나 입시 자료는 공개하지 않는다. KSA 졸업생에게 KAIST 입학은 다양한 형태로 혜택을 받을 수 있다. 입학생의 절반 이상이 KAIST에 합격하고 그렇지 않은 학생은 서울대, 포스텍, 연세대, 고려대, UNIST 등으로 진학한다. 상위권은 주로 학부 유학, 서울대학교 진학, 카이스트 장학생(KPF) 특례 입학을 한다. 의학 계열로 진학하는 것을 학교 차원에서 강하게 제재하고 있다. 대학 진학 후에도 반드시 이공 계열 진로를 잡는다는 보장은 없다. 오히려 남들보다 더 이른 이공 계열 생활에서 벗어나 법학 전문대학원, 금융계, 인문학, 예술 분야 등으로 진출하는 졸업생도 많다고 한다.

학교 축제는 봄 축제인 SAF(Science Academic Festival)와 가을 축제인 SAC(Science Adventure Celebration)가 개최된다. SAF는 2박 3일, SAC는 3박 4일간 진행된다. KSASF(Korea Science Academy Science Fair)는 한국과학영재학교 과학 축전으로 5일 동안 진행된다. 이 행사는 대외기획부에서 학생대표를 선발하여 국제행사로 진행한다. 또한 한마음 체육대회는 10월에 개최되며,

민족사관고와 체육 교류전을 한다. 된다. 학교에는 야구부, 축구부와 농구부가 있다. 부산 교육감배 대회, 전국 영재학교 과학고 축구대회 등에 참가한다. 주 1~2회의 훈련을 함께하며 선후배 간의 관계가 돈독하다.

일과 시간은 기숙사 아침 퇴실 이후부터 7교시까지이고 일과가 끝나면 기숙사 입실과 클럽실 출입이 가능하다. 일과 시간을 넘어 야간에 수업이 잡히기도 하고 공강 시간에는 개인 용무를 볼 수 있다. 학생들이 싫어하는 것은 아침 운동으로 태권도이다. 7시에 기상해서 8시 10분까지 아침 점호를 하고 8시 20분에 기숙사를 나와야 한다.

한국과학영재학교에는 다른 학교와 비교할 수 없는 많은 양과 질적으로 차원이 다른 연구 활동과 논문 작성이 있다. 1학년 창의 설계 활동 및 연구 방법 기초 세미나를 시작으로 2학년 R&E 및 국외 위탁교육, 3학년은 졸업 연구를 진행한다. 과업 지향성이 크고 자율성과 창의성이 우수한 학생에게는 천국이 되지만 타율적으로 이룬 성과와 능력으로 진학한 학생에게는 지옥이 될 수도 있는 공간이다.

대구과학고등학교

- 학생 수 : 273명(남 234명, 여 39명)
- 교원 수 : 67명(남 40명, 여 27명)
- 주소 : 대구광역시 수성구 동대구로 154(대표번호 053-231-7532)

대구과학고는 교육특구로 불리는 대구 수성구에 위치하여 2011년 영재학교로 전환되었다. 학교 교육의 목표는 '건강한 심신과 조화로운 품성을 지닌

사람, 미래 사회를 주도할 과학인, 한국인의 정체성에 바탕을 둔 세계인 육성'
이다. 교훈은 '자율(自律), 협동(協同), 애국(愛國)'이고 교육철학의 모토는 성
리학에서 유래한 거경궁리(居敬窮理)이다. 한국인으로서의 정체성을 갖고 전
통을 계승 발전시키는 세계적인 과학 인재 양성을 목표로 한다는 의미이다.
'거경'은 자신을 반성하면서 나태하지 않게 생활하는 내적 수양법이고, 궁리
는 사물의 이치를 궁리하여 참된 지식을 얻는 외적 수양법을 의미한다. 거경
과 궁리는 수레의 두 바퀴와 같이, 또 사람의 두 발과 같이 함께 있어야 비로
소 완성된다고 하였으므로, 이를 대구과학고의 교육철학으로 밝히고 있다.

교육과정 운영의 특징으로는 과학 영재교육 강화를 위해 영재교육부를 설
치하여 수학·과학 심화학습 교실을 운영하고, 영재교육 프로그램 개발과 조
기 졸업제 확대 실시, 수학·외국어 능력 수급제 시행, 과학 영재의 특성을 고
려한 특기·적성교육 등을 실시하는 것이다. 과학 영재교육의 내실, 생활지도
및 인성 교육의 강화, 교육 주체가 모두 참여하는 교육활동 지향, 쾌적한 교
육 환경 조성 등을 경영 목표로 하여 실험·체험 중심의 탐구 학습과 자기 주
도적 학습 능력을 신장시키기 위하여 자율학습과 명상의 시간, 독서의 시간,
소집단 탐구 모임, 소집단 학습 모임 등이 시행되며, 공동 연구와 그룹 스터
디, 기숙사 생활 공동체 운영 등이 이루어지고 있다. 동아리 활동으로는 지구
환경반, 천체관측반, 현대문화연구반, 두뇌개발반, 화학반, 애니매이션반, 영
화토론반 등을 운영한다.

무학년·졸업학점 이수제 편성으로 졸업 이수 기준은 178학점으로 평점과
평어를 부여한다. 사회봉사와 리더십 과정을 이수하고 영재들의 특성과 능력
을 고려하여 '집중심화 이수제'와 '개인별 맞춤제' 교육과정을 제공하고 개개
인의 적성과 관심을 고려하여 본인의 선택에 의해 운영한다. 교육과정의 3대
편성 영역은 교과 영역, 연구 영역, 창의적 체험 영역이다.

영재학교의 특성인 자율 연구는 연구 중심의 자기 주도적 학습으로 과학영재의 과학적 탐구 능력과 창의적 문제해결 능력 신장에 기여하고 과학자로서의 연구 태도와 품성 및 자질을 함양하며 대학교수 및 박사급 연구 인력의 전문적 지도와 과학기술 첨단시설 설비를 활용한 교육을 받을 수 있는 기회를 제공하기 위한 목적이다. 연구 주제는 수학융합, 자연과학융합, 물리, 화학, 생명과학, 지구환경, 정보과학융합 등 학생들의 과학적인 창의성을 개발할 수 있고 학생들이 자기 주도적으로 수행할 수 있는 내용이다.

현장 연구는 국제적인 리더십을 갖춘 창의적인 과학 영재를 육성하기 위한 일환으로 세계 과학 기술 분야에서 선도적인 역할을 담당하고 있는 국내외의 주요 이공계 대학에 본교 학생들의 영재교육을 위탁하여 정규 학점을 이수할 수 있도록 한다. 현장 연구는 최근 과학 분야의 흐름을 이해하고 과학이 사회 전반에 끼치는 영향과 그로 인해 달라지는 미래를 생각해 볼 수 있도록 구성하며, 아울러 위탁과정 기간에 학생이 과학자로서 연구 과정의 처음부터 끝까지를 경험하도록 한다. 3~5명 기준으로 팀을 구성하며 주제는 학년도 학년 자율 연구 주제와 상이해야 한다. 심사위원회에서 출결사항, 연구 활동 일지, 사진 등 활동 자료 포함 연구 보고서를 근거로 Distinction, Merit, Pass, Fail 4단계 평가를 한다.

창의 융합 교육 및 미래 역량 계발을 위해 4차 산업혁명에 적합한 창의력과 새로운 과학적 지식을 제품과 서비스로 구현함으로써 과학과 산업을 연결시켜 학생의 진로와 흥미에 기반한 선택형 교육과정 운영을 통한 학생의 성장과 배움을 추구한다. 필수과목은 메이커 융합과학 Ⅰ, Ⅱ이다.

창의 공작을 위한 메이커스페이스를 운영하여 창의적인 산출물을 직접 제작할 수 있는 역량을 길러 주고 제작의 기회를 제공함으로써 학생으로 하여금 창작의 즐거움을 체득하고 새롭고 유익한 것을 창조하는 능력을 기르게 한다. 자율 연구, 과제 연구, 사이언키피아, 졸업논문 연구 등 각종 첨단 리서치 활동에 필요한 실험기구를 직접 제작할 수 있는 역량과 환경을 제공함으로써 연구 활동이 원활하게 진행되도록 한다.

학생 맞춤형 특별수업 프로그램은 학생들의 수준차를 고려하여 교육 수요자의 다양한 욕구를 충족하는 계획을 수립하여 추진한다. 수학, 과학, 정보 교과에 대하여 대학 입시 심층 면접, 통합논술 등에 효과적으로 대비할 수 있는 프로그램을 개발하여 운영한다. 과학 인성 융합형 인재 인증제 秀(수)를 운영한다. SHU(Science Humanism United) 인재란 공고한 이론적 과학지식을 바탕으로 풍부한 연구 경험을 갖추고 '인간다움'에 대한 배려와 나눔 더불어 사는 삶의 중요성을 이해하는 융합형 인재를 말한다. 인증에 대한 기간은 영재학교 입학 이후부터 졸업 이전까지로 한다. 등급에 요구되는 증빙서류들은 승급을 위해서 누적하여 증빙 자료로 산정될 수 있으며 승급 신청 시 기존에 인정 완료된 서류들은 제출을 생략한다. 제출한 실적에 따라 산정하여 기준 이상의 점수를 취득하였더라도 담임교사의 추천을 받지 못하거나 관련 위원회를 비롯한 교사 협의에 의해서 인성 면에서 결격사유가 있다고 판단될 시에는 인증이 제한될 수 있다.

인천과학예술영재학교

- 학생 수 : 240명(남 194명, 여 46명)
- 교원 수 : 57명(남 28명, 여 29명)
- 주소 : 인천광역시 연수구 아카데미로 192(대표번호 032-890-6700)

인천과학예술영재학교(Incheon Academy of Science and Arts)는 「영재교

육진흥법」에 의해 송도국제도시에 2016년 개교한 과학예술영재학교이다. 학년당 80여 명, 5학급 규모이다. 교훈은 '창의, 열정, 배려'이고 교육목표는 '바른 인성 기반의 창의적 융합 리더 육성'이다. 레오나르도 다빈치처럼 과학과 철학, 예술에 모두 능통한 '융합인재'를 길러내는 것에 중점을 둔 교육과정을 운영하고 있다. 교원의 상당수는 인천의 특목고에서 근무하던 교사이고 수학과 과학 교과의 80% 이상을 박사 학위자 교원으로 구성하려고 노력한다.

전국 8개 영재학교 중 과학예술영재학교인 세종과학예술영재학교와의 교류가 많다. 전용 융합 교과(아티언스, 음악과 테크놀로지, 물상과학과 융합 등) 개발을 공동으로 진행하고 수학 교류가 있었으며 신입생 선발 과정을 함께 한다. 1단계 서류 평가, 2단계 영재성 검사, 3단계 캠프 중 2016학년도부터 세종과학예술영재학교와 2단계 시험문제를 공동 출제하였다. 2022~2023학년도 입시에서는 인천, 세종, 대구, 광주 영재학교가 공동 출제하였다. 2단계 문제가 창의 유형, 열린 문항 위주로 변경되었다.

교육과정은 과학영재학교의 보통·전문 교과를 압축적으로 편성한다. 융합 관련 철학, 기본개념, 주제별 심화 내용 등 과학·예술, 인문학 융합 분야의 다양한 교과목을 추가로 20% 이상 편성하고 STEAM Activity로 융합을 주제로 연구 활동 등을 한다. 졸업 학점은 184학점 내외이다. 영재학교의 교육과정과 연구 활동 및 프로그램은 거의 같은데 예술영재학교라는 특성을 반영하여 1인 3기(음악/미술) 교육활동을 운영한다. 학생들의 인문·예술적 감상 능력의 함양을 통해 지성과 감성의 조화를 이루는 교육활동으로 예술 활동을 통해 배려 및 협업을 할 수 있으며 공연과 전시를 준비하고 기획하는 과정에서 공동체 의식과 바른 인성 교육의 장을 마련한다. 전공별 전문성을 갖춘 강사를 채용하고 강사비 및 재료비는 학교에서 전액 지원하여 1, 2학년 전체 학생이

미술, 음악 1강좌씩 이수하여 학교생활기록부 1인 3기 특기사항을 기록한다. 개설 강좌는 서양화, 동양화, 도예, 일러스트레이션, 커스텀 디자인, 사진, 그라피티, 인스타툰 만들기, 입체 조형, 바이올린, 어쿠스틱 콜라보 기타 교실, 클래식 기타, 첼로/콘트라베이스, 플루트, 클라리넷, 색소폰, 호른/트럼펫, 타악기, 피아노, 합창단 등이다.

학교의 행사와 대회는 다양하며 진로와 진학 상황은 다른 영재학교와 비슷하다. 인영제라는 학교 축제는 2학기 기말고사 이후부터 준비하여 12월 마지막 주 금요일에 진행한다. 1학기 중간고사 이후에는 체육대회가 있다. 이때 3학년은 졸업사진을 촬영한다. 2학년 학생들은 대학 탐방 프로그램으로 카이스트, 포스텍, 서울대 등을 방문한다. 1학년은 인문과학 예술 융합 탐사활동으로 주로 인천, 강화 지역에서 활동한다. 국외 현장 체험학습은 2학기 중간고사 이후 진행하는데 방문지는 기수마다 차이가 있다. 이전에는 서유럽 국가의 과학시설을 탐방했다. 3학년 학생들은 IASA Intergration Bee라는 적분 대회를 개최하는데 미국 MIT에서 시행한 대회와 유사하다. 예선전을 치르고 이후에는 선발된 학생이 1대 1 토너먼트를 진행하여 우승자를 가린다.

광주과학고등학교

- 학생 수 : 291명(남 236명, 여 55명)
- 교원 수 : 71명(남 32명, 여 39명)
- 주소 : 광주광역시 북구 첨단과기로 215(대표번호 062-670-3252)

광주과학고는 과학고 1세대 학교에서 영재학교로 전환한 오랜 전통이 있는 학교로 교육활동과 학생의 진로 진학 사항이 안정적이다. 교훈은 '성실·탐구'로 정성스럽고 참되며 진리나 학문이나 원리 등을 파고들어 깊이 연구하는 것을 의미한다. 학교 교육목표는 비전과 도전정신을 지닌 과학적 탐구인, 더불어 살아가는 전인적 품성인, 새로운 가치를 창출하는 융복합적 창조인, 세계의 중심에서 세상을 움직이는 글로벌 리더 양성이다. 과학 영재는 Dream(꿈을 위해 노력하는 영재), Challenge(진취적으로 도전하는 영재), Passion(열정을 가지고 노력하는 영재), Knowledge(지성이 풍부한 영재), Virtue(덕성을 갖춘 영재), Power(체력을 겸비한 영재)를 겸비한 리더이다. 학교 노력 중점은 창의 융합형 인재 육성 프로그램, 오룡(五龍) 인재상이고 특색 사업은 지역사회와 연계한 R&E 활동, 연구 능력 및 문화예술 능력 신장을 위한 동아리 활동, 전인적 품성 계발을 위한 농어촌 체험 및 봉사활동 등이다.

내 고장 알기 프로젝트로 무등산을 등반, 국립 5·18 민주 묘지에 들러 5·18 광주민주화운동 기리기, 광주 시내 탐방, 인근 담양의 죽녹원이나 메타세콰이어길 방문, 국립아시아문화전당 방문, 전일빌딩 방문, 펭귄마을 방문 등을 진행했다. 농어촌 체험활동으로 농가에서 농촌을 체험하는 활동과 2박 3일간 진행되는 2학년 현장 체험학습인 자연 탐사 프로그램을 통해 짧은 기간에 연구 활동을 수행하기도 한다. 사이언스 페스티벌에는 과학 골든벨, 팀 챌린지, 학술, 상설 동아리의 발표, 사이언스 부스 운영, 초청 강연 등을 진행한다. 글로벌 프런티어는 해외에서 진행하는 연구 활동이고, 빛소리 축제는 학교 축제로 전야제, 가요제, 부스 운영, 공연 및 전시, 캠프파이어 등으로 한 해를 마무리한다.

R&E 연구 활동은 연구계획서 작성, 연구 활동 및 보고서 작성 활동을 통해 연구 경험을 익힘으로써 학생 스스로 연구할 수 있는 능력을 신장시킨다. 학생이 선택한 수학, 물리, 화학, 생명과학, 지구과학, 정보과학, 융합과학 등의

부문 중 한 분야에 편성되어 3인 1팀 구성과 지도교사는 1인 1팀 지도가 원칙이다. 기초 R&E는 교사 지도하에 학생 주도로 진행하고, 심화 R&E는 관련 분야의 전문가를 자문 교수로 위촉하는 것을 권장한다. 개인별 연구 노트 경연대회와 연구 결과 보고서 평가 및 발표대회를 실시하여 우수작을 시상하고, 자료는 학교 홈페이지에 탑재하며, 자료집을 발간하여 진급 학생들에게 제공한다.

졸업논문 활동은 3학년 전체 학생을 대상으로 실시한다. 연구 분야는 학생의 희망에 의하며 가능한 학생들이 원하는 분야에서 연구 활동이 이루어질 수 있도록 배치하고, 지도교사는 자율연구, 과학 전람회 등의 각종 연구 활동을 지도한 교사가 맡는 것을 원칙으로 한다. 졸업논문은 1인 1편의 논문 제출을 원칙으로 하며 1학기에는 졸업논문 I(중간보고서)을 제출하고, 2학기에는 졸업논문II(최종보고서)를 정해진 양식에 따라 기간 내에 제출해야 한다. 졸업논문에 포함된 데이터는 학생 고유의 연구 결과이어야 하며 논문의 작성 또한 스스로 작성한 것이어야 한다. 보고서 평가 및 졸업논문 II 발표대회를 실시하여 시상하고, 자료는 학교 홈페이지에 탑재한다.

현장 연구 활동은 국내 및 국외 대학교, 연구소, 기업 등에서 인턴십 활동을 통하여 청소년 과학자로서의 연구 능력 및 연구 마인드를 고취하는 활동이다. 재학기간에 6학점 이상을 이수하여야 하며, 반드시 2학기 이상에 걸쳐 학점을 취득하여야 한다. 인턴십 활동은 방학 중에 실시하는 것을 원칙으로 하며, 15시간을 1학점으로 인정한다. 현장 연구는 인턴십 활동, 전문 프로그램(intensive program) 이수, 학회 활동, 연구 및 탐구 대회 실적 중의 하나이다.

인문적 스포츠 프로그램은 다양한 신체활동을 통해 스트레스 해소 및 공동체 의식을 함양하고 체·지·덕이 조화를 이룬 과학 영재 육성을 위해 신체활동에 즐겁게 참여할 수 있는 기회를 제공한다. 인문적 스포츠대회를 통해 스포츠맨십을 주제로 한 직접 및 간접 체험활동으로 바른 인성을 함양하고 더불어 학생들의 자치를 활성화하는 계기를 제공한다. 스포츠 문화 축전을 실시하며 학교 스포츠클럽 교내 리그전 및 우수 학교 스포츠클럽 동아리를 운영하고 영재학교 교류전에 참가한다.

또한 독서 마일리지는 체계적이고 지속적인 독서 습관을 형성하여 올바른 가치관을 함양하고 글로벌 리더로서 전문 영역의 지식과 인문학적 소양을 두루 갖춘 인재를 양성한다. 추천 도서를 읽고 독후감을 작성하여 독서교육 종합지원시스템으로 제출한다. 도서 1권당 5점을 부여, 3년간 150점으로 1편당 800자 이상의 독후감을 작성하게 되는데 분야별 필수 권수는 물리(2), 화학(2), 생명과학(2), 지구과학(2), 정보(2), 수학(2), 인문 예술 교양(4)이며, 졸업 자격 요건은 150점(30권) 이상 취득이다.

대전과학고등학교

- 학생 수 : 275명(남 244명, 여 31명)
- 교원 수 : 63명(남 39명 , 여 24명)
- 주소 : 대전광역시 유성구 과학로 46(대표번호 042-860-0207)

대전과학고는 1984년 개교하여 2014년 영재학교로 전환하였다. 대전 유성구에 위치하여 주변 교육 인프라가 잘 구성이 되어 있고 전통이 쌓여 좋은 교육활동으로 경쟁력을 인정받고 있다. 학교가 산으로 둘러싸여 자연환경이 좋고 학교 옆에 KINS(한국원자력안전기술원)가 있어서 상호 출입이 자유롭다.

학교 비전은 '스스로 탐구하여 세상을 더 이롭게 하는 창의적 과학 인재 양성의 요람'이고 교육목표는 시대가 요구하는 최고의 전문성을 가진 과학 인재 육성, 미래 역량을 갖춘 창의적인 과학 인재 육성, 세계 시민의식과 도덕적 품성을 지닌 과학 인재 육성이다. 추진 중점은 기초·기본이 튼튼한 창의 융합형 인재 육성, 미래 핵심역량 강화를 위한 영재교육, 세계시민의식과 감성이 풍부한 도덕인 육성, 지역사회와 함께 성장하는 과학영재학교이다.

영재학교 교육과정과 프로그램은 거의 같다. 수학 과목은 1학기에 선형대수학(AP), 수학특강 1, 미적분학 2가 있다. 수학특강 1은 1학기에 확률과 통계, 기하와 벡터까지 마친다. 미적분학 2는 AP 과목으로 편미분부터 스토크스 정리까지 간다. 선형대수학은 Anton의 elementary linear algebra 책을 모두 다룬다. 2학기에는 수학특강 2, 이산수학과 미분방정식 중 2개를 선택한다.

과학 과목에는 특강(2학점), 고급 과목(3학점)이 있고 일반 과목을 마친 학생이 고급 과목을 수강한다. 1학기에는 일반물리학 2(AP), 일반물리학실험 2(AP), 일반화학 2(AP), 일반화학실험 2(AP), 심화생명과학, 심화생명과학실험, 심화지구과학, 정보과학 3이 있다. 물리학과 첨단기술, 에너지와 신소재, 수치계통 분류학, 지구환경과 우주론과 같은 논문을 읽는 수업도 열리며, 2학기에는 고급물리학, 고급화학, 고급생명과학, 고급지구과학이 개설된다. 고급화학과 핵물리가 가장 어려운 과목이라고 한다. 물론 기수마다 개설 과목이 다르고 학생마다 각기 다른 선택을 할 수 있다.

KAIST 등에서 인정되는 AP가 개설된다. 2학년 때 미적분학 I, 미적분학 II, 일반물리학 I, 일반물리학 II, 일반물리실험 I, 일반물리실험 II, 일반화학 I, 일반화학 II, 일반화학실험 I, 일반화학실험 II, 일반생물학이 있고, 3학년 때는 선형대수학, 정보과학 III 등이 있다.

R&E 활동은 1년간 진행하며, 1학년은 기초 자율 연구, 2학년은 심화 자율 연구, 3학년은 졸업논문을 쓴다. 기초 자율 연구는 지도교사의 지도를 받고, 심화 자율 연구는 지도교수의 지도를 받아 연구한다. 5~6월에 중간보고서 제출, 11월에 결과보고서를 제출, 12월에 구두 발표, 포스터 발표를 통해 심사를 받는다.

여명제는 학교 축제로 공연과 부스 운영을 한다. 여명 합창제는 연말에 1, 2학년 12개 반끼리 단합하여 노래를 부른다. 여명 음악의 밤은 2학기 기말고사가 끝나고 학생과 교사가 강당에서 오케스트라나 개인 또는 단체로 연주하는 행사다. 다양한 악기가 등장하고 청중을 놀라게 하는 수준의 연주자가 등장한다고 한다.

학교 특색 사업으로는 미래 인재 핵심 역량을 키우는 신명 나는 교육과정 운영이 있다. 변동성, 불확실성, 복잡성 등 미래 사회에 능동적으로 대응하고 새로운 가치를 창조할 수 있는 능력인 변혁적 역량(Transformative Competencies)을 신장하고 학생의 행위 주체성(Student Agency)을 바탕으로 다양한 지식을 융합하여 문제를 해결하는 능력을 함양한다. 자율활동 시간에 학생들이 자율적으로 주제 선정부터 보고서 작성까지 전 과정을 수행하는 활동인 자율 탐구 활동을 실시하고 학기 말 기간에 영재학교의 특성과 학생들의 교육적 요구 등을 종합적으로 고려하여 수업량 유연화에 따른 창의적 프로그램을 운영한다. 월요일 7교시 자율활동 시간에는 '범교과 학습 주제'와 연계한 자율 탐구 활동을 하고 수업량 유연화 프로그램으로 SW·AI 관련 학생 선택형 강좌와 교과 융합형 문제해결 프로젝트를 운영한다.

그리고 지역사회 연계 탐구 활동으로 과학자로서의 연구 태도와 품성, 자질 함양 및 연구 능력을 신장하고 자기 주도적 학습으로 과학적 탐구 능력과 창의적인 문제해결 능력을 신장한다. 지역사회와의 협력을 통한 과학 영재학교 교육활동이 세계적인 모델을 창출하고 KAIST, 충남대, 대덕연구개발특구 연구원, 은퇴 과학자 등 지역사회 우수 과학자와의 인적 네트워크를 구성하여 학교 과학 영재 교육활동에 최대한 활용한다. 대덕연구개발특구 연구원과의 학문적 대부 제도를 운영해서 학생과 과학자(교수, 이공계 박사)가 1:1 결연을 맺어 과학자가 멘토가 되어 학생의 학습·연구, 진로·생활 영역에서 다양한 멘토 활동을 전개한다.

또한 지역사회와 함께하는 과학 나눔 캠프로 '아낌없이 주는 나무'를 운영하여 대전 시내 중학생들에게 지식 나눔 봉사를 한다. 대덕특구와 연계된 과학 탐구 동아리 활동을 활성화하고 국립중앙과학관 내 실험 캠프를 이용한 현장 연구 실시, 대덕밸리 내 지역 기반 산업체에서의 첨단 기기 활용 실습, KAIST 내 pre-URP에도 참가한다.

진로 설계 및 진로 준비를 위한 다양한 주제의 진로 특강을 운영한다. 전문가들의 교훈적인 삶과 한 우물 파기 연구 자세를 모델링하고 새롭게 적용할 수 있는 창의 융합형 인재를 양성한다. 과학기술원(KAIST, GIST, DGIST, UNIST), POSTECH, 전국 대학, 저명인사, 각 분야 전문가와 연계한 다양한 주제의 진로 특강을 연중 진행하여 학생들의 진로 설계 및 준비를 돕는다.

세종과학예술영재학교

- 학생 수 : 263명(남 198명, 여 65명)
- 교원 수 : 77명(남 32명, 여 45명)
- 주소 : 세종특별자치시 달빛1로 265(대표번호 044-903-1000)

세종과학예술영재학교(SASA: Sejong Academy of Science and Arts)는 세종특별자치시에 위치한 국내 최초 '영재학교' 이름으로 2015년 개교했다. 먼저 개교한 영재학교의 프로그램을 창조적으로 계승하며 최고의 학습시설과 과학 연구시설을 갖추고 발전을 거듭하고 있다. 학교 옆에는 세종국제고가 있고 인천과학예술영재학교와 학생선발과 교육과정 개발, 수학 교류전 등을 진행하고 있다. 90여 명의 학생을 선발하는데 영재학교 중에서 여학생의 비율이 가장 높은 학교이다.

교훈은 '드높은 이상, 드넓은 창발'이고 교육목표는 바른 인성과 개척정신을 갖춘 창의 융합 인재 양성이다. 추구하는 인재상은 자연·인문사회·공학·예술 분야에서 문제를 발견하고 창의적으로 해결하는 학생(창의), 수학·과학 분야의 전문성과 인문학적 소양·예술적 감성을 갖춘 학생(융합), 다양한 발상과 실험정신으로 새로운 분야에 적극적으로 도전하는 학생(개척), 공동체 의식을 가지고 세계와 소통하며, 봉사와 나눔을 실천하는 학생(인성)이다.

교육과정 편성 방침은 핵심역량(전문성, 융합 능력, 창의성, 인성)을 기를 수 있는 교육과정, 다양한 학문의 언어 습득을 위한 전 교과 영역에 걸친 기초 과목의 필수화, 필수 과목 이외의 모든 과목의 교과목 트랙을 스스로 설계하는 교육과정으로 운영, 고등학교 보통 전문 교과와 대학교 1~2학년 전공 기초 수준까지 심화 학습의 조화이다. 이에 따라 교과(보통교과, 전문교과, 창의 융합 교과), 연구 활동, 창의적 체험활동으로 편성하고 무학년, 무계열의 선택 교육과정을 운영한다. 연구 활동은 창의 탐구, 자율 연구, 현장 연구, 인문 자연 탐사, 졸업논문이다.

대학교와 마찬가지로 학점제로 운영한다. 학기 시작 이전에 수강신청을 하며 교과 영역에서 보통교과 139학점, 창의 융합 교과 20학점, 연구 활동 15학점으로 총 174학점을 이수하고, 200시간 이상의 창의적 체험활동이 요구된다. 졸업 요건은 TOEIC 750점, TEPS 650점, ESPT 3+ 등급 이상 등 한 개 이상의 영어 인증 시험에서 기준 점수 이상을 받아야 한다.

계절학기는 STEAM Activity(인턴십)를 중심으로 운영하는 것을 원칙으로 한다. STEAM Activity는 다른 영재학교의 AR&E 프로그램과 유사하다. 1학년 때 창의 탐구, 2학년 때 자율 연구(R&E) 활동을 하며, 3학년에는 졸업논문을 쓴다. 방학 중에는 대학교나 연구소 등의 기관에서 인턴십 활동을 진행한다. 인턴십 활동 시에는 담당자에게 확인서를 받아야 학점으로 인정된다. 다른 영재학교와 마찬가지로 AP와 PT를 운영한다.

GRP(Global Research Program)는 1학년 학생을 대상으로 겨울방학에 외국 대학 및 연구소 소속의 교수 및 연구원을 초청하여 학생들이 심도 있는 과학 교육과 전문적 연구 활동을 경험할 수 있는 특색 프로그램이다.

인문 활동으로 인문예술창작주간, 인문자연탐사, 신입생 오리엔테이션, 한글 SA랑, 한글날 학생연설 한마당, 역사를 잊은 그대에게 등의 프로그램이 있고 체육활동으로 Tour de SASA, DO RUN DO RUN, 세대전(대전과학고와 체육 교류전), 세종국제고와의 연합체육대회 등이 있다. 인문예술창작주간에는 인문 예술 활동을 통한 유연한 사고력, 상상력, 창의력 신장을 목적으로 다양한 분야의 교수들을 학교로 초청하여 토크 콘서트를 열기도 하고, 교내 문예 대회, 프리젠테이션 대회와 같은 인문학 대회가 열리기도 한다. 인문학적 관점에서 보는 물리학은 과학과 인문학의 융합을 추구하는 학교의 설립 취지와 굉장히 잘 맞는 행사라는 평을 듣고 있다.

경기과학고등학교

- 학생 수 : 378명(남 333명, 여 45명)
- 교원 수 : 84명(남 43명, 여 41명)
- 주소 : 경기도 수원시 장안구 수일로 135(대표번호 031-259-0400)

경기과학고는 1983년 서울과학고와 함께 우리나라 최초 과학고로 개교하여 2009년 과학영재학교로 전환하였다. 학교가 광교산 아래 위치하여 경기도과학교육원과 부지를 공유하고 있고 대우건설 기술연구원, 수일여자중학교, 수일중학교가 주변에 있다. 경기과학고에는 최초, 최고라는 수식어가 많이 붙는다. 최초 과학고로 건물이 노후되었으나 기숙사 신축, 학술 정보관 리모델링, 본관 리모델링을 거쳐 최신 SRC(과학영재연구센터) 건물이 생기면서 최고의 시설을 가진 학교가 되었다. SRC는 첨단 기기와 실험실, 강의실, 강당 등이 있는데 1층의 매킨토시 컴퓨터 20대가 설치된 '맥실' SEM과 XRD 등이 구비된 첨단기기실, 7층의 천체관측실 등 고가의 첨단장비를 갖추고 있다.

교훈은 '애국(愛國), 창조(創造), 협동(協同)'이고 교육목표는 창의적 융합형 인재 육성 교육(고전 읽기로 사고력 신장, 인문 예체능 STEAM 과목 개설 확대), 글로벌 인재 육성 교육(우수 선진 교육기관에서 수준 높은 탐구 활동, 다양한 영어 프로그램 활용, 영어 능력 고양), 인성 및 리더십 신장 교육(기본 예절 교육, 책임, 공동체 의식, 민주시민 자질 배양)이다. 특색 사업은 연구 역량 강화 프로그램 운영, 1인 3기 특기 신장 교육, 영어활용 전문교육 교육, 나눔, 배려, 봉사의 실천 교육, 진로 진학 멘토링 운영이다.

오랜 전통과 우수한 교육활동으로 경기과학고 학생들은 다양한 분야에서 두각을 나타내고 있는데 특히 정보과학 분야에서 우수성을 보이고 있다. 2016년 아시아태평양정보올림피아드(APIO)에서 한국은 금 2, 은 4 실적을 냈는데 그중 금 2, 은 3이 경기과학고였다. 2020년 국가대표 4명 중 3명, 2021년 국가대표 1명 등 정보를 공부하는 학생들의 실력이 출중하다. 국가대표로 선출될 만큼 우수성을 인정받아 대입 실적도 최상급이다. 서울대와 카이스트 진학자가 대부분이고 POSTECH, UNIST, GIST, DGIST 등 이공계 특성화 대학교와 연세대 천문학, 고려대 사이버 국방학과, 한양대와 성균관대 전액 장학생 등이 쏟아진다.

영재학교 학생들은 1학년은 기초 R&E, 2학년은 심화 R&E, 3학년은 졸업논문을 작성하게 된다. 기초 R&E는 지도교사 한 명이 하나의 팀을 지도하는 형식으로 진행된다. 한 팀은 보통 2~3명으로 구성되고 연구비는 1명당 75만 원 정도가 지원된다. 팀 편성 및 지도교사 선정은 학년 초에 교사가 프로필을 학사에 등록하면 학생이 면담 신청을 하고, 면담 이후 교사와 학생의 선호도에 따라 알고리즘이 지도교사를 정해주며, 같은 지도교사를 배정받은 학생끼리 같은 팀이 된다. 기초 R&E는 지도교사의 지도가 중심이라 지도교사에 따라 결과물의 편차가 크다.

2학년 심화 R&E는 외부의 교수를 섭외하여, 교수의 연구실에서 연구를 진행한다. 1학년 학년 말부터 학생들은 팀을 이룬다. 이 팀은 일반적으로 기초 R&E 때의 주제를 발전시켜 나가기 위해 기초 R&E 주제나 기초 R&E 팀과 유사한 경우가 많다. 이후 지도받을 교수를 섭외하여야 하는데, 성균관대, 아주대, 고려대, 서울대 등에서 지원을 받는다. 외부 교수의 연구실에서 연구를 진행하기 위한 연구비와 교수에게 지급되는 수당 등은 모두 학교에서 지급한다.

3학년 졸업논문 작성은 삼성 휴먼테크 논문 대상 고교 대회에서 경기과학고가 금상을 비롯해서 총 11개를 수상하여 이후 졸업논문 제도를 시행하였으며, 한국과학영재학교가 논문 제도를 받아들였으며, 그 후로 모든 영재학교의 졸업논문 제도를 도입하였다. 졸업논문은 일반적으로는 2학년 때의 심화 R&E를 바탕으로 작성하게 된다. 국문 작성이 원칙이지만 영문 논문 작성도 허용한다. 대학교에 합격한 이후에라도 졸업논문이 승인되지 않으면 졸업이 불가능하기에 어떻게 해서라도 논문을 승인받는다.

ORP는 해외에서 연구를 진행하는 프로그램으로, 연구 계획서를 받고 면접을 통해 선발하여 원하는 해외 교수 또는 연구자의 연구실에 가서 약 2주간 연구를 진행한다. 섭외 과정은 심화 R&E와 유사하나, 많은 재원이 소요되다 보니 뽑히는 팀이 매우 적은데 주로 미국에서 연구를 진행한다.

그리고 PT는 입학 전 미리 시험을 치러서 1학년 과목 중 일부를 수업을 듣지 않고 학점을 받을 수 있는 제도이다. 수학 PT는 극히 적고 화학과 정보과학 PT는 중학교 때 올림피아드를 준비했던 학생들이 대부분 통과한다. 영어는 시험을 보거나 TEPS, IELTS, TOEFL 공인점수로 인정을 받는다.

AP는 KAIST, POSTECH, GIST, UNIST 등에서 일반물리학, 일반화학, 일반생물학, 미적분학 등의 과목을 B0 이상 학점을 받으면 해당 과목의 학점을 인정받는 제도이다.

❸ 영재학교 입시 준비 사항

　영재학교는 특목고와는 달리 6~8월에 전형이 진행된다. 1단계에서 학생부와 자기소개서, 추천서 등으로 지원자의 약 2/3를 통과시킨다. 2단계에서 영재성 평가로 수학과 과학의 깊이 있는 문제를 풀고, 3단계에서 합숙하면서 면접과 토론 등 영재 캠프에서 최종 합격자를 가린다. 과학고에 진학하려는 학생도 미리 영재학교를 응시한다. 과거와 달리 영재학교는 한 개의 학교만 지원이 가능하고 지역의 제한이 없기에 학생에게 가장 잘 맞는 학교와 합격 가능성을 고려하여 지원하는 경향이 있다.

　영재학교의 50%에 가까운 학생이 서울대 합격권이고 과학특성화대학교의 합격 가능성이 매우 높기에 영재학교 입학은 명문대학의 관문을 통과하는 셈이다. 8개 영재학교는 국립과 공립이고 교원 1인당 지도 학생 수도 적으며 전교생이 기숙사 생활을 하면서 영재로 거듭난다. 다른 학교가 상상하기 어려울 정도의 지원을 하여, 가능성이 있는 영재의 잠재력을 현실로 끌어내기 위해 노력하고 있다.

영재학교는 특정 분야의 전문 교육을 제공한다. 특목고 학생이 전 교과 학업 성취도가 높아야 한다면, 영재학교는 일부 과목이 낮아도 영재성이 있다면 합격할 수 있다. 해당 분야에 대한 흥미와 열정을 지니는 것이 필요하다. 영재성이 있는 분야의 지식을 쌓고, 동아리 활동이나 관련 대회에 참여하여, 경험과 성과를 쌓아가야 한다.

영재성이 흥미를 말하는 것은 아니다. 영재학교에 진학하는 학생들은 수학, 과학, 영어, 정보, 예술 등 특별한 무엇을 가지고 있다. 그리고 학문적 역량과 성취도가 높은 결과를 나타낸다. 학교에서의 학업 성취도를 높이고 심화학습을 하면서 학문적인 개념을 탄탄히 하고 고난도 문제를 풀어내는 능력을 갖추는 게 중요하다.

자기 주도적으로 학습하고 대외 활동을 하면서 창의성을 신장해야 한다. 영재학교에서는 자기 주도적인 학습과 연구 능력 그리고 체력도 매우 중요하다. 연구를 수행하는 능력, 협업하며 의사소통하는 능력, 창의성, 인문학적 상상력, 감수성 등 다양한 능력을 지녀야 한다. 영재학교 진학을 위해 고등학교, 대학교, 지역사회, 학회 등이 주최하는 대회나 프로그램에 적극 참여하면서 꿈을 키우고 역량을 강화하는 것이 필요하다.

영재학교 중에서 경기과학고등학교의 입학 전형을 아래에 제시한다.

경기과학고등학교 입학 전형

1. 지원 자격
중학교 재학생, 졸업생 및 이에 상응하는 자격을 갖추고 수학 또는 과학 분

야에서 뛰어난 재능과 잠재력이 있다고 인정되는 자로서 학교장이나 지도교사의 추천을 받은 자

2. 모집 인원

정원(일반전형)	정원 외(추천관찰전형)
120명(지역인재선발 인원 최대 47명 포함)	12명 이내

(1) 지역인재선발 관련 안내

1) 자격 : 2022.03.01. 기준 동일 지역 학교에 2년 이상 연속으로 재학 중인 일반전형 지원자

2) 선발 대상 : 2단계 전형 결과 순위가 정원의 2배수 이내이면서 각 지역별 1위인 자

3) 지역인재선발 지역(총 47개)

경기도 산하 기초자치단체 (31개)	가평군, 고양시, 과천시, 광명시, 광주시, 구리시, 군포시, 김포시, 남양주시, 동두천시, 부천시, 성남시, 수원시, 시흥시, 안산시, 안성시, 안양시, 양주시, 양평군, 여주시, 연천군, 오산시, 용인시, 의왕시, 의정부시, 이천시, 파주시, 평택시, 포천시, 하남시, 화성시
경기도 이외 광역자치단체 (16개)	강원도, 경상남도, 경상북도, 광주광역시, 대구광역시, 대전광역시, 부산광역시, 서울특별시, 세종특별자치시, 울산광역시, 인천광역시, 전라남도, 전라북도, 제주특별자치도, 충청남도, 충청북도

4) 전형 방법 : 일반전형과 통합하여 모든 단계를 동일하게 진행하며, 각 단계별 전형 대상자 선발 및 최종 합격 여부는 영재교육대상자 선정심사위원회의 심의를 거쳐 학교장이 결정함.

(2) 추천관찰전형 유의 사항

1) 「영재교육진흥법 시행령」 제12조 ②항에 의한 정원외 전형은 추천관찰 전형 방법으로 평가하되, 각 단계별 전형 대상자의 선발 여부와 최종 합격 여부는 영재교육대상자 선정심사위원회의 심의를 거쳐 학교장이 결정함.

2) 추천관찰전형은 사회통합대상자만 지원할 수 있으며, [별첨]의 지원 자격에 해당하지 않는 경우 2단계 대상자로 선정될 수 없음.

3) 사회통합대상자는 일반전형에도 지원할 수 있으나, 일반전형과 추천관찰전형에 중복 지원은 불가함.

3. 전형 방법

구분	1단계		2단계		3단계	
	일반전형	추천관찰전형	일반전형	추천관찰전형	일반전형	추천관찰전형
전형 방법	서류평가		영재성검사	관찰	영재성캠프	
선발 인원	영재성이 높다고 판단되는 자		180명 내외	20명 내외	120명	12명 이내
평가 내용	- 지원자의 인성 및 영재성 - 중학교 교육과정의 수학·과학에 대한 교과지식을 바탕으로 한 융합적 사고력, 창의적 문제 해결력 - 과학적 탐구능력, 자기주도적 학습능력, 미래의 발전 가능성					

(1) 영재성검사 관련 안내

2022학년도 영재성검사 문항은 입학 안내 홈페이지(www.gs.hs.kr/entrance/)에 탑재됨

(2) 3단계 전형 응시자 대상 안내

본교는 입학전형의 사교육 심화 문제 해소 및 출제 문항의 선행학습 유발 점검 등을 위하여 입학전형 2단계 합격자 대상 입학전형 영향평가 설문조사를 실시하며, 관련 인터넷 주소(URL)는 추후 별도 안내할 예정임

4. 서류 제출 방법

제출 서류	제출 방법		비고	
	인터넷 입력	우편 제출		
입학원서 1부	◎	◎	- 본인 및 보호자의 서명 또는 날인 - 소속 학교장의 직인 날인	
서약서 1부	◎	◎	- 보호자와 본인의 자필 서명	
자기소개서	◎			
추천서	◎ ◎		일반전형 추천	교원 2인
			추천관찰전형 추천	교원 3인
학교생활기록부 II 1부		◎	- 제외되는 내용 없이 모든 항목 출력	
사회통합대상자 증빙서류		◎	- 사회통합대상자에 한함 - 일반전형에 지원한 사회통합대상자도 전형료 환불을 받기 위해서는 증빙서류를 제출해야 함	

(1) 입학원서 및 서약서 제출 관련 안내

1) 원서접수 사이트에서 요구하는 정보 입력을 완료한 후 전형료를 결제하면 입학원서와 서약서, 제출서류 봉투 표지 등의 출력 메뉴가 활성화됨

2) 입학원서 출력물에 본인 및 보호자의 서명 또는 날인 후 반드시 학교장

직인을 받아야 함. 중학교 1학년 또는 2학년 재학생인 경우 학교장 직인
은 본교 입학전형에 최종 합격했을 때 소속 학교의 규칙에 의거 조기진
급·졸업·진학 평가위원회의 평가를 거쳐 상급학교 조기 입학 자격을 부
여하겠다는 의미를 갖기도 함

3) 서약서는 의예·치의예·한의예·약학 계열 대학의 입학 전형에 지원하지
않겠다는 내용이며, 출력한 후 반드시 본인 및 보호자가 각각 정자로 자
필 서명하여 우편 제출해야 함

(2) 자기소개서 및 추천서 작성 관련 안내

1) 자기소개서 및 추천서 작성 시 각종 교외대회 실적, 인증시험 성적, 자격
증, 영재교육원(학급) 재학 및 수료 여부는 작성할 수 없음

2) 자기소개서는 전형료 결제 이후에도 마감 시각까지 수정이 가능하며, 수정
을 한 경우 반드시 저장 버튼을 눌러야 함. 마감 시각 전 마지막으로 저장
버튼을 눌렀을 때의 내용이 1단계 전형 자료로 사용됨

3) 추천 교원은 현직 교원(교사, 수석교사, 교감, 교장)에 한하며, 일반전형은
2인, 추천관찰전형은 3인의 추천 교원이 각각 1부씩의 추천서를 작성해
야 함

4) 추천서 제출일 현재, 휴직 중인 교원·타학교에 재직 중인 교원·학교에
재직 중인 기간제 교원도 추천 교원이 될 수 있음

5) 전형료 결제 후 접수번호가 부여되며, 지원자의 접수번호를 추천 교원
이 알아야 추천서를 입력할 수 있음. 마감 시각이 지나면 입력이나 수정
은 절대 불가하며, 본인에 대한 추천서 입력 여부는 지원자가 원서 접수
사이트를 통해 실시간으로 확인할 수 있음. 단, 추천서의 내용 확인을 지
원자가 할 수는 없음

(3) 학교생활기록부 II 관련 안내

1) 현재 학년도 학적(학년, 반, 번호, 담임 성명) 반영 및 4월 30일 기준 출결 마감이 되어 있어야 함

2) 출력할 때 '상급학교제출용'을 체크하지 않아야 함(옵션으로 제외시키는 항목 없이 출력)

3) 하단에 진본 확인 바코드가 없는 경우 소속 학교장의 직인으로 간인 처리해야 함

4) 현재 중학교 1학년 또는 2학년 학생의 경우는 초등학교와 중학교 학교 생활기록부 II를 각각 1부 발급받아 함께 제출해야 함

5) 민원 발급으로 출력한 경우 주민등록번호가 기재되도록 발급받아야 함 (민원 발급을 통한 출력물에는 매 페이지마다 진본 확인 바코드가 있으므로 간인은 없어도 됨)

6) 반드시 단면 인쇄, 인쇄된 모든 면 우측 상단에 접수번호 수기 기재 후, 클립으로 상철(스테이플러 사용 금지)하여 제출해야 함

7) 안내된 사항을 지키지 않은 학교생활기록부 제출로 인한 모든 책임은 수험생에게 있음

8) 학교생활기록부 II를 제출할 수 없는 아래의 경우는 제시된 서류를 추가 (대체) 제출함

① 검정고시 합격자의 경우 : 합격증명서와 성적증명서 각 1부

② 외국(인)학교 학생의 경우 : 해당 학교의 모든 학기 성적증명서 1부

③ 학교생활기록부 II에 기록이 없는 학기가 있는 학생의 경우 : 기록 없는 학기의 외국(인)학교 성적증명서 1부

5. 유의 사항

1) 다음 중 하나에 해당하는 지원자는 결격(불합격) 처리하며, 합격자 발표 이후에도 합격과 입학을 모두 취소함

① 2023학년도 과학(예술)영재학교 입학전형에 중복지원한 사실이 발견되는 경우

② 원서 접수 후 지원 자격에 부합하지 않는 사실이 확인되는 경우

③ 서약서 우편 제출이 누락되는 등 제출 서류가 미비하거나 기재된 사항이 사실과 다른 경우

④ 자기소개서 또는 추천서를 입력하지 않거나 작성 시 서약을 위반한 경우

⑤ 자기소개서, 추천서의 대필·허위 작성·표절 등 기타 부정한 방법으로 지원한 사실이 확인되는 경우

⑥ 서류의 위조·변조 및 허위기재, 기타 부정한 방법으로 지원하여 합격 또는 입학한 경우

⑦ 기타 입학전형과 관련하여 부적절한 행위가 발견되는 경우

⑧ 최종 합격예정자 중 학년 말에 다시 제출하게 되어있는 당해 학년도 학교생활기록부Ⅱ의 평가 등을 통해 본교 교육과정 운영상 학업 수행에 지장이 있다고 판단되는 경우

2) 본교는 과학기술 분야 우수 인재 양성을 위해 설립된 과학영재학교로서 의예·치의예·한의예·약학 계열 대학 진학을 희망하는 학생은 본교 신입생 입학 전형에 지원해서는 안되며, 재학 중 하나 이상의 의예·치의예·한의예·약학 계열 모집단위의 대입전형에 지원하기만 해도 그 학생에게 본교는 다음과 같은 조치를 취함

① (진로·진학 지도 미실시) 대학 진학과 관련된 어떠한 진로·진학 지도도 하

지 않으며, 일반고등학교 등으로 전출을 권고함. 또한 본교 교원은 어떠한 추천서도 작성하지 않음

② (학교생활기록부Ⅱ 제공) 상급학교 입학 전형에 필요한 학교생활기록부는 「영재교육진흥법」 제11조의4 및 「동법 시행령」 제36조에 근거를 둔 학교생활기록부가 아닌 「초·중등교육법」 및 「동법 시행규칙」, 「학교생활기록 작성 및 관리지침」에 근거를 둔 '학교생활기록부Ⅱ'를 제공함.

※ 교과학습 발달상황은 학점으로 표기되지 않고 석차 등급 등이 제공되며, '연구 활동' 등 영재학교에서 추가적으로 운영되는 교육과정은 반영되지 않음(구체적인 출력 제한 사항은 학칙으로 정함)

③ (학교 시설 이용 제한) 정규 수업 시간 이외의 시간에는 학교의 시설(기숙사, 독서실 등) 이용을 제한함

④ (교육비 및 장학금 환수) 일반고등학교 교육과정에 포함되지 않은 영재학교 교육과정 운영을 위한 추가 교육비와 학교를 통해 지급된 장학금을 환수함

3) 원서 접수 및 서류 제출 등 전형 지원 과정에서 안내된 제반 사항을 따르지 않아서 발생할 수 있는 모든 불이익은 지원자 본인의 책임임

4) 합격예정자 발표 이후에 등록 포기로 인한 결원이 있을 경우, 후보자 중에서 충원할 수 있음

5) 제출된 서류 및 전형료는 일절 반환하지 않음

6) 입학 전형 관련 일정 및 내용은 학교 사정 및 코로나19 감염병 상황 등에 따라 변경될 수 있음

memo

자사고

영재학교

과학고

외국어고

국제고

Chapter 7

자사고 가는 길

❶ 자사고의 현황과 특성

　자율형 사립고는 다양한 교육 수요를 수용한다는 명분으로 2010년에 도입한 고등학교 모델이다. 교육과정을 비롯하여 학교의 자율성을 보장해주고 정부에서의 재정지원은 줄이며 교육비를 자율적으로 책정하여 양질의 교육을 제공하는 것을 목표로 하고 있다. 우리나라에 분포하고 있는 자율형 사립고는 다음과 같다.

구분	학교
서울	경희고, 대광고, 배재고, 보인고, 선덕고, 세화고, 세화여고, 이대부고, 이화여고, 중앙고, 신일고, 양정고, 중동고, 한양대부고, 현대고, 휘문고
부산	해운대고
대구	계성고, 대건고
인천	인천포스코, 인천하늘고

대전	대성고, 대전대신고
울산	현대청운고
경기	안산동산고, 용인한국외대부설고
강원	민족사관고
충남	북일고, 충남삼성고
전북	상산고
전남	광양제철고
경북	김천고, 포항제철고

　자율형 사립고(이하 자사고)의 일부 학교는 특목고와 함께 학생의 많은 관심을 받고 있기에 자사고가 특목고로 분류되지 않지만 여기에서 다루기로 한다. 이와는 별개로 자율형 공립고가 있으나 일반고와 다를 바가 없다고 평가되기에 여기서는 다루지 않는다.

　대학 입시에서 절대 강자로 군림하고 있는 전국단위 자사고 현황은 다음과 같다. 자사고는 10개교 2,036명의 신입생을 선발했다. 기숙사 운영 전국단위 자사고의 지역별 분포와 현황을 살펴보기로 한다.

　*2023년 5월 정보 공시 자료집계 기준

지역	학교명	설립 년도	학급 수	학생 수				교원 총원	교원 1인당 학생 수
				신입생	전교생	여학생	학급당		
서울	하나고	2009	24	203	602	314	25.1	71	9.9
인천	인천하늘고	2011	24	230	673	362	28	62	12.5
울산	현대청운고	1981	18	185	530	264	29.4	56	9.8
경기	용인한국 외대부고	2005	30	370	1105	690	36.8	79	14.7
강원	민족사관고	1995	30	156	453	206	15.1	72	6.8
충남	북일고	1976	34	340	922	0	27.1	85	12.1
경북	김천고	1931	24	253	664	0	27.7	55	13.8
경북	포항제철고	1981	30	299	884	435	29.5	67	14.3
전북	상산고	1980	36	344	1032	344	28.7	78	14.3
전남	광양제철고	1985	24	237	625	305	26	57	12.5
10개교 합계 또는 평균			214	2,036	5,833	2,271	27.34	68.38	11.74

　자율형 사립고의 대표적인 성공모델인 전국단위 자사고는 선행학습을 유발하고 교육 양극화를 심화시키는 부정적인 면이 있으나 놀라운 대입 실적으로 인해 세상의 관심을 받고 있다. 자사고를 일반고로 전환하는 문제로 찬반 대립이 있었고, 일부 학교는 탄탄하게 뿌리를 내렸으나 시대에 따라 논란의 정점에 서는 것을 피하고자 학교 유형을 바꾸는 것을 검토한다고 밝힌 바도 있다. 지금은 지역 소재 자사고가 일반고로 자율적으로 변경하지 않는 한 강제로 학교 형태를 바꾸기는 어려울 것으로 예상된다. 교육비가 일반고의 3배 정도라고 하지만 실제 학생이 교육활동을 하는 비용은 더 많고, 자사고 진학

을 위해 미리 지출한 사교육 비용까지 감안한다면 사교육 논란은 계속될 것이다. 그러나 투자한 만큼 교육 성과를 낸다면 학생의 선택을 받을 가능성은 여전하다.

　서울에 위치한 일부 광역 자사고는 상위권 대학의 정시 확대와 의대 진학자가 많아 인기가 높다. 재수를 해서라도 명문대 진학을 이루려는 열풍은 지속될 가능성이 높다. 서울 이외 지역 자사고도 전국단위 자사고만큼은 아니어도 해당 지역에서 나름의 성과를 내면서 명문고로서의 명성을 얻고 있다.

❷ 자사고 운영과 특색 교육활동

하나고등학교

- 학생 수 : 602명(남 288명, 여 314명)
- 교원 수 : 71명(남 33명, 여 38명)
- 주소 : 서울특별시 은평구 연서로 535(대표번호 02-6913-1111)

하나고는 2010년 서울특별시 은평구에 하나금융그룹이 설립한 자율형 사립고이다. 하나금융그룹 임직원 자녀만을 대상으로 하는 전형은 사라지고 사회통합전형으로 남녀 각각 20명을 선발한다. 일반전형과 대부분의 사회통합전형은 서울 소재 중학교에서 선발하는데, 다문화가정 자녀와 군인 자녀만을 전국에서 선발한다.

교훈은 '세계가 나를 키운다, 내가 세계를 키운다(The world nurtures me, I

nurture the world)'이고 학교 교육목표는 함께하는 교육 공동체 구현이다. 하나고는 우리나라를 넘어 세계에서 이름을 떨치는 학교가 되겠다는 목표를 제시하고 있고 다른 학교가 따라갈 수 없는 성과를 이루고 있다. 하나고를 향한 시기와 우려 속에서도 성공적인 행보를 이어가는 모습에 이제는 궁금증을 넘어 학교를 있는 그대로 인정하는 분위기이다. 하나고는 대학 입시를 목표로 하지 않는다고 하지만 최상의 입시 결과를 만들어 내고 있다. 하나고가 제시한 학교 소개는 다음과 같다.

① 사교육이 없는 학교 : 2010년 서울시 유일의 자립형 사립고로 개교하여 학생 전원이 기숙사 생활을 한다. 월 1회 귀가하므로 사교육이 원천적으로 불가하며, 사교육의 도움이 필요 없는 교육과정을 운영한다.

② 입시에 매몰되지 않고 공교육 정상화에 기여 : 입시에 맞춰진 교육보다는 자신의 적성을 찾아 탐구할 수 있도록 수업과 시험이 이루어진다. 체덕지감 고른 교육과 내실 있는 인성 및 진로 교육으로 공교육 정상화에 기여한다.

③ 어려운 환경의 인재 육성 : 학생 정원의 20%인 40명이 매년 사회통합전형으로 입학한다. 교육비 걱정 없이 공부할 수 있도록 충분한 재정적 지원을 하고 있으며, 사회통합전형 졸업생의 높은 비율이 명문대에 진학하여 꿈을 펼치고 있다.

④ 학생 중심의 선택형 교육과정 : 전면 개방형 교육과정 운영으로 계열의 구분 없이 학생이 희망하는 교과목을 자유롭게 선택할 수 있으므로, 전교생은 모두 다른 시간표를 가지고 있다. 학생이 희망하는 수업은 적은 인원이라도 개설될 수 있도록 한 학기 개설 과목 수가 90여 개에 이른다. 미래교육에 맞는 수업 방식과 평가로 학생들의 역량을 키우는 데 집중하며, 교

과별 특성을 살린 수업과 쌍방향 소통을 통해 교육의 효과를 높이고 있다.

⑤ 학생이 행복한 학교 : 하나고 학생들은 고교 시절이 행복하다. 동아리, 축제, 봉사단, 공부 모임, 1인 2기 발표회, 버스킹 공연, 자선 공연, 학술제, 과제 연구, 학생 특강 등 모든 학생이 어디에서든지 주인공이 될 수 있다. 학교의 모든 행사를 학생들이 기획하고 진행하며 그 속에서 자아를 찾고 소통 능력을 통해 사회적 지능을 겸비한 인재로 성장하고 있다.

⑥ 좋은 학교를 만들기 위한 학교의 열정 : 선진교육 모델을 만들어 가는 하나고의 안정적인 운영을 위해 학교법인 하나학원은 자사고의 기준 전입 금보다 300%가 넘는 금액을 매년 학교에 지원하고 있다. 쾌적한 교육활동을 위한 시설 투자, 어디서든 온라인 수업이 가능한 IT 환경 구축, 다양한 수업이 가능한 교실 및 휴게실을 위한 공간 구축 등에 많은 노력을 기울이고 있다.

학교 소개가 맞지만 다른 면에서 비판적으로 볼 소지도 여전히 있다. 사교육이 없다지만 정작 많은 사교육을 받고 준비해서 입학해야 성공 가능성이 있다. 공교육에 기여한다고 하지만 공교육에서 흉내조차 낼 수 없는 교육과정과 프로그램들이 대부분이다. 대학 입시로부터 자유로울 수 없기에 수시에 맞는 프로그램을 운영하고 있고 정시는 개인 능력의 문제가 된다.

자유로운 학습 분위기 속에서 학생들은 대학처럼 수강신청을 하고 각기 다른 시간표에 따라 수업을 듣는다. 인원이 13명 이하인 과목의 경우 등급이 나오지 않아도 문제 되지 않고 극소수의 희망자가 있어도 학교는 과정을 개설해 주려 한다. 수학이나 사회, 과학 과목에서는 고등학교 교과과정을 벗어난 수준 있는 과목(AP 과목, 고급 과목 등)이 개설되고 사회과학 관련 전문 교과(국제 정치, 비교 문화 등)는 교사의 재량 아래 대학 강의와 같은 깊이 있는 수업이 이루어진다.

　지·덕·체를 고루 함양하는 것을 교육목표로 하는 만큼 학업뿐만 아니라 예체능 활동도 중시하는 교육과정을 운영하고 있다. 1인 2기로 예술·체육 강좌를 1주일에 각 2회씩 수강한다. 3학년 1학기까지 1인당 예술 1종목, 체육 1종목을 필수적으로 이수해야 한다. 심지어 교내 수영 인증이라는 제도가 존재한다. 시간제한 없이 수영으로 200m를 한 번에 완주해야 인증을 받는다.

　신입생 오리엔테이션부터 특별하다. 육군 701 특공연대로 1박 2일 병영 체험과 현충원 참배가 있고 신입생 환영 공연이 있다. 명사 특강, 재학생 특강, 졸업생 특강 등이 줄줄이 이어지고 체육대회와 축제가 있다. 하나논총과 학술 심포지엄, 국제 교류 등 학생이 원하는 것은 거의 모두 있고 없는 것은 만들어 준다는 분위기다. 모든 학생이 반드시 기숙사에서 살아야 한다. 집이 아무리 가까워도 통학은 불가능하며, 무조건 한 달 동안 갇혀 있어야 한다. 기숙사의 규정과 금지 사항이 있어서 불편하다고 해도 학교 밖에서 보는 하나고는 부러움의 대상이다.

인천하늘고등학교

- 학생 수 : 673명(남 311명, 여 362명)
- 교원 수 : 62명(남 35명, 여 27명)
- 주소 : 인천광역시 중구 영종대로277번길 117(대표번호 032-745-0400)

　인천하늘고는 인천 영종도에 위치한 인천하늘교육재단 산하의 자율형 사립고이다. 학교 옆과 뒤에는 백운산으로 등산하는 길이 있고 학교 앞으로는 인천과학고와 인천국제고가 있으며, 멀리 인천공항이 있다. 교훈은 '꿈 그리고 열정'이다. 2011년 개교 이후 월 1회 귀가하며 특색 있는 교육과정과 열정으로 학교 입지를 튼튼히 다졌다. 개교 이후 인천에 인천과학예술영재학교와 인천진산과학고, 인천포스코고가 생기고 후기 모집을 하면서 우수 인재 영입에서부터 치열한 경쟁 속에서 생존을 위한 노력을 하고 있다.

전국단위 자사고이지만 전국에서 선발하는 인원이 많지 않은 편이다. 학생 선발 전형(하늘인재전형, 지역인재전형, 인천전형, 전국전형, 사회통합전형)이 다양한데, 인천 전형 30명과 전국 전형 25명의 경쟁률이 상대적으로 높다.

하늘고에는 전공 연구 프로그램과 주말 및 진로 프로그램이 다양하게 준비되어 있다. 전공 연구는 문학작품 토론반, 천체 물리학, 경제 경영, Death&Society 등 토론과 연구를 중심으로 하는 수업이 있다. 생각하기와 표현하기, 세계 시민교육, 연구방법론, 항공교육, 통일교육 등은 외부 강사가 진행한다. 주말 프로그램으로는 강화도에 가서 양봉을 진행할 수 있는 프로그램과 무한상상 과정 코딩, 자율 주행차 과정이 인기가 높다. R&E나 미디어 커뮤니케이션 등 전공 심화 탐구가 있어 한 주제를 가지고 팀을 이루어 교수와 함께 심화 탐구를 하는 프로젝트도 있다.

토요일 오전에는 스포츠와 아트 수업이 있다. 축구, 검도, 태권도, 배드민턴, 바이올린, 피아노, 보컬, 클래식 기타, 도자기 공예, 다도, 요가, 필라테스, 꽃꽂이 등 다양한 수업을 진행한다. 학교 운동부로는 라크로스부가 주말과 쉬는 시간에 연습하여 전국대회에 출전한다.

진로 과제 심화 탐구는 진로를 친구들과 공유하고 집단지성을 통해 지속적인 자기 계발과 협업으로 배려를 배우면서 융합형 인재로 성장하는 프로그램이다. 진로 시간을 통하여 각 반에서 한 가지 주제를 정하여 각 진로희망에 맞는 분야별로 학생들끼리 팀을 이루어 연구하며, 한 가지 주제로 통합되는 융합형 탐구를 진행한다. 결과물은 매년 말에 각 반 교과서로 만들어 지역 중학교에 교재로 배부한다.

나눔·배움 교육 공동체 활동은 친구들과 부족한 학습 능력을 상호 보완하며 지식 나눔 실천을 통해 자신의 역량을 꾸준히 계발하고 학생 상호 간의 유대를 증진한다. 나눔 실천자는 실천 의지가 강한 학생을 각 학년 담임이 면접을 통하여 선발하고 나눔의 실천 정도에 따라 교내 봉사 시간을 부여한다. 나눔 실천 교재는 본인이 창의적으로 해결한 교과과정 학습 모음집과 자기주도 학습 프로그램 교재를 활용한다.

이 학교의 교과 영역과 창의적 체험활동 영역 간 연계 및 융합은 파편화된 학교 교육 프로그램 전반을 체계화함으로써 심화 탐구 역량을 극대화하고 다양한 지역에 거주하는 학생들과의 교류를 통해 문화의 다양성을 체험하도록 한다. "No fake, Just real!" '적당히'가 아닌 '제대로' 된 교육을 추구하고 정규 교육과정 및 학교 특색 프로그램에서 다루는 다양한 학문 영역을 융합함으로써 학생들의 창의적 사고 역량을 증진시킨다.

또한 학교 간 MOU를 통한 공동 창의적 체험활동 교육과정을 운영하여 10여 개 학교의 학생들과 공동 연구물을 창출한다. 미네르바 스쿨을 모티프로 한 자율적 교육과정, 현장 체험학습, 학년 특색 활동을 융합하여 운영하고 이를 통해 경제, 역사, 문화, 산업(농업, 공업) 등의 분야를 다차원적, 심층적으로 탐구한다. 자율적 교육과정 및 현장 체험학습에서 다룰 주제와 관련한 영어 원서를 읽은 후 타 학문 및 영역과 융합하여 영어 Essay를 작문하는 활동을 전개하고 동료 피드백을 실시하여 최종 결과물을 산출한다.

책 읽는 사람 프로그램은 동서양의 고전과 전공과 관련된 양서를 읽고, 이를 통해 독서를 생활화하고 지식을 쌓아 전인적 인간성을 함양한다. 한 학기에 읽은 도서를 아우르는 감상문을 작성하여 DLS에 기록하고 감상문 발표의 시간을 갖고, 상호 의견 경청 및 공유를 통해 사고의 폭을 넓힌다.

학술제는 2학기 기말고사 이후 2일에 걸쳐서 진행된다. 첫날은 동아리 부스를 운영하고, 다음 날은 학생들이 1년 동안 탐구하고 주제를 바탕으로 한 논문을 발표한다. 논문 발표 이후에는 학생들이 준비한 개인 부스 체험을 하고 체육관에서 각 반의 공연이 펼쳐진다. 해마다 한 가지의 주제를 정하여 각 반이 주제에 맞는 공연을 준비한다. 놀이와 연구가 어우러지는 하늘고 학생들의 진면을 발견할 수 있는 시간이다.

현대청운고등학교

- 학생 수 : 530명(남 266명, 여 264명)
- 교원 수 : 56명(남 34명, 여 22명)
- 주소 : 울산광역시 동구 방어진순환도로 1077(대표번호 052-230-7700)

현대청운고는 현대그룹 정주영 회장이 건립한 학교로 울산에 위치한 전국단위 자율형 사립고이다. 다른 자사고에 비해 수업료가 적고 장학 혜택이 많으며 학생 수도 적은 편이다. 교훈은 '창조하는 미래인 도전하는 세계인'이다. 학교 프로그램과 교육활동에 현대 정주영 회장이 관련이 많다는 의견들이 있으나 면학 분위기가 잘 조성되어 있고, 입시 결과가 양호하여 전국단위 자사고의 명맥을 이어가고 있다.

울산에 소재하여 울산, 부산, 경남, 경북 학생이 많다. 전남과 제주 학생은 거의 없으며, 신입생 선발 경쟁률은 2대 1이 되지 않는 정도이다. 학년당 남녀 합반으로 6학급에 180명 규모의 학생이 전원 기숙사 생활을 하면서 인성을 중시하는 분위기로 학교 구성원 모두가 서로를 잘 알고 돈독한 선후배 관계를 유지한다. 모든 학생이 검도를 하여 졸업 전까지 초단을 따는 것도 이색 활동이다.

학생을 선발할 때 인성과 자기주도학습 능력을 강조한다. 무감독 시험과 무감독 자습을 하는데 수능을 공부하면서 수시 프로그램까지 신경을 쓰며 경쟁과 협력을 하기 위해서 필요한 특성이라고 생각하는 것 같다. 야간자율학습의 경우 1학년은 교실을 이용하고, 2, 3학년은 정독실이라 불리는 자습실에서 공부한다. 학생들의 자습을 감독하는 교사는 학년당 한 명이 순회하는 정도이고 야자가 끝나면 알아서 기숙사로 돌아가는 제도가 정착되었다. 모의고사의 경우 완전 무감독 시험으로 시행하고 고3의 6월, 9월 평가원 주관 모의고사는 수능처럼 고사를 관리한다. 학습에 있어서 자율적인 학풍이 정착되었다는 평가를 받는다.

교과 수업은 학원 수업에 가까운 형식이고 특성화 프로그램(TC 특강, T&L, 무학년 심화수업, 방과 후 수업, 정주영학, 진로 탐색, GLS) 등이 안정적으로 운영되고 있다. PTP(Peer Tutoring Program) 활동은 학생이 자신이 있는 과목을 다른 학생에게 직접 가르치는 프로그램이다. 학기 초 튜터(Tutor)는 자신의 PTP를 구상하고 같은 학년이나 다른 학년에게 그것을 가르친다. 한 명당 3명 이상의 튜티(Tutee)를 모아야 PTP 등록이 되기 때문에 학습과 홍보를 모두 잘해야 한다. 동학년 PTP는 화요일, 타학년 PTP는 목요일이고 학기 말에는 우수 PTP 활동 발표회를 한다. T&L(Teaching and Learning) 활동은 같은 반 학생들이 그룹을 이루어 서로 자신 있는 분야를 가르치는 프로그램이다. 교학상장(敎學相長) 원리를 바탕으로 학습 능력을 교류하여 학습 공동체를 형성하고, 나아가 학생들 간의 공동체 의식을 신장하는 특색 활동이다. 과제 연구는 1학년 때 '정주영학', 2학년은 자유주제로 연구하여 논문으로 작성한다.

현대청운고가 학교 특색 교육활동으로 가장 먼저 내세우는 것은 '정주영학'이다. 설립자인 아산 정주영 회장의 생활 철학을 교육적으로 투영하여 정주영 정신을 토대로 현대사회 문제들을 고민하고 해결책을 모색하여, 정주영 정신이 현대사회에서 지니는 가치를 확인하고 이를 내면화하여 제2의 정주영 회장을 육성하려는 목적의 교육과정이다. 전반부(1학기 중간고사 이전)에서는 독서와 발표, 토론, 시청각 자료를 활용한 강의 등 다양한 방식으로 설립자의 삶을 소개하고, 후반부(1학기 중간고사 이후)에서는 구성원들과의 토론을 통해 우리 사회의 현안 문제를 확인하는데, 이에 정주영 정신을 적용한 해결책을 구상하는 연구를 수행함으로써 탐구력, 창의성과 같은 고등 사고 능력을 신장하고, 협업적 태도의 중요성을 새롭게 인식하게 한다. 1학년 전체를 대상으로 1년간의 활동 결과를 평가하여 시상하고 우수 보고서를 발간한다.

　Think Creative 특강은 다양한 분야의 특강을 제공함으로써 학생들의 창조적인 역량을 높이기 위해 분야별 특강에서 깊이 있는 주제와 논의를 다루어 학생들의 사고력을 신장시킨다. 서울대, 고려대, UNIST, 울산대, 영산대 교수, 특허청 자문위원, 에듀플라자 대표, 삼성전자 연구원, LG전자 인공지능연구소 연구원, 쿼터백 자산운용 본부장 등이 강사로 초빙되어 1~4강으로 연중 실시한다.

　이 밖에도 GLS(Global Leader Scholarship) 국외 체험 연수 활동은 관심과 흥미를 공유하는 3명 내외의 그룹원들이 계획한 공동의 Project에 따라 탐색, 탐사, 체험, 리서치 활동 등을 국내·외 대학, 연구소, 기업, 선진지 방문 등을 통해 실시하며 급변하는 세계의 중심에서 변화의 흐름을 인지하고 주도하는 미래의 리더를 양성한다. 영국 런던 근교의 자매교를 방문하여 영국의 문화와 교육제도를 체험한다. 개인별 최고금액 500만 원을 넘지 않는 선에서 수행 계획서의 내용을 평가하여 GLS 심의위원회에서 결정한다.

용인한국외국어대학교부설고등학교

- 학생 수 : 1,105명(남 415명, 여 690명)
- 교원 수 : 79명(남 40명, 여 39명)
- 주소 : 경기도 용인시 처인구 모현읍 외대로 54번길 50(대표번호 031-332-0700)

용인한국외국어대학교부설고등학교는 용인시 정광산 중턱에 위치한 전국 단위 자율형 사립고이다. 2005년 용인시와 한국외국어대가 관학 협력하여 외고로 출범했고 2011년, 전국 최초로 특수 목적고에서 자율형 사립고등학교로 전환했다. 교훈은 '진리, 평화, 창조'로 외대와 같다.

정원 내 모집 인원은 350명이고 전국에서 245명(일반전형 196명, 사회통합전형 49명), 용인 지역에서 105명(일반전형 84명, 사회통합전형 21명)을 선발한다. 1단계에서 선발 인원의 2배수를 중학교 2학년 1학기~3학년 2학기의 국어, 수학, 영어, 사회/역사, 과학 5과목의 성적으로 선발하고, 2단계에서 1단계 합격자들을 면접으로 최종 선발한다. 경쟁률은 전형에 따라 3대 1 내외이나 합격보다는 입학 이후의 성공적인 학교생활에 대한 준비이다.

학교 비전은 영재교육을 통한 세계 경영 인재 양성으로 인성, 자율성, 창의성 분야별로 학교 특색 교육활동을 전개하고 있다.

시대가 원하는 소통하는 리더 양성을 위한 '인성 교육'으로는 1인 1기(음악/체육), 리더십 프로그램, 주제별·테마형 체험학습, 청소년 미래 정책 포럼 활동, 명사 초청 특강, HAFS Festival, Zesty Concert, 힐링파티, 동아리활동, 인권문화제, 체육제, 합스컵이 있다.

자율형 사립고의 특징을 살린 '자율성 교육'으로는 진로 집중 교육과정, ET(Elective Track), 진로 특강 및 진로 탐구 활동, 진로 콘서트, 스터디 그룹,

학문의 융합 특강 및 융합예술 특강(Studio Art), HAFS 바우처 프로그램, 코코아 프로그램, 진로 전담 교사 프로그램, 학생자치회 주도의 학교생활 인권 규정 개정, 영어 상용화 프로그램 EBC(English-Based Campus)가 있다.

또한 국제적 경쟁력을 갖추기 위한 '창의성 교육'으로 토론, 발표, 세미나 중심 수업, 소크라틱 디베이트 포럼, 유레카 리서치 프로젝트, 씽크탱크 얼티메이팀, 독서클럽, 학문의 융합, 창의 융합 과제 연구, 학술제, 스콜라 포디움, 인문학 고전 강독이 있다.

너무 많고 특색 있는 교육활동이 정착되어 일일이 설명하는 것 자체가 어렵기 때문에 교육활동 중에서 창의적 탐구 및 독서 활동 프로그램의 일부만을 설명해 보기로 한다.

토론, 발표, 세미나 등 다양한 배움 중심 수업을 위해 각 교실 및 특별실에 완벽한 멀티미디어 환경을 구축했다. 이곳에서 정규 수업은 물론 기타 여러 형태의 배움 중심 수업이 진행된다. 이를 통해 표현력, 설득력, 논리력, 창의력 함양 등을 기대할 수 있다.

① 소크라틱 디베이트 포럼(독서토론 : Reading and Discussion)
'최고의 Reader가 최고의 Leader가 될 수 있다'는 신념으로 인문학의 근간이라 할 수 있는 고전을 바탕으로, 깊이 있는 독서와 이에 대한 해석 및 상호 교류 활동을 통해 학생들의 인문학적 소양을 심화할 수 있는 장을 마련하는 것을 목표로 한다. 학생들 스스로 자신의 희망 진로와 관련된 서적을 선택, 탐독, 토론함으로써 기본적인 학습 능력을 배양하는 것은 물론 인문학적인 소양을 기르며 해당 분야에서 요구되는 배경지식을 익히는 것은 물론 더욱 깊이 있는 학술 활동을 시작할 수 있는 실마리를 제공한다.
② 씽크탱크 얼티메이팀(Research, Creativity, and Presentation)

1, 2, 3학년 학생을 대상으로 학생 자신이 관심이 있는 분야에서 자유롭게 주제를 선정하고 이를 자기 주도적으로 탐색 및 연구한 후 그 결과를 종합하여 제3자에게 전달하는 방식을 함께 모색하는 프로그램이다. 연구 결과는 TED형, 연극, UCC, 전시 중 하나 이상을 선택 보고서와 발표는 모두 영어를 사용하고, 학년 말 학술제를 통해 발표한다.

③ 독서클럽

창의성에 기반한 인문학적 소양과 외국어 능력을 배양하기 위한 프로그램으로 다양한 교양서 또는 영어 원서 필독서를 읽고 감상문을 함으로써 국제적 경쟁력을 갖춘 인재 양성을 목적으로 한다. 국제 트랙 학생들의 경우 영어 읽기와 쓰기 능력의 함양을 위한 프로그램으로 제시된 영어 원서 필독서 중 관심 도서를 선정, 이를 읽고 개인 Reading Journal에 기록, 정리한다. 인문 트랙 및 자연과학 트랙 학생들의 경우 언어에 제한을 두지 않는다. 매 학기 말 Reading Journal을 바탕으로 독서클럽 상을 시상한다.

④ 유레카 리서치 프로젝트(심화 탐구 : Advanced Research Course)

우수한 자연과학적 영재성을 지닌 학생들이 자기 주도적 학습을 통해 더욱 깊이 있는 교과 내용을 탐구하여 미래 자연과학 분야 및 이공계의 인재로 성장할 수 있는 자질을 함양시키는 것을 목표로 한다. 특히, 학생들의 연구 주제나 방법에 제한을 두지 않고 지원함으로써 학생들의 창의성이 발현되도록 하며 스스로 연구 주제를 찾아 탐구하는 자연과학 분야의 연구 자질 함양에 초점을 맞춘다.

⑤ 학문 융합 프로그램

학생들이 보다 수준 높은 학문적 경험을 통해 자신의 소양을 기르고 자신들의 영재성을 계발할 기회를 제공하는 것에 그 목표를 둔다. 학생들이 7, 8교시를 활용하여 전공 과정에 관계 없이 인문과학 및 자연과학 트랙 각 분야에 관한 교양 강의를 수강하고, 강의 내용과 관련한 다양한 독서 활동 및 토론 활동 등에 참여하여 자기 경험을 심화하고, 나아가 강의 수강 경험과 관련하여 자신만의 포트폴리오를 작성함으로써 지적 활동의 경험을 누적하여 만족감을 느낄 수 있도록 하고 있다.

민족사관고등학교

- 학생 수 : 453명(남 247명, 여 206명)
- 교원 수 : 72명(남 51명, 여 21명)
- 주소 : 강원특별자치도 횡성군 안흥면 봉화로(대표번호 033-343-1115)

민족사관고는 우리나라 1세대 특목고에 최초의 국제반이 생긴 자립형 사립고이다. 파스퇴르 창업자 최명재가 한국의 이튼 칼리지를 만들겠다는 목표로 1996년 개교했다. 정원은 학년당 165명이고 한 반에 15~16명씩 10학급 소수 정예로 질 높은 교육과 고액의 학비가 특징이다. 학교가 있는 횡성의 안흥면은 1,000m 이상의 산들로 둘러싸인 분지로 겨울이 매우 춥고 폭설이 내린다. 혹독한 자연환경 속에서 민족정신으로 무장한 세계적 지도자를 양성한다. 촛불 같은 희생정신을 가지고 살아가는 영재가 되라는 의미를 교표에 담았다.

교훈은 '민족주체성 교육으로 내일의 밝은 조국을. 출세하기 위한 공부를 하지 말고 학문을 위한 공부를 하자. 출세를 위한 진로를 택하지 말고 소질과 적성에 맞는 진로를 택하자. 이것이 나의 진정한 행복이고 내일의 밝은 조국이다'이다. 민족주체성 교육과 영어 상용화 정책을 실시하고 있으며, 한복 입고 한옥에서 영어로 공부하는 학교이다.

민사고에 입학하기 위해서는 1차 내신 전형보다 2차 전형의 면접+서류+체력 검사+교과성적이 중요하다. 우리말의 이해(국어), 실용 영어(영어), 수리적 사고(수학), 행복한 학교생활, 선택(탐구) 5개 영역으로 이루어진 구술 면접을 본다. 선택 과목은 물리학, 화학, 생명과학, 지구과학, 정보, 정치학+사회학, 경제학, 도덕, 역사, 지리학으로 총 10개 중 하나를 고른다. 한 교과당 20분이 소요되기 때문에 총 면접 시간은 100분이다. 면접이 끝나면 체력 검사를 진행한다. 낮은 경쟁률은 의미가 없다. 합격을 위해서는 상당한 준비와 확고한 진학 의지, 출중한 학업 능력과 체력이 요구된다.

민사고는 대학교에 더 가까운 교육과정을 운영한다. 수강 신청, 모듈식 구성, 학점제, 토론식 수업, 소규모 수업, 교과교실제에 진학 상담 수업이나 2~3학년 국어, 영어, 수학 등은 진학 목표 대학에 따라 국내반과 국제반으로 나누어 수업한다. 국제반은 미국, 영국, 캐나다, 호주, 홍콩, 싱가포르, 네덜란드 등 진학하려는 대학에 맞춰 교육과정을 구성한다.

학교 운영 중점 사항은 통합교육 과정의 내실 있는 운영, 인성교육 강화, 특성화 프로그램의 확대 발전, 영어 상용의 강화, 진학 지도의 체계화, 학생−학부모−학교 소통 확대 등이다. 너무나 많고 명실상부한 교육활동을 굳이 설명할 필요성을 느끼지 못하나 일부 내용만을 부분적으로 소개해 본다.

민사고는 민족주체성 교육 및 지도자 양성 교육으로 민족 의식을 함양한다. 충무공 이순신 장군과 다산 정약용 선생을 표상 인물로 모시고 그 정신을 계승하고, 유적지(현충사, 국립 현충원, 다산 생가), 격전지(네덜란드 참전 기념비), 박물관(독립기념관), 국토순례(횡성 문화유산 답사) 등의 현장학습을 통해 역사의식과 통일 안보 의식을 고취한다. 또한 전통문화의 체득 구현을 위해 교내 민족교육관에서 전통문화 체험 교육, 한복 교복을 통한 한복 입기의 생활화, 성년례 체험을 통해 전통적 성인 통과 의례 체험과 그 의미 체득, 3세대 민속 한마당에서 전통 민속놀이를 체험한다. 음악 교과에서 전통음악(가야금, 대금, 민요) 필수 이수, 미술 교과에서 서예 및 수묵화 등의 전통미술 체험 및 이해, 체육 교과에서 국궁 필수 이수, 매일 아침 30분 전통 무예(태권도, 검도, 명상 등) 체험, 심신 수련 프로그램 운영, 사물놀이, 대취타, 수지침 등 민족 전통 체험 동아리 활동을 장려하고 있다.

그리고 영재교육으로 다양한 심화 선택 과목과 선택 중심 교육과정을 운영한다. 290여 개에 이르는 과목을 제공하며, 학생들의 수요에 따라 원하는 과목을 추가로 개설할 수 있다. 능력과 적성에 따른 계열−학년 개방 융합교육과정으로 1학년 1학기와 3학년 2학기를 제외하고는 학년과 계열 구분 없이 수업을 함께 들을 수 있으며, 융합 교과를 별도로 운영하여 융합적 지식을 심화 발전시킬 수 있는 기회를 제공한다. 글로벌 역량 강화 교육과정 EOP(English Only Policy)와 AP 과정을 운영하는 등 세계적인 무대에서도 자유자재로 소통할 수 있는 영재를 양성한다. 토론 및 독서교육의 생활화로 강의학습(Teaching/Lecture), 토론학습(Discussion/Debate), 사사학습(Writing/Tutoring) 단계로 구성된 3단계 교육법을 통한 학습을 지향한다.

융합교육 구현으로 2개 이상의 학문(인문사회, 자연과학, 수학, 예술체육 등)의 지식과 연구 방법, 직관과 상상력을 활용하여 우리 현실의 중요 문제들을 발견하고 해결하거나, 새롭고 창의적인 가치나 결과물을 만들어 내는 교수 학습 활동으로 세상을 변화시키는 창의적 인재를 육성한다.

학생들은 과제 연구 활동을 통하여 지식 소비자의 입장에서 벗어나 지식 생산자의 역할을 담당해 봄으로써 학문에 대한 바른 태도, 협력을 통한 문제 해결 태도, 합리적·창의적 문제해결 태도와 연구 윤리 준수 태도를 가질 수 있다. 과제 연구 수업(수학과제탐구, 사회문제탐구, 과학과제 연구, 사회과제 연구, 융합과제 연구)을 선택하고 주제 선택에 따라 지도교사의 조언과 자기 주도적 탐구 활동을 한다. 탐구 활동 계획서, 활동 일지, 논문(보고서)을 진로 선택 3단계로 평가하여 과목 세부 특기 사항을 기록한다. 교내 학술제를 통해 연구 논문(보고서)을 제출 및 발표하고 우수 논문은 시상하고 공유한다.

북일고등학교

- 학생 수 : 922명(남 922명, 여 0명)
- 교원 수 : 85명(남 56명, 여 29명)
- 주소 : 충청남도 천안시 동남구 단대로 69(대표번호 041-520-8608)

1976년 한화그룹의 육영재단이 천안북일고를 설립했고, 2008년 북일고등학교로 교명을 변경하였으며, 2009년 자율형 사립고등학교로 지정되었다. 사립 천안북일고와 지금의 전국단위 자사고의 모습은 많은 면에서 다르다. 개교 초부터 야구부를 창설하고 야구부를 위한 별도의 공간과 시설이 있다는 것은 비슷하지만 천안북일고 시절은 현재 북일고 만큼의 명성을 얻지는 못했다. 천안의 공립고인 중앙고와 천안고, 천안농고 등에 비해 동문 조직도 약하고 한때 경쟁력이 약했던 시설이 있었지만, 지금은 천안을 넘어 전국단위 자사고로서의 명맥을 이어가고 있다.

일반전형으로 충남에서 137명, 타 시도에서 136명을 선발하여 모두 입사 가능한 좋은 시설의 기숙사인 여송학사를 운영한다. '여송'은 북일학원의 설립자 김종희의 휘호를 딴 것으로 '늘 푸른 소나무와 같이 항상 무성하라'는 의미이다. 2017년에는 다목적 종합시설 아단관과 체육시설 현암관을 신축하였다. 학교 부지가 넓으며 북일여고와 일부 시설을 같이 사용하지만 특별한 교류는 없다.

교훈은 '애국하는 사람, 적극적인 사람, 합리적인 사람'이다. 교육목표는 국제적 소양(International-mindedness)을 지닌 섬김의 세계적 지도자 육성, 창의적이고 비판적 사고력(Creative&Critical Thinking)을 가진 창조적 탐구자 육성, 가치, 지식, 역량을 자주적으로 개발하는 평생 학습자(Lifelong Learner) 육성이다.

북일 정신 함양 프로그램인 체험학습은 북일 정신 함양을 위해 한화와 관련된 장소인 63빌딩, 제이드가든, 독립기념관, 한화 무기공장, 한화인재경영원 등의 체험지를 주로 방문했으나 현재 방문지가 다양해지고 있다. 학교 전통 중의 하나는 인사를 잘하는 것이다. 선배, 교사, 학부모, 외부 손님에게도 반듯하게 인사한다. 교내만이 아니라 외부 활동 중에도 인사를 잘한다.

특별활동으로는 교육과정 유연화를 통해 학생 중심 연구 주제 탐색 및 실천적 프로젝트를 수행한다. 학생의 탐구 과정 및 결과를 공유하는 학술제, 예술제를 통해 동아리, 국제 교류, 진로와 직업, 1예 1체, 유도, 남아수독오거서, 교과 융합 프로젝트 등을 발표한다. 연구 성과는 무학년제로 발표하고 자유롭게 질의 응답하며 집단 지성을 나눈다.

북일고는 인성교육을 강화하여 전교생이 참여하는 봉사 시스템을 통해 1인 1봉사로 다양한 봉사활동 기회를 제공하며, 신입생 감정 코칭 프로그램과 감사 마음 걷기 기부 활동, 교과수업과 연계한 수학여행과 문학기행을 통해 주변을 새롭게 인식하는 체험학습 등으로 인성교육에 힘쓴다.

미래 인재교육으로는 글로벌 리더 양성을 위한 외국어 특성화 프로그램을 운영하며, 영어 원서 교재, 원어민 회화, 학문적 글쓰기, 일어, 중국어 말하기 대회 등을 운영하고 국제 교류를 적극적으로 지원하여 새로운 만남과 성장을 도모한다.

방과 후 학교 프로그램은 학생 개인별 요구를 반영한 보충 심화학습을 통해 맞춤 지원 학습 프로그램을 제공하며, 담임과 교과 지도교사 및 전담 사감의 관리하에 운영되는 자기주도학습 시간을 통해 스스로 집중하여 공부할 수 있는 환경을 조성한다. 1학년 1학기 개설 방과 후 학교는 통합과학 속 화학 즐기기, 심화생명과학 탐구, 통합과학 물리, 메이커 교실, 수학 기본 다지기, 최강 난도 수학, Master Grammar, 영어 킬러 문항 대비, 영문법 1등급과 Q&A, 기출 기반 실전 미니 모의고사, 세상을 바꾸는 논술 토론, TED X Bugil, 어서 와, 주식은 처음이지?, 오늘의 세계 분쟁 등이다. 1학년 1예 1체 방과 후 학교 프로그램은 음악(피아노, 플루트, 클래식 기타, 클라리넷, 첼로, 우쿨렐레, 바이올린, 난타), 미술(캘리그라피, 소묘/수채화, 사진, 디자인, 공예), 체육(테니스, 탁구, 축구, 족구, 육상, 유도, 웨이트트레이닝, 요가, 야구, 배드민턴, 배구, 당구, 농구) 등이다.

국제반을 운영하여 외국으로 진학할 수 있는 교육과정도 운영한다. 국제반을 운영하는 만큼 국제 교류 프로그램도 많다. STSY(Science&Technology Symposium for Youth)는 공학과 자연과학에 대한 연구를 한 뒤 심포지엄을 개최하여 타국의 학생들과 의견을 서로 나누는 국제 교류로 싱가포르, 중국, 말레이시아, 대만 학생들이 참가한다. 학생들은 IT, 물리, 화학, 생물 분야의 연구 결과를 발표한다. SRC(Science Research Collaboration Bugil and Hwachong)는 자연과학 국제 심포지엄으로 북일고에서는 화학 1팀, 생물 2팀이 참가한다. HRSY(Humanities Research Symposium for Youth)는 인문, 사회 분야 학문에 대한 연구의 진행과 이에 대한 심포지엄을 개최하여 각 나라의 학생들이 의견을 나누는 교류 행사이다.

김천고등학교

- 학생 수 : 664명(남 664명, 여 0명)
- 교원 수 : 55명(남 36명, 여 19명)
- 주소 : 경상북도 김천시 송설로 90(대표번호 054-429-9700)

김천고는 오랜 역사와 사연을 지닌 교육기관이다. 1931년 송설당 교육재단이 인가받아 최송설당(崔松雪堂)이 설립하였다. 최송설당은 일제의 민족말살정책에 대항하여 교육을 통한 국권 회복을 목적으로, 전 재산을 희사하여 김천고등보통학교를 설립하였다. 1938년 김천중학교로 개칭하였고, 1951년 김천고가 인가를 받았다. 2008년 송설역사관을 개관하여 송설정신교육을 실시하고 2009년 전국단위 자율형 사립고로 지정되었다. '송설한마당축제' '송설시화전' '내한(耐寒)마라톤' 운동회 등을 매년 개최하며, 다양한 분야에서 우수 학교로 여러 번 수상하고, 2020년 국가등록문화재로 지정되었다.

건학이념은 '사립학교를 육성하여 민족정신을 함양하라(永爲私學 涵養民族精神)'이고, 교훈은 '깨끗하게 부지런하게'이다. 학교가 추구하는 송설 학생상(Desirable Students)은 진취적인 창조인(Pioneering Creatives), 실천하는 지성인(Intellectuals with Action), 자율적인 봉사인(Self-motivated Volunteers)이다. 송설인의 생활지표(Motto)는 올바른 생각과 이상을 추구하는 학생(Idealistic), 꾸준히 학업에 열중하는 학생(Dedicated), 깨끗하고 부지런한 학생(Industrious), 건강하게 심신을 단련하는 학생(Committed), 나와 이웃을 사랑하는 학생(Altruistic)이다.

학년 정원은 250여 명에 8학급, 총 24학급을 남학생으로만 구성하고 있으며 모집 정원에 준하는 학생이 지원하여 경쟁률 자체는 높지 않다. 입학식은 설립자의 정신을 살려 3월 1일에 진행한다. 입학식이 끝나면, 학생은 기숙사로 가고 자율학습과 함께 학교생활이 시작된다. 교직원의 상당수는 김천고출신이고 학교 근처에 사는 교사는 2~4대가 동문(송설인)인 경우도 있다.

학교에는 국제 규격의 잔디 축구장이 있다. 운동장 시설이 워낙 좋아서 축구 전국대회가 열리면 선수들의 연습장으로 사용되기도 한다. 축구장 옆에 농구대와 족구장, 배구장이 있고, 달리기 트랙도 있다.

김천고는 겨울방학 중 5주 정도의 겨울학기를 진행한다. 1일 8시간, 주 5일의 수업과 야간 자습을 한다. 선택 교과 최대 4시간, 방과 후 최대 4시간을 합해 1교시~8교시 동안 최대 8시간 수업을 하고 야간자율학습 시간은 밤 10시까지이다. 개설 과목은 고급 화학, 고급 물리학, 고급 수학 I, 고급 수학 II, AP 통계학, AP 심리학, AP 경제학, SAT 물리학, SAT 화학, SAT 생명과학, 생활과 헌법, 한국 근현대사, 동아시아 근현대사, 사회철학, 현대 국어문법, 영화 감상과 비평, 시사 중국어 I, C프로그래밍 등이다.

덕·체·지 삼품제는 창의적인 글로벌 리더를 양성하기 위한 김천고의 특색 교육활동이다. 덕·체·지에 대해 절대적인 기준으로 평가하여 세 가지 품을 모두 받았을 때, 덕·체·지 삼품 인증서를 수여한다. 덕·체·지 삼품제는 민족정신을 함양하여 민족 지도자를 양성한다는 김천고의 교육목표에 부합하는 인재를 육성하기 위하여, 졸업하기 전까지 민족정신을 지닌 창조적인 글로벌 리더가 갖추어야 할 3개 분야(덕품·체품·지품)의 능력을 함양한다. 인증자 중에서 특별히 각 품별 고득점자에게 스페셜 덕·체·지 삼품을 인증하여 더욱 우수한 인재 양성을 추구한다.

김천고는 독서·토론교육 프로그램이 잘 정비되어 있다. 학교의 특색 있는 독서교육을 위해 전교생 대상으로 마라톤 독서를 실시한다. 과목별, 학기별 독서능력인증시험의 장단점과 토마독(토요 마라톤 독서) 완주자 인증 기준 등을 개선하여 학생이 3년 동안 읽게 되는 독서 기록을 종합적으로 인증할 수 있도록 통합 개선한다. 또한 독서 토론 경연과 독서 아카데미, 클라시쿠스(고전) 세미나 등 다채로운 프로그램으로 학생의 독서 이력을 관리하며 능력을 신장한다.

학술연구회(학습동아리)는 학습목표를 스스로 수립하여 자기 주도적으로 실천하며, 효율적인 문제해결을 위해 구성원들이 협의하고 토론하는 과정을 통해 지식을 습득하고, 협동하는 태도를 익힘으로써 적극적이고 미래 지향적 사고를 함양함을 목적으로 한다. 모든 학생이 최소 1개 이상의 학술 연구회에서 활동해야 한다. 동아리 활동은 지정된 시간을 준수하고 활동시간이 더 필요한 경우 휴일이나 공휴일을 활용한다. 활동은 최소 1학기 이상을 유지해야 한다.

Dream Catch Time은 진로 체험 탐색 시간으로 학생 스스로 자기 진로에 대한 방향성을 찾고 체험 계획에 이어 실제 체험으로까지 이어져 진로에 실제적으로 한 발짝 다가서는 활동이다. 현장 직업 체험형은 일터(직업 현장)를 방문하여 실제 업무 체험 및 멘토 인터뷰 등의 직업 체험을 하고 현장 견학형은 일터(작업장), 직업 관련 홍보관, 기업체 등을 방문하여 생산 공정 등을 견학한다. 학과 체험형은 특성화고, 대학교(원)를 방문하여 실습, 견학, 강의 등을 통해 기초적인 지식이나 기술을 학습하며 진로 캠프형은 특정 장소에서 진로 심리검사, 직업 체험, 상담, 멘토링, 특강 등 종합적인 진로 교육 프로그램을 6시간 이상 집중적으로 운영한다.

포항제철고등학교

- 학생 수 : 884명(남 449명, 여 435명)
- 교원 수 : 67명(남 33명, 여 34명)
- 주소 : 경상북도 포항시 남구 지곡로212번길 40(대표번호 054-279-4710)

포항제철고는 포스코 사원 거주지역과 붙어 있는 포스코 교육재단 산하의 자율형 사립고이다. 포스코 교육재단 체육관, 포스타운 헬프센터, 소방서, 포스코 한마당 체육관이 주변에 있다. 교훈은 '자주, 창의, 실천'이며 건학 이념은 교육 보국의 정신 아래 자주인, 도덕인, 창의인 육성이다. 자주인은 역사의식에 투철하여 올바른 조국애를 지닌 사람, 자신의 본분을 깨달아 주어진 사명을 다하는 사람이다. 도덕인은 자유와 진리를 추구하고 지혜로운 사람, 신분을 깨끗이 하고 사람다운 품격을 중히 여기는 사람이다. 창의인은 진취적 기상으로 새 역사 창출에 동참할 수 있는 사람, 인류 문화의 발전과 번영에 헌신할 수 있는 사람이다.

이 학교의 면학 삼행은 '머뭇거리지 말라, 한눈팔지 말라, 자만하지 말라'이고, 학생 선서는 '저는 자랑스러운 포항제철고인으로서 첫째, 학교에 자부심을 가지고 교칙을 준수하겠습니다. 둘째, 학교 선생님들을 존경하겠습니다. 셋째, 선배님들을 존경하겠습니다. 넷째, 의지와 열정을 가지고 성실한 태도로 학교생활에 임하겠습니다'이다. 학생 선서에 나온 것처럼 동아리 위주의 선후배 문화를 구성한다. 동아리에서 '직계 선후배' 선정을 통해서 1학년과 2학년이 직계 관계를 맺는다. 직계 선후배 관계를 맺은 후에는 서로 생일을 챙겨준다거나 정보를 교류하면서 돈독한 친밀감을 유지한다.

고교 평준화가 시행되는 포항에서는 포스코 직원 자녀를 확실하게 입학시키기 위해서 B 전형으로 정원의 절반 이하를 포스코 및 계열사 직원 자녀로 채운다. A 전형은 전국단위 모집 학생, 포항시 거주 모집 학생, 운동특기생 등으로 선발한다. 운동부는 축구부, 야구부, 체조부, 골프부가 있다. 축구부는 같은 재단인 포항제철공업고에서 이관된 포항 스틸러스의 U-18 팀이며 이동국, 오범석, 손준호, 황희찬 등 유명 스타가 많다. 야구부는 삼성 라이온즈의 지원을 받아 강민호, 최준석, 권혁 등 우수 선수를 배출하고 있다.

특색 교육활동으로는 계절 학기를 운영한다. 학생 맞춤형 교육과 논리적·과학적·합리적 사고 과정을 탐구하고 적용하는 사고 실험의 학습 기회를 제공하여 학습자의 깊이 있는 사고력을 강화하기 위해서이다. 매주 수요일 16:30~18:10에 총 34차시 수업 이수를 통해 강좌별 2단위를 이수한다. 출석, 수업 활동, 수업 발표 및 탐구 발표, 보고서 쓰기 등 다양한 방법으로 평가하고 평가 결과는 교과 담당 교사가 학교생활기록부에 학생의 수행 과정에 대한 상시 관찰 및 누가기록을 바탕으로, 학생 성취 수준의 특성 및 학습 활동 참여도 등 특기할 만한 사항을 기록한다.

1학년은 문학의 이해와 감상, 심화영어토론, 고급이산수학, 정수론, 지역 이해, 사회문제와 인문학적 상상력, 세계사 과제연구, 법탐구, 물리학 실험, 화학 실험, 생명과학 실험 등을 수강한다. 2학년은 비판적 읽기와 쓰기, Public Speaking and Presentation, 선형대수학, 고급이산수학, 정수론, 세계 문제와 미래 사회, 국제경제, 서양의 철학과 사상, 물리학 실험, 화학 실험, 생명과학 실험, 융합과학탐구, 과학과제연구, 비교언어학, 문학기행, 비판적 사고와 영어작문, 선형대수학, 고급이산수학, 정수론, 지역 이해, 세계사 과제연구, 서양의 철학과 사상, 물리 세미나, 심화화학, 분자생물학 등을 수강한다. 그리고 3학년은 고전문학의 감상과 비평, 시사영어, 수리생물학, 선형대수학, 세계 문제와 미래 사회, 국제경제, 서양의 철학과 사상, 물리 세미나,

심화 화학, 분자생물학, 사물인터넷, 비교언어학 등을 수강한다.

포항제철고는 인공지능(AI) 교육과정을 운영하고 있다. 인공지능(AI) 관련 4C 능력 및 기본 소양 배양을 기본으로 한 창의적 융합 인재 육성, 4차 산업혁명 관련 분야에 소질과 적성이 있는 학생에게 특화된 교육과정 및 교육 기반 다양한 프로그램을 제공한다. 인공지능, 데이터 과학의 기초 실습과 다양한 과목과의 융합 교육을 통해 지능정보 기술의 기초적 원리 이해 및 적용에 관한 교육 실시, 고교 학점제 활성화를 위한 공동교육과정 운영의 거점 역할 수행 및 AI 교육과정 인프라 기반 구축 등을 목표로 하고 있다. AI 융합 교육과정으로 정보(3), 프로그래밍(2), 인공지능기초(4), 인공지능과 미래 사회(4), 인공지능수학(4), 디지털논리회로(4), 데이터과학과 머신러닝(4), 컴퓨터네트워크(4), 정보과제연구(2) 등을 편성 운영하고 있다.

심화 교과(ITP/ATP) 프로그램은 포스코 교육재단에서 중점 추진 중인 특기·적성 심화 교육의 일환으로 개설 운영하여 학생의 능력과 적성을 조기 발굴함으로써 우수한 역량의 인재를 육성하기 위함이다. 수학, 물리, 화학, 생명과학 및 인문 분야에서 우수 학생을 선발하고 심화(전문) 교과로 과학 교양(ITP : Integrative Thinking Program), 과제 연구(ATP : Advanced Thinking Program, 인문-국제, 사회 교과/자연-과학 교과)를 이수한다. POSTECH 등 인근 대학의 연구진 및 교수진 등 전문가 그룹이 연계 지도하여 소질과 재능을 심화할 수 있는 교육 기회를 부여한다.

과학 교양(ITP)은 POSTECH 교수 및 전문가 그룹이 '과학 교양' 과목과 관련이 있는 분야를 재구성하여 지도, 평가하며, 과제 연구(ATP)는 정규 교과 과정과 연결된 사회, 경제, 수학, 물리, 화학, 생명과학, 기계공학, 전자공학 분야 등의 다양한 심화 실험 탐구 주제를 자기 주도적으로 선정하여 실험 및 탐구 활동을 실시한 후 탐구 활동 보고서를 제출한다.

상산고등학교

- 학생 수 : 1,032명(남 688명, 여 344명)

- 교원 수 : 78명(남 42명, 여 36명)

- 주소 : 전라북도 전주시 완산구 거마평로 130(대표번호 063-239-5300)

상산고는 1981년 남고로 개교했다가 2003년 여학생을 선발하기 시작하여, 2011년 자율형 사립고로 전환되었다. 학교가 산에 위치하고 넓은 부지를 사용하여 교육환경이 쾌적하다. 지성, 덕성, 야성을 겸비한 미래 세계의 주역들을 길러내는 도장으로써 한국 고등학교 교육의 새로운 장을 개척하려는 건학 이념을 갖고《수학의 정석》저자 홍성대가 설립하였다.

교육목표는 다음과 같다. ① 웅대한 포부와 진취적 기상을 기른다. ② 민주시민의 자질과 문화민족의 긍지를 기른다. ③ 탐구적 정신과 합리적 생활관을 기른다. ④ 너그러운 도량과 따뜻한 인간애를 기른다. ⑤ 강인한 체력과 굳건한 의지를 기른다.

학교 특성화 방향은 다음과 같다.

첫째, 우리 학교 학생들은 국제 수준의 질 높은 수업에 참여할 것이다.

과외 학습의 필요성을 느끼지 않도록 학생 각자의 적성에 따라 최고 수준의 학습 효과가 생기도록 각과 교사들이 국내 최고의 수업을 전개할 것이다. 지도자적 인성의 신장을 목표로 하는 우리 학교의 학생들은 강의식 수업 외에 학생발표와 토론, 실험, 실습, 조사, 프로젝트법과 같은 학생 참여 중심, 자기주도학습 활동에 많이 참여하도록 권장받을 것이다.

둘째, 우리 학교 학생들은 수학, 영어, 고전 독파, 컴퓨터 활용, 태권도 등 미래 지도자의 기초 역량을 확실히 갖추게 될 것이다. ① 우리 학교 학생들은 국내에서 가장 수학을 잘하는 학생들이 될 것이다. ② 우리 학교 졸업생은 생활 영어 회화 능력을 갖추게 될 것이다. ③ 우리 학교 학생들은 3년 재학 중 적어도 세계를 움직인 국내외 고전 100권을 독파할 것이다. ④ 우리 학교 학생들은 그들의 향후 학습에 도움이 되는 컴퓨터활용능력을 충분히 갖추게 될 것이다. ⑤ 우리 학교 학생들은 최소한 국기(國技)인 태권도 1단의 실력을 갖추게 될 것이다.

셋째, 개인별 능력과 필요에 부합하는 교육 프로그램을 제공할 것이다.

① 1인 1기 교육으로서 정규 교육과정 이외에 음악, 문학, 예술, 체육 분야에서 학생 개개인이 하나의 특기를 개발하도록 도움받을 것이다. ② 학생 개인별 자기 주도적 학습(Independent Study) 시간을 갖게 될 것이다. ③ 학과 진도가 빠른 학생들을 위해서 고급 심화과정을 개설할 것이다.

넷째, 미래 지도자로서 리더십 육성과 국제적 감각을 기르는 프로그램을 제공할 것이다.

① 우리 학교 학생들은 학생 자치활동 운영, 학생 신문 발행, 타 경쟁 자립형 사립고와의 각종 학술토론 및 체육 경연대회, 지역사회 봉사, 외국 자매학교와의 교환 방문 등을 통해 지도자로서의 기초 소양에 필요한 학습경험을 많이 갖게 될 것이다. ② 우리 학교 학생들은 외국의 유학 학생들과 함께 생활하면서 외국의 다양한 문화를 직접 체험하고 경험을 넓히게 될 것이다. ③ 우리 학교 학생들은 단체 극기 훈련, 골프, 승마, 스키, 수영, 사격과 같은 스포츠에 참가하는 경험을 쌓게 될 것이다.

교사 중에는 상산고 출신이 많고 학생은 면학에 힘쓰며 학교 교육과정을 충실하게 따르고 있다. 외부에서 보기에는 정시의 비중이 높고 재수하는 학생이 많다는 아쉬움이 있다. 의대 진학과 목표 대학이 높은 것이 주원인이나 학교 프로그램에 의해 수시 전형으로 진학하는 학생이 적다는 것은 고민 사항이다. 수학 실력이 출중하지만 다른 특목고나 자사고에서 진행하는 AP 미적분학, 선형대수학, 일반물리학 등 대학교 커리큘럼은 진행하지 않는다.

상산고의 학교 특성화 프로그램으로 학생이 배움의 주체가 되는 상산 자기 역량 강화 프로그램 SSEP(Sangsan Self-Empowerment Program, 자율 탐구 활동)이 있다. 매주 금요일 5, 6교시를 자율 탐구 시간으로 운영하여 심화 자율 탐구 활동으로 자신이 원하는 주제를 정해 탐구하는 것이다. 점심시간이 한 시간 반으로 매우 길기 때문에 SSEP 활동을 할 수 있는 여건은 좋다. 다만 정시를 준비하는 학생들은 학교가 원하는 형태의 활동을 하지 않는다는 문제가 있다.

자발적인 교육 기부 동료 학습 도우미(Peer Tutoring) 프로그램은 동료 학생 간 개방적 참여와 지원을 통해 학습 애로를 해소하는 활동이다. 자발성, 협력과 배려, 신뢰와 존중, 적극적 참여의 원칙에 따라 제1멘토, 제1멘티 희망 과목을 중심으로 운영한다. 활동 기간은 학기 단위로 2학년은 1학기부터 시행하고, 1학년은 2학기부터 시행하며, 학기 중 최소 10회 이상의 활동을 권장하고 이 기준을 충족하는 학생들에 대한 활동 내용을 학교생활기록부에 기록한다.

의사소통 능력과 인문학적 소양을 기르는 영어 교육으로 일상생활을 비롯한 다양한 상황에서 영어 의사소통 역량을 신장하고 영어로 작성된 정보를 자유자재로 활용할 수 있는 인재를 양성한다. 영어 잡지 〈ACCESS〉 발간을 위해 학생들이 직접 교내 주요 행사 및 학교 특색 사업, 사회적 이슈들에 대해 취재하고 이에 대한 기사를 작성, 편집한다. 영어 교사가 담당하는 동아리 활동을 기반으로 원어민 교사들의 1:1 멘토링, 교정을 통해 보다 적절한 어휘, 표현을 활용하여 우수한 영어 기사를 작성하도록 지도함으로써 학생들의 실질적인 영어 실력 향상을 도모한다.

316

상산고는 이학, 공학적 역량 강화를 위한 수학, 과학 교육에도 힘쓴다. 체험 위주의 수학, 과학 교육으로 흥미와 열정을 키우고 수학·과학 동아리 활동을 적극 지원하여 탐구 능력을 기르며 기본 개념의 통합적 이해와 더불어 지식의 심화, 확장 능력을 키운다. 심화 실험의 날, 과학 축전, 수학경시대회, 교과 심화 탐구 발표회, ATCG(수학 연구), HEXAGON(수학), POST(과학), SIIC(발명), SIMCT(공학), SM(생명과학), SOS(화학), 새하마노(지구과학), 스마트랩(정보), 포탈(사회과학) 등 학생 주도적인 동아리 활동 등을 통해 자율성과 잠재 역량을 기른다.

광양제철고등학교

- 학생 수 : 625명(남 320명, 여 305명)
- 교원 수 : 57명(남 24명, 여 33명)
- 주소 : 전라남도 광양시 마로니에길 61(대표번호 061-798-1133)

광양제철고는 포스코 교육재단 산하의 자율형 사립고로 포항제철에서 금호동 주택단지를 만들며 사원들의 교육 문제를 해결하기 위해 개교하였다. 광양제철초등학교, 광양제철중학교가 같이 있고, 교문이 없으며 광양제철중과는 일부 부지를 함께 사용한다. 교훈은 '자주, 창의, 실천'이고 건학이념은 교육 보국의 정신 아래 자주인, 도덕인, 창의인 육성으로 포항제철고와 같은 내용이다. B 전형은 모집 인원의 50%를 임직원 전형으로 선발하고 A 전형은 전남, 사회통합전형, 축구부로 선발한다. 광양제철고 축구부는 전남 드래곤즈 산하의 유소년 구단으로 김영광, 지동원 등 우수 선수를 배출하였다.

오랜 전통이 있는 학교라 다양한 대회가 있으며, 경시대회만 50개가 넘는다. POSTED는 포스코의 POS와 학술강의 TED의 합성어로 다양한 주제를 학생들이 발표하는 대회고, G-POSREVO는 과학, 공학 분야의 아이디어 경진 대회이다. 세계시민포럼은 정치, 인문, 사회 분야의 주제에 대해 토론하는 대회이다. 학교 축제로는 한빛제가 있는데, 학생 기구 한빛기획단에서 단장과 각 팀장을 중심으로 축제준비위원회가 조직되어 전시 디자인팀, 공연 연출팀, 부스 디자인팀이 1년 동안 축제를 준비한다. 한빛기획단 산하 한빛예술단에 소속된 이카루스, SeeD, 난타, PLAYER-Z, 이랑은 한빛제를 준비하고 오디션을 통해 선발된 개인과 학급 공연 등으로 차원이 다른 축제를 만들어 내고 있다.

학교 특색 교육활동으로는 SW 융합 메이커톤이 있다. 메이커 운동과 DIY 정신을 체험하며 미래 사회를 이끌 청소년들의 4차 산업혁명을 주도할 수 있는 능력을 기르고, 나아가 사물 인터넷과 인공지능(AI)을 구현하는 기술을 학습하는 활동이다. 팀 프로젝트를 원칙으로 팀워크를 중시함으로써 학생들의 협동심과 배려심 향상의 기회를 제공하고 학생들이 물품 제작 과정을 스스로 계획하고 SW 및 HW를 제작하면서 신기술에 대한 탐구심과 자기주도학습 능력을 기른다. 대회 진행 방식은 제시한 주제를 바탕으로 Makers가 제출한 아이디어 계획서를 선별하여 Makers의 아이디어를 구체화시켜 줄 Meister를 통해 SW 융합 메이커톤에서 학생들의 잠재된 창의력을 발굴하는 것이다.

미래 대학은 1학기(04월~07월), 2학기(09월~12월)에 교내 강사가 1일 2시간 총 10회, 외부 초빙 강사는 1일 3시간 총 8회 내외로 특별한 강좌를 준비하여 수강 신청을 받아 운영한다. 기본 운영시간은 창의적 체험활동 중 진로 활동 시간, 야간 방과 후 활동 시간, 창의융합 주간을 활용하여 운영한다. 광양 역사 바로 알기 프로젝트를 통한 지역 이해 역량 함양, 4차 산업혁명 준비

역량 함양, 세계시민으로서의 소통 능력 함양, 사제 동행 독서토론 '틔움'과 지역도서관 연계 프로그램을 활용한 인문학적 사고 역량 함양을 목적으로 한 교양강좌와 전문적 학업 역량 향상을 위한 특강으로 운영한다.

창의융합 학술제는 교과 학습과 학교활동을 통해 생긴 지적 호기심을 전문 분야 특강 수강, 토론, 심화 탐구, 실험 등 다양한 방법으로 확장하는 과정에서 생긴 학술적 역량과 융합적이고 창의적인 사고를 바탕으로 사회문제 해결 방안을 모색하고 공유하는 활동이다. 교과 내용의 확장, 교과 간 내용 융합, 독서 활동, 동아리 활동, 진로 활동, 학교활동(포스레보, 포스테드, 세계시민포럼, 자치법정 등), 미래 대학 수강 후 호기심을 바탕으로 창의융합적 탐구 주제를 정하고 선택한 주제를 소집단 탐구 또는 개별 탐구하여 탐구 계획서를 제출하고, 활동한 결과물을 창의융합 주간에 학술제를 진행한다.

❸ 자사고 입시 준비 사항

　자사고의 선발 방법은 지역과 학교에 따라 다르다. 학교의 교육과정과 운영도 제각각이어서 반드시 학교 홈페이지 등을 통해 정확한 내용을 확인하는 것이 필요하다. 서울 지역 광역 자사고는 성적과 무관하게 추첨과 면접으로 전형을 실시한다. 전국단위 자사고는 1단계 성적과 2단계 면접 중심이지만 학교의 명성에 비하면 경쟁률이 그렇게 높은 편은 아니다. 중요한 것은 입학이 아니라 고교생활을 잘 견딜 만한 실력을 이미 갖추었는지가 지원의 고려 요소가 된다. 대학 실적이 좋은 것은 사실이지만 내가 좋은 대학에 가지 못한다면 이야기는 달라진다. 전국단위 자사고 열풍은 지속될 것으로 예상된다. 대입 수시에서 절대 강자이지만 수능이 강화되어도 이런 학교를 따라갈 학교가 거의 없다. 교과 전형은 내신 경쟁으로 불리하다. 그렇지만 다양한 프로그램을 운영하는 전국단위 자사고는 학생부종합전형에서 좋은 성과를 내는 학교가 되었다. 하나고, 민족사관고, 외대부고가 대표적인 학교이다.

전국단위 자사고는 이미 선행학습을 마친 학생들이 입학했고, 최상위 대학을 목표로 모인 집단이기에 과열 경쟁의 가능성은 상존한다. 동일한 그룹의 집단이 열심히 공부하여 실적을 낼 수도 있으나 다른 한편으로는 적응하지 못하고 낙오하면 이도 저도 아닌 실패를 감당하기 어렵다. 학력뿐만 아니라 체력과 인성도 중요하다. 마음껏 꿈을 펼치는 행복한 학교가 될 수도 있고, 소수에게는 지옥이 될 수도 있다. 모두 열심히 하기에 내신 문항의 난도가 상당히 높으며, 고2 정도까지 다양한 교육활동과 진도를 마치고 고3 때 다시 수능에 몰입하는 구조는 가히 비인간적이라는 비판을 받을 수도 있다. 도전정신이 강하고 친구들과 경쟁하는 과정에서 더 큰 발전을 이뤄낼 자신이 있다면 자사고 선택은 좋은 결정이다. 하지만 그렇지 않을 수 있다고 판단했다면 그 결정을 행복으로 바꿔가기 위한 꾸준한 실천이 필요하다.

전국단위 자사고 중 용인한국외국어대학교부설고등학교의 전형을 아래에 예로 제시한다.

용인한국외국어대학교부설고등학교 입학 전형

1. 입학 전형 개요
(1) 모집구분 및 인원
1) 정원 내 모집 : 10개 학급(350명)

2) 정원 외 모집

– 특례입학대상자 : 7명

– 국가유공자자녀(교육지원대상자) : 10명

모집 구분			모집 정원(명)
정원 내 (350명)	전국단위 선발	일반전형	196
		사회통합전형	49
	지역 우수자 선발(용인시)	일반전형	84
		사회통합전형	21
정원 내 소계			350
정원 외 (17명 이내)	전국단위 선발	특례입학	7
		국가유공자자녀 [교육지원대상자]	10
정원 외 소계			17
합 계			367

※ 국가유공자자녀(교육지원대상자)는 사회통합전형모집인원(정원 내)에 포함하여 일반 사회통합전형 대상자와 함께 공동 선발하고 있으나, 일반 사회통합전형에서 탈락한 국가유공자자녀[교육지원대상자]의 경우에는 모집정원의 3% 범위에서 정원 외로 별도로 선발하며 일반 사회통합전형 대상자의 합격사정 범위로 제한하지 않음

(2) 지원자 공통 유의 사항

1) 모집시기의 구분은 후기이며, 모집단위는 전국 단위 선발함

2) 모집인원은 남녀 비율을 고려하지 않음

3) 전기 모집 학교 합격자는 지원 불가하며, 각 모집 구분 간에는 중복 지원할 수 없음

4) 본교 지원자 중 평준화지역 일반고에 동시 지원하고자 하는 자는 학군

내·구역 내 1지망을 본교로 하며, 2지망부터 일반고 지망 순위를 작성함

5) 서류 작성 시 유의사항

① 입학원서, 개인정보활용동의서, 자기소개서는 온라인상에서 작성하여 출력함

② 자세한 온라인 접수 방법은 본교 홈페이지→입학안내→입학 관련 공지사항 참고함

③ 자기소개서 작성 시 유의사항은 반드시 참고하여 작성함

6) 서류 제출 시 유의사항

① 입학원서 등에는 교복사진 불가, 3개월 이내 반명함판 사진 사용함(생활기록부 제외)

② 자기소개서의 대필, 표절 여부를 가려내기 위하여 '유사도 검증 시스템'을 활용하여 검증하고, 검증 결과 유사도 최댓값이 30% 이상 수준일 경우 본교 '입학전형위원회'의 심의를 거쳐 표절 여부를 판정하고 그 정도에 따라 평가에 반영함(감점, 사정제외, 불합격 등)

③ 학교생활기록부Ⅱ 출력방법

– 담임선생님은 '서울 이외 방식 자사고·일반고 입시'를 클릭하고 출결마감을 한 후 출력함

'서울 이외 방식 자사고·일반고 입시'를 클릭하여 출력 시 학교생활기록부Ⅱ에서 제외되는 부분

• 수상경력(4번) 전체
• 교과학습 발달상황(7번)의 원점수, 과목 평균(표준편차)
  (교과학습 발달상황의 성취평가제 성취수준(수강자 수)만 출력됨)
• 3학년 교과학습 발달상황(7번) 내 세부능력 및 특기사항
  (영재기록사항이 제외된 1·2학년교과학습 발달상황 내 세부능력 및 특기사항만 출력됨)
• 3학년 행동특성 및 종합의견(9번)(1·2학년 행동특성 및 종합의견만 출력됨)
• 꼬리말의 인적사항(학교명·반·번호·성명)

– 본교에 제출 시에는 2·3학년 국, 수, 영, 사, 과 교과목의 성취도(수강
자) 이외의 타 교과목 및 1학년 모든 교과목의 성취도(수강자)를 안
보이게 하여 제출함(사회통합전형 지원자는 전학년 모든 교과목 성
취도(수강자)를 안 보이게 하여 제출함)

7) 제출서류를 상이하거나 위조한 자, 허위 사실을 기재한 자, 기타 본교 내
부 규정에 의하여 본교에서 수학이 불가능하다고 판단되는 자는 합격을
취소할 수 있음

8) 단계별 전형료를 납부하지 않은 경우에는 해당 단계 전형에서 제외됨

9) 입학전형 관련 성적은 공개하지 않으며, 제출된 모든 서류는 반환하지
않음

10) 전형요항의 내용을 확인하지 않고 지원하여 발생하는 불이익은 지원
자 본인의 책임이므로 반드시 모집 요항을 자세히 살펴본 후 지원함

11) 본교에 합격한 자는 평준화지역 2지망, 비평준화지역 타학교 지원대상
에서 제외가 되며, 시·도 교육청 시행 2023학년도 후기학교(추가) 모집
전형에 응시할 수 없음

12) 전·후기학교에 합격한 사실이 없는 자와 평준화지역 일반고에 동시지
원을 하지 않은 경우에 한해 추가모집에 지원할 수 있음

13) 입학전형에 합격된 자의 등록 포기로 인한 결원은 입학전형 최종 총점
의 차순위자로 1차 추가모집 원서접수 전까지 보충하되, 해당 중학교
와 학생에게 통지함

※ 등록 후 입학포기자의 결정은 입학식 이전까지로 함

14) 등록기간 내에 입학금 등을 미납하였을 경우 등록을 포기하는 것으로
간주함

15) 제출 서류 및 기록사항 중 허위 사실이 발견될 경우 합격을 취소함

16) 본 입학 전형요항에 명시되지 않은 사항은 본교 '입학전형위원회'의 결정에 따름

2. 일반전형

(1) 모집 구분별 인원

- 전국단위 선발 : 196명
- 지역우수자 선발 : 84명

(2) 지원 자격

1) 전국단위 선발

① 국내 중학교 졸업자 및 졸업예정자

② 중학교 졸업자격 검정고시에 합격한 자

③ 기타 「초·중등교육법 시행령」 제97조 ①항에 의하여 중학교를 졸업한 자와 동등 이상의 학력이 있다고 교육부 장관이 인정하는 자

2) 지역우수자 선발

① 2022년 3월 2일부터 지원시점 현재까지 주민등록등본상 양 부·모 모두와 함께(한부모가정은 제외) 용인시 지역에 거주하면서 위 해당기간 부터 용인시 관내 중학교 졸업 예정자 및 졸업

② 지원자·부·모가 용인시 관내 서로 다른 지역구에 거주 가능

(3) 전형방법

1) 모든 지원자는 1단계(교과성적, 출결상황) 사정하며, 1단계 점수 순서대로 2단계 응시 대상자(모집정원의 2배수)를 선발함

2) 1단계 전형결과 정원의 2배수를 초과하더라도 1단계 점수 동점자는 모

두 2단계 응시 대상자로 함

3) 2단계 전형을 마친 후 1단계 점수를 합산하여 최종 합격자를 선발함

4) 단계별 점수

단계	평가 내용	점수
1단계	교과성적, 출결상황	40점
2단계	면접 평가	60점
최종		100점

5) 동점자 사정 기준

동점자 발생 시 '1단계 성적점수', '면접 평가 점수' 순으로 순위를 결정함

① 1단계

ⅰ) 평가 영역 : 교과성적, 출결상황

ⅱ) 교과성적 반영 방법

• 교과성적 총 점수 : 40점

• 반영 과목 및 내용 : 국어, 수학, 영어, 사회(또는 역사), 과학의 '성취평가제 성취 수준'

• 반영 학기 : 2학년 1·2학기, 3학년 1·2학기

• 한 학기 이상 성적이 없는 지원자 성적 반영 비율(자유학기제/특례 포함)은 '전형별 성적산출 방법(국내 정규과정을 모두 이수하지 않은 경우)' 참조함

• 동일 학기에 사회와 역사를 동시에 이수한 경우 지원자가 두 과목 중 하나를 선택할 수 있음

• 집중이수제로 동일 학년 한 학기 사회(또는 역사) 성적이 없는 경우 동일 학년의 다른 학기 성적을 반영하고 한 학년 모두 사회(또는 역사) 성

적이 없는 경우 가장 가까운 학년의 학기 성적을 반영함(단, 1학년 성적은 반영하지 않음)
- 5개 반영 과목 중 일부가 전체 학년에 없는 경우에는 본교 '입학전형위원회'의 결정에 따름
- 평가 결과 용어상의 차이 또는 평가 방법이 일치하지 않을 경우에는 본교 '입학전형위원회'의 결정을 거쳐 처리함
- 교과성적 점수

성취 수준 / 학기	국어					수학				
	A	B	C	D	E	A	B	C	D	E
2-1	2.0	A 점수의 70%	A 점수의 50%	A 점수의 30%	A 점수의 0%	2.0	A 점수의 70%	A 점수의 50%	A 점수의 30%	A 점수의 0%
2-2	2.0					2.0				
3-1	3.0					3.0				
3-2	3.0					3.0				

성취 수준 / 학기	영어									
	A	B	C	D	E					
2-1	2.0	A 점수의 70%	A 점수의 50%	A 점수의 30%	A 점수의 0%					
2-2	2.0									
3-1	3.0									
3-2	3.0									

성취 수준 / 학기	사회(또는 역사)					과학				
	A	B	C	D	E	A	B	C	D	E
2-1	1.0	A 점수의 90%	A 점수의 60%	A 점수의 35%	A 점수의 0%	1.0	A 점수의 90%	A 점수의 60%	A 점수의 35%	A 점수의 0%
2-2	1.0					1.0				
3-1	1.5					1.5				
3-2	1.5					1.5				

- 출결 반영 방법
- 출결점수는 교과성적 총점에서 차감하는 방식으로 반영함
- 중학교 2학년부터 작성 기준일(2022년 11월 30일)까지 무단(미인정) 결석, 무단(미인정) 지각·조퇴·결과 횟수를 합산하여 결석 일수를 산출하되 질병, 전학 또는 기타로 인한 결석·지각·조퇴·결과는 제외함
- 무단(미인정) 지각, 조퇴, 결과는 그 횟수를 학년 단위로 합산하여 3회를 무단(미인정) 결석 1일로 산정함(2회 이하는 버림)
- 조기진급, 조기졸업(예정)자는 재학기간의 결석 일수로 산출함
- 무단(미인정) 결석 일수에 따른 출결점수표는 다음 표와 같음

결석 일수	출결점수	결석 일수	출결점수
0일	0	5일	-1.0
1일	-0.2	6일	-1.2
2일	-0.4	7~8일	-1.4
3일	-0.6	9~12일	-1.6
4일	-0.8	13일 이상	-1.8

② 2단계
ⅰ) 평가 영역 : 면접 평가[60점]
ⅱ) 면접 평가 방법 : 3인의 면접위원이 면접 대상자 1인을 상대로 개별 면접을 진행하여 종합적으로 평가함

3. 사회통합전형
(1) 모집 구분별 인원
① 전국단위 선발 : 49명

② 지역우수자 선발 : 21명

(2) 지원 자격

전국단위 선발, 지역우수자 선발 대상 자격을 만족하며 다음 사회통합 지정대상자 범위 중 고등학교 입학 사실이 없는 자

순위	지정대상자
1순위 (기회균등 대상자)	① 「국가보훈기본법」 제3조 제2호의 국가보훈대상자 또는 그 자녀 (교육지원대상자로 통보되거나 '교육지원대상자증명서' 제출자 또는 '국가보훈해당자 확인원' 제출자)
	② 국민기초생활수급권자 또는 그 자녀 ③ 한부모가족 보호대상자 자녀 (「한부모가족지원법」 제5조에 의한 복지급여 수급권자) ④ 법정차상위 차상위 자활대상자, 차상위 본인부담경감대상자, 차상위 장애수당대상자, 차상위 장애연금대상자, 차상위 우선돌봄대상자, 차상위계층 확인서 발급대상자로 주민센터에 등록된 자 및 해당 가구의 학생

	⑤ 기준 중위소득 50% 이하 가구(구, 차상위계층)로서 교육감이 정하는 사람 또는 그 자녀
	   교육급여 수급대상자 증명서 발급가능자
	⑥ 기준 중위소득 60% 이하 가구(구, 차차상위계층)로서 교육감이 정하는 사람 또는 그 자녀
	   교육비 지원 대상자 증명서 발급가능자

	⑦ 가정형편이 어려운 학생 중 학교장이 추천하는 자
	  ※ 위 1)~6)에 해당 사항이 없지만, 가정형편이 어렵다고 학교장이 판단·추천한 자
	  [선정예시]
	  - 부양 의무자의 갑작스런 실직으로 생계에 어려움이 있는 경우
	  - 가계파산 또는 재산 압류 등으로 생계에 어려움이 있는 경우
	  - 부양 의무자가 질병·사고·장애 등으로 근로능력을 상실하여 소득이 없거나 생계에 어려움이 있는 경우 등
	  ※ '학교장추천위원회' 구성·심의·검증 후 학교장이 경제적으로 어려움이 있다고 추천한 학생에 한함
	    학교장추천위원회 회의록 사본과 객관적 증빙서류 첨부

2순위 (사회다양 성 대상자)	① 소년·소녀가장(형제·자매 포함) ② 조손가정 학생 ③ 북한이탈주민(「북한이탈주민의 보호 및 정착지원에 관한 법률」제2조 해 당자) ④ 순직군경 자녀, 순직소방대원 자녀, 순직교원 자녀 ⑤ 다문화가정 자녀(「다문화가족지원법」제2조 해당자) ⑥ 아동복지시설 보호아동(「아동복지법」제50조의 규정에 의하여 설치된 시 설에 보호된 아동)
3순위 (사회다양 성 대상자)	① 농어촌의 면단위 소재지 중학교의 3개 학년의 전 과정(1학년 3월 입학일 부터 원서접수일 현재까지)을 이수 중인 졸업예정자(단, 학생의 지원에 의해 선발하는 중학교는 제외) ② 세 자녀 이상 다자녀 가정 자녀(첫째 자녀부터 가능) ③ 준사관/부사관 자녀 ④ 도서벽지 중학교 졸업예정자(2022년 2월 28일 이전부터 원서접수일 현재 재학 중인 졸업예정자) ⑤ 산업재해근로자 자녀 ⑥ 한부모 자녀(「한부모가족지원법」제4조 제1호~5호 해당자) ⑦ 전형을 실시하는 고등학교장의 요청으로 교육감이 승인한 사람 등

※ 2순위, 3순위의 경우 소득분위 8분위(기준 중위소득 160%) 이하에 준하
는 가정의 자녀에 한해 지원 자격 부여

(3) 전형방법

1) 1단계(공개추첨)

① 공개추첨으로 모집정원의 2배수 선발함

② 1순위 대상자를 우선 추첨 선발하고, 미달 시 2순위, 3순위 순으로 추첨
선발함

③ 순위별 추첨으로 인해 추첨 기회를 잃은 후순위 지원자는 일반전형으로
자동 전환함(별도 공지)

④ 지원자가 2배수 이하일 경우 추첨 없이 1단계 전원 합격함

2) 2단계(면접 평가) 전형을 거친 후 최종 합격자를 선발함

3) 단계별 점수

단계	평가 내용	점수
1단계	공개추첨	없음
2단계	면접 평가	60점
최종		60점

① 2단계 전형방법은 일반전형의 2단계 면접 평가 방법과 동일함

② 선발인원의 60%를 1순위에서 우선 선발함

③ 1순위 합격인원을 제외하고 남은 모집인원은 1순위 탈락자, 2·3순위 대상자를 포함하여, 순위에 관계없이 면접 평가 순으로 선발함

• 추가모집 시에도 이 전형 방법을 적용함

(4) 단계별 서류 제출 시 유의사항

1) 1단계

– 입학원서 사진 : 반명함판 사진을 직접 업로드, 교복사진 불가, 직접 부착하지 않음

– 1단계 학교생활기록부Ⅱ 출력 및 제출 방법

① 학교생활기록부Ⅱ 출력 시 '서울 이외 방식 자사고·일반고 입시'를 클릭하여 제출함

② 단면 인쇄하여 소속 중학교장 원본대조필 및 간인을 받은 원본을 1부 제출함

2) 2단계

– 2단계 학교생활기록부Ⅱ 출력 및 제출 방법

① 학교생활기록부Ⅱ출력 시 '서울 이외 방식 자사고·일반고 입시'를 클릭하여 제출함

② 단면 인쇄하여 소속 중학교장 원본대조필 및 간인을 받은 원본을 1부 제출함

③ ②와 같은 출력물에 지원자 인적사항을 가린 사본을 1부 제출함

4. 특례입학 전형

1) 모집 인원 : 7명

2) 지원 자격

– (정원 외)「초·중등교육법 시행령」제82조 제3항 제2호 및 3호 해당자

3) 전형방법 : 일반전형의 전형방법과 동일함

5. 특수교육대상자전형(정원 외)

특수교육대상자로 선정받은 자는『장애인 등에 대한 특수교육법』제15조, 제17조에 의거하여 해당 고등학교 입학전형위원회의 심의를 통하여 수학능력이 있다고 판단될 경우 학교장 의견서를 첨부하여 경기도특수교육운영위원회에 신청한 자에 한하여 심사를 통하여 정원 외로 선배치한다.

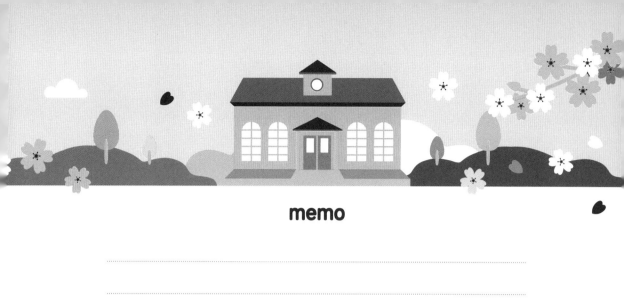

memo

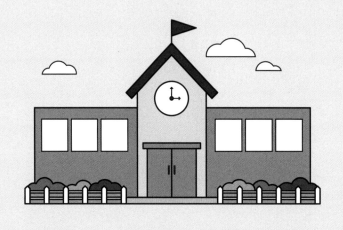

국제고　외국어고　과학고　영재학교　자사고

Chapter 8

특목고 합격의 길

❶ 자기주도학습전형 분석하기

　자기주도학습전형이란 학생의 자기주도학습 결과와 학습 잠재력을 중심으로 입학전형위원회에서 창의적이고 잠재력 있는 학생을 선발하는 고등학교 입학전형 방식이다. 외국어고, 국제고, 과학고, 자율형사립고, 일부 일반고 등이 학생을 선발하는 방식이다. 대학 입시에서 학생부종합전형과 유사한 형태의 선발 방식이고 의미상으로는 자기주도학습 능력이 있는 학생을 선발하겠다는 취지의 고입 방식이다. 여기서 자기주도학습이란 학습자가 자신의 학습 목표를 설정하고 그 이후 학습 설계, 학습 전략의 수립, 학습 결과의 평가와 같은 학습의 모든 과정에 주도적으로 참여하는 학습 형태를 말한다. 자기주도학습의 특징은 학습의 통제권을 학습자 스스로에게 위임함으로써 자신의 관점으로 수업을 설계하고 운영에 참여한다는 것이다.

　복잡한 설명을 아주 단순하게 현실적으로 표현하면 자기주도학습전형은 특목고에서 학생을 선발하는 방식이고, 특목고에서 성공하기 위해서는 자기

주도학습 능력이 필요하다는 것이다. 학생이 자기주도학습의 경향성이 있는 지는 아래 사항을 자가 체크해 보자.

내용	자가 점검(∨)
나는 나만의 공부목표를 미리 세운다.	
나는 공부에 얼마만큼의 시간과 노력을 투자할지를 계획한다.	
나는 내 공부 목표를 향해 잘 나아가고 있는지 확인한다.	
나는 내가 공부하면서 생기는 문제점이 무엇인지 파악하려고 한다.	
나는 상황에 따라 적절한 학습전략을 선택한다.	
나는 공부를 해야 할 때는 놀고 싶은 유혹이 생겨도 참는다.	
나는 내가 세운 공부 목표를 잘 달성했는지 스스로 평가해본다.	
나는 현재의 결과에 비추어 내 공부 목표와 계획을 조정한다.	

* 위 내용은 고입정보포털의 자기주도학습 경향성을 인용한 것이다.

자기주도학습전형에서는 중학교 내신 성적뿐만 아니라 자기소개서, 학교 생활기록부, 교사추천서(과학고만 해당) 등의 자료를 활용하여 학생의 자기주 도학습 능력(꿈과 끼)과 인성을 평가하는 데는 학교 유형에 따라 아래와 같이 4가지 전형방식이 있다.

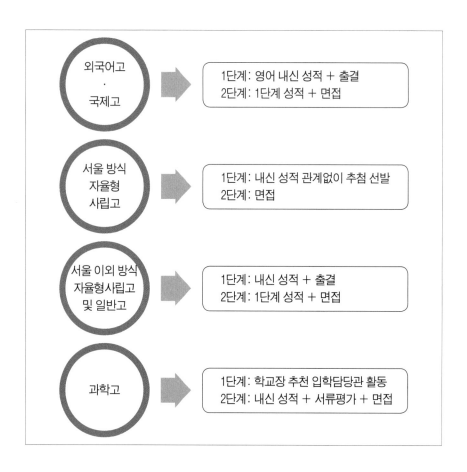

외국어고·국제고 선발 방식

1. 1단계

영어 내신 성적(160점)과 출결(감점)로 면접대상 학생을 선발한다. 영어 내신 성적은 중학교 2, 3학년의 원점수, 과목 평균(표준편차)을 제외한 성취도 수준을 활용한다.

(1) 영어 내신 성적 학기별 반영 비율

2학년 1학기	2학년 2학기	3학년 1학기	3학년 2학기	총 점
25%(40점)	25%(40점)	25%(40점)	25%(40점)	160점

(2) 내신 성적 산출 방법

영어 내신 성적은 4개 학기(2-1, 2-2, 3-1, 3-2) 성취도 수준별 부여 점수의 합으로 한다.

성취도 수준	A	B	C	D	E
부여 점수	40	36	32	28	24

(3) 출결점수 산출 방식

미인정 결석 일수	없음	1일	2일	3일	4일	5일	6일	7일	8일 이상
출결점수	0	-0.2	-0.4	-0.6	-0.8	-1.0	-1.2	-1.4	-1.6

2. 2단계

1단계 성적 + 면접(40)이고 면접의 평가 내용은 다음과 같다.

(1) 자기주도학습 영역(꿈과 끼 영역)

① 자기주도학습 과정: 학습을 위해 주도적으로 수행한 목표설정·계획·학습 그리고 그 결과와 평가까지의 전 과정(교육과정에서 진로 체험 및 동아리 활동, 꿈과 끼를 살리기 위한 활동 및 경험 등 포함)

② 지원동기 및 진로 계획: 학교 특성과 연계해 고등학교에 관심을 갖게 된 동기, 꿈과 끼를 살리기 위한 활동 계획과 진로 계획

(2) 인성 영역

① 핵심 인성 요소에 대한 중학교 활동 실적: 자기소개서, 학교생활기록부 행동특성 및 종합의견에 기재된 핵심 인성 요소(봉사·체험활동을 포함한 배려, 나눔, 협력, 타인 존중, 규칙 준수 등 학생의 인성을 나타낼 수 있는 다양한 요소를 의미함)에 대한 중학교 활동 실적

② 인성 영역 활동을 통해 느낀 점: 중학교 활동을 통해 배우고 느낀 점

자율형 사립고 선발 방식

서울형 자사고는 1단계에서 내신 성적에 관계없이 정원의 1.5배수 추첨 선발하고 2단계 면접으로 최종 합격자를 선발한다. 만약 1단계에서 지원율이 100% 이하인 경우에는 2단계 면접을 생략한다. 1단계 지원율이 100~150%인 경우 면접의 실시 여부를 학교가 결정한다. 1단계에서 지원율이 150% 이상인 경우는 추첨을 실시하여 정원의 1.5배수를 선발한 후, 2단계에서 면접을 실시하여 최종 합격자를 선발한다.

서울형 자사고 이외의 전국단위 자사고는 1단계에서는 내신 성적과 출결(감점)로 면접 대상 학생을 1.5배수에서 2배수를 선발한다. 내신 성적 반영과목과 학년, 내신과 면접의 반영 비율은 교육청의 승인을 받아 학교에서 자율로 결정하되, 내신 성적은 원점수, 과목 평균(표준편차)을 제외한 성취도 수준을 활용한다. 2단계는 다른 특목고와 유사한 방식으로 면접을 실시하여 학생의 자기주도학습 영역과 인성 영역을 평가한다. 전국단위 자사고의 선발 전형은 학교별로 차이가 있으므로 해당 학교 홈페이지에서 정확한 입시요강을 확인해야 한다.

과학고 선발 방식

1단계에서는 서류평가 및 개별 면담으로 소집 면접 대상자를 선정한다. 서류평가와 개별 면담으로 면접 대상자를 선정한다. 서류평가는 학교생활기록부Ⅱ, 자기소개서, 교사추천서의 내용을 토대로 하고, 개별 면담은 입학담당관이 지원자와의 면담을 통해 제출서류의 사실 여부를 확인하고 아래와 같은 내용의 정보를 수집한다. 개별 면담의 내용 및 규모, 방식, 대상자 등은 지역의 여건을 고려하여 교육청과 학교가 협의하여 결정한다. 과학고의 경우, 자기주도학습전형 진행 절차가 시·도별로 상이하므로, 각 시·도별 고등학교 입학전형 기본계획을 참고해야 한다(고입정보포털사이트〉고교 입시정보〉시·도별 입시정보).

영역	내용
지원동기 및 진로 계획	과학·수학 분야의 관심과 흥미, 과학고 지원동기, 꿈과 끼를 살리기 위한 활동 계획과 진로 계획
자기주도학습 과정	학습을 위해 주도적으로 수행한 목표설정 계획 → 학습과정 → 결과 및 평가에 이르는 전 과정과 내용 등
탐구·체험 활동	탐구(과학·수학) 및 체험 활동에 따른 독자적 성장과 성숙한 가치관 내신 성적 + 출결
독서활동	과학·수학, 진로, 교상 관련 독서 결과 및 활동에 따른 지적 성장과 성숙한 가치관
봉사활동 및 핵심 인성 요소 관련 활동	자기소개서, 학교생활기록부 행동특성 및 종합의견, 봉사, 교사추천서에 기재된 핵심 인성 요소 관련 주도적 활동 및 자아성장

사회통합전형

사회통합전형은 자율형사립고, 특수목적고(외고, 국제고, 과학고)에서 입학 정원의 일정 비율을 국가적으로 보호가 필요한 학생을 대상으로 별도로 선발하는 전형으로 기회균등전형과 사회다양성전형으로 구분된다.

「초·중등교육법 시행령」제91조의3 제3항 1~4호 및 특수목적고 지정 및 운영에 관한 훈령 제17조에 근거하여, 시·도교육청 대상자의 범위, 전형 방법 등에 차이가 있다. 『특수목적고등학교의 지정 및 운영에 관한 훈령』에 따라 입학 정원의 20% 이상을 선발해야 한다. 그 예시를 아래와 같이 제시하니 참고하되 대상자는 반드시 지원 학교의 입학요형을 정확하게 확인해야 한다.

▶ 사회통합전형 지원 자격

전형 구분		대상자	지원 자격
기 회 균 등 전 형	50% 우 선 선 발	(법령)기초생활수급자 또는 자녀	「국민기초생활보장법」제2조 제1호
		(법령)차상위계층의 자녀	「국민기초생활보장법」제2조 제10호에 따른 행정복지센터에 등록된 가구의 학생
		(법령)한부모가족 지원대상자	「한부모가족지원법」제5조에 따른 한부모 가족 지원대상자
		(법령)국가보훈대상자 또는 자녀	「국가보훈기본법」제3조 제2호에 따른 대상자로 '국가보훈대상자 확인원' 제출(교육지원대상자가 아닌 자)
		기준 중위소득 50% 이하인 가구의 자녀(차상위계층)	「국민기초생활 보장법」제12조에 따른 교육급여 수급자
		기준 중위소득 60% 이하인 가구의 자녀(차차상위계층)	「초·중등교육법」제60조의4에 따른 교육비 지원자
		학교장 추천자	가정 형편이 어려운 학생 중 학교장이 추천한 자(단, 기준 중위소득 160% 가구원 수에 따른 소득기준 이하 가정의 자녀)

사회다양성전형	기준중위소득 160% 이하	다문화가정 자녀	「다문화가족지원법」 제2조 제1호 및 제14조의2에 따른 다문화가정의 자녀
		한부모가정 자녀	「한부모가족지원법」 제4조 제1호~제5호 (한부모가족 보호대상자 증명서 미발급자)
		북한이탈주민 또는 자녀	「북한이탈주민의 보호 및 정착지원에 관한 법률」 제2조 제1호
		특수교육대상자	「장애인 등에 대한 특수교육법」 제2조 제3호
		아동복지시설보호 아동	「아동복지법」 제3조 제10호에 따른 아동복지시설에서 보호받는 아동
		도서·벽지 소규모학교 출신자	해당 지역 관내 중학교 중 졸업학생 수가 50명 이내인 학교에서 2학년 3월 1일부터 원서 접수일까지 계속 재학 중인 자
		소년·소녀 가장, 조손가정의 자녀	소년·소녀 가장인 학생, 조손가정의 자녀,
		입양 자녀	입양된 자녀(입양된 자녀만 해당)
		순직 공무원(군인·경찰·교원·소방관·교정 등) 자녀	순직 군경, 순직 교원, 순직 소방관, 순직 교정 공무원 등의 자녀
		군인, 경찰, 소방공무원, 환경미화원, 우편집배원의 자녀	10년 이상 장기근속자의 자녀
		장애의 정도가 심한 장애인 자녀	장애의 정도가 심한 장애인의 자녀[(구)장애등급 1급~3급 중증장애]
		다자녀가정(3자녀 이상) 자녀	첫째 자녀부터 가능(자녀의 수 산정 시 다른 자녀의 나이, 혼인 여부, 거주지역 무관)
		산업재해근로자 자녀	「산업재해보상보험법」에 따른 산업재해근로자의 자녀
		무형문화재 보유자 자녀	국가 또는 시·도 지정 무형문화재 보유자

사회다양성전형 대상자의 지원 자격은 기준 중위소득 160% 이하 가정의 자녀로 가구의 최근 6개월간 건강보험료 납부액 평균이 아래 표와 같이 일정액 이하인 가구의 학생이다.

가구원 수	소득기준(원)	건강보험료 본인부담금(원) *노인장기요양보험료 제외		
		직장가입자	지역가입자	혼합
2인	5,216,000	182,739	190,860	185,461
3인	6,712,000	235,821	258,283	240,332
4인	8,194,000	287,535	320,986	296,681
5인	9,639,000	350,228	386,763	370,489
6인	11,051,000	398,320	435,141	434,898
7인	12,449,000	473,200	511,899	511,709
8인	13,847,000	511,709	549,554	567,870
9인	15,244,000	567,870	602,760	663,895
10인	16,642,000	663,895	684,512	850,979

❷ 합격하는 자기소개서 작성하기

자기소개서는 특목고 전형에 있어서 매우 중요한 자료이다. 좋은 자기소개서는 학생의 고교 입학에 도움을 주고, 잘못 작성한 자기소개서는 시간과 에너지를 낭비할뿐더러 고교 입시에 걸림돌로 작용할 수 있기 때문이다. 특목고 지원 학생들의 1단계 성적은 같거나 다르더라도 미미한 수준이기에, 자소서 평가와 자소서에서 추출한 면접 문항은 특목고 입시의 당락을 결정하는 중요한 요소가 된다는 것이다. 좋은 자소서를 작성하기 위해서 자소서 작성의 이론과 실제 그리고 실제 지도 사례를 차례로 제시한다.

자기소개서란 무엇인가?

'자기소개서'란 내가 나를 소개하는 글이다. 즉, 자신이 누구인지, 고교 합격을 위해 자신을 소개하는 글이다. 다른 사람과 구별되는 자신만의 특성을, 지원한 특목고에서 공부하기에 적합하다는 것을 인정받기 위해, 지원자가 고등학교에서 제시한 형식에 맞게 작성하는 입학전형 자료이다.

'학교생활기록부'가 교사의 관점에서 학생의 학교생활을 객관적으로 기록하는 장부라면, '자기소개서'는 학생의 관점에서 자신의 특성과 능력을 고교에 제공하는 평가 자료이다. 학교생활기록부가 학생의 교육활동을 사실적으로 묘사한다면, 자기소개서는 자신의 교육적 경험을 통해 배우고 느낀 점을 지원 학교와 연결하여 작성하는 자기 우수성 자료이다. 학생이 작성한 자소서는 아래와 같은 형식으로 평가를 받는다.

평가 영역	평가 요소	평가 영역 점수	채점			총점
			미흡	보통	강함	
자기주도 학습과정 및 진로 계획	자기주도적 학업능력	2	1.0	1.4	2.0	
	지원동기 진정성	1	0.3	0.6	1.0	
	학습 계획 구체성	1	0.3	0.5	1.0	
	진로 계획의 의미성	1	0.3	0.6	1.0	
인성 영역	인성 영역 활동의 의미성	1	0.6	0.9	1.0	
	배려적 사고와 진취성	1	0.6	0.9	1.0	

자기소개서 작성은 학생과 학부모 나아가 지도하는 교사도 어려워하는 부분이다. 자기소개서 작성이 어려운 이유는 학생이 자기소개서를 작성해 본 적이 없기 때문이다. 누구나 처음 하는 일은 생소하고 익숙하지 않아 잘 해내기 어렵다.

자기소개서 작성이 어려운 본질적 이유는 자기소개서에 담을 '자기'가 없기 때문이다. 자기소개서는 '자기+소개+서'라는 형식을 취하고 있다. 학생들에게 "우리 학교가 학생을 선발해야 하는 이유를 3가지 말해 보세요."라고 말하면 쉽게 답변하지 못한다. 자신이 선발되어야 하는 이유를 알지 못하기에 답변이 어렵다. 말로 답변하지 못하니 글로 표현하는 것은 더 어려울 것이다. 이를 좀 더 구체적으로 분석해 보자.

먼저 자기소개서에서 '자기'란 다른 사람과 구별되는 자신만의 고유한 특성이나 능력 즉 자아정체성(自我正體性, ego-identity)을 의미한다. 자아정체성은 인간관계를 맺으며 가지게 되는 '나는 누구인가?'에 대한 해답이다. 자아정체성은 자아라는 개념이 발달하면서 스스로 자신의 독특성을 자각한 상태를 말한다. 쉽게 표현하면 '내가 생각하는 나'이다. 타인이 바라보는 자신에 대한 표현이 아니라 스스로 자신에 대해 알고 표현한 특성이다. 흔히 "자신의 특성을 가장 잘 드러내는 단어를 3가지 말하고, 그렇게 말한 근거를 구체적으로 표현해 보세요."라고 요청하면 학생이 답변하기는 어렵다. 그 이유는 평소 자신에 대해 생각해 본 일이 거의 없기 때문이다. 청소년기에는 '나'에 대해 많이 생각해 봐야 하는데, 학생들은 자기 내면을 돌아볼 여유를 갖지 못한다. 수학 문제를 잘 푸는 학생은 많은 수학 문제 풀이를 통해 수리적 개념이 형성되어 있다. 수학을 잘하는 학생에게 수학 문제를 물어보면 답변을 잘한다. 그런데 그 친구에게 "너는 누구니?" 하고 물으면 잘 답변하지 못한다. 수학 문제는 많이 풀어 봤지만, 자신에 대해 질문을 하고 풀어 본 경험이 없기 때문이다. 내가 나에 대해 잘 모르는데, 누가 나에 대한 해답을 제시할 수 있겠는가? 그렇기에 자신에게 닥친 문제가 있으면 부모님이나 친구, 교사, 인터넷 등에 묻게 되고 타인에게 의존하게 되는 것이다. 자기소개서가 잘 써지지 않는 이유가 바로 여기에 있다. 결국 자기소개서를 잘 쓰려면 자신에 대해 먼저 묻고 답을 구해야 한다. 입시를 앞둔 현실 앞에서 스스로 묻고 또 물어야 한다. 자기소개서를 쓰는 것도 교육이며, 입시는 자신을 발견하는 소중한 계기가 됨을 알아야 한다.

다음으로 '소개'에 대한 부분이다. 자기소개서란, 글이라는 형식으로 자신을 소개하는 것이다. 자기소개서를 읽으면 '자기' 즉 '어떤 학생이구나!' 하는 모습이 그려져야 한다. 자기소개서를 작성하기 전에 '나는 어떤 사람인가?', '짧은 시간에 전혀 모르는 사람에게 자신의 매력을 표현해 보는 모습 상상하기' 등 자신에 대해 많이 생각해 보는 시간을 가져 볼 것을 권한다. 그렇다면 이제 그런 자신을 어떻게 소개할 것인지 고민해야 한다. '소개'에서 가장 중요한 것은 '왜 소개하는가?'에 대한 목적이 분명해야 한다는 점이다. 단순하게 표현하면, 뽑히기 위해서 소개하는 것이다. 내가 왜 뽑혀야만 하는지를 강렬하게 표현하는 것이다. '소개'는 '목적'을 생각하며 글을 쓰는 것이 가장 중요하다.

끝으로 '서' 즉, 글이 남았다. 이 부분은 의외로 쉬워질 수 있다. 스스로 글을 써 보는 것 이외에 별다른 방법이 없다. 자신이 글을 쓰고 선생님이나 지인의 도움을 청하면 된다. 여기서 중요한 것은, 초고는 지원자가 써야 한다는 것이다. 그리고 충분히 검토하며 교정할 시간을 확보해야 한다. 글을 작성할 때 주의할 점은 글의 균형과 조화를 생각해야 한다는 것이다. 사람도 몸의 균형과 얼굴의 이목구비가 조화로우면 더 아름답게 보이듯이, 글도 일정한 틀과 조화를 생각해야 한다. 각 항목에 문단이 보여야 하고, 문단을 시작할 때는 어떤 내용을 쓰겠다고 한 문장 정도로 간결하게 표현한다. 그리고 끝에는 그런 경험을 통해 무엇을 배우고 느꼈는지를 쓴다. 글을 아주 성실하게 잘 쓰고도 통문장의 아주 긴 글을 보면, 본의 아니게 답답하고 장황한 느낌을 줄 수 있다. 그렇게 되면 내용이 지루하여 입학사정관이 건성으로 넘길 가능성도 생긴다.

자기소개서를 어떻게 쓸까?

글을 잘 쓰고 말을 잘하는 학생도 자기소개서 작성을 어렵게 생각한다. 자기소개서에 꿈과 끼를 쓰다 보면 인성을 쓸 때 이미 지친다. 그렇다면 자기소개서 작성은 어떻게 해야 할까?

첫째, 창의적으로 써야 한다. 다른 사람이 아닌, 나를 소개하는 글이기에 나의 자기소개서는 다른 학생의 자기소개서와 달라야 한다. 그러나 많은 학생의 자기소개서는 거의 동일한 형태를 띠게 되고 그 학생만의 고유한 특성이 잘 드러나지 않는다. 그렇기에 창의적인 자기소개서의 중요성이 더 커지는 것이다. 내가 창의적으로 글을 쓰겠다고 해서 자기소개서가 창의적으로 만들어지는 것이 아니다. 창의적일 수 있는 방법은 솔직하게 나의 이야기를 쓰는 것이다. 대리 작성하거나 인용한 자료는 이미 자기소개서가 아니다. 입학사정관은 수없이 많은 자기소개서를 평가해 왔고, 해당 학년 입시에서도 많은 학생의 자기소개서를 검토한다는 것을 알아야 한다.

둘째, 자기소개서 문항의 질문에 대답할 수 있어야 한다. 자기소개서의 질문을 옆에 있는 사람이 물었을 때, 간단명료하게 답변하지 못한다면 아직 글을 써서는 안 된다. 이것은 생각이 정리되지 않았다는 것이다. 정리되지 않은 생각을 글로 쓰다 보면 미사여구와 상투적인 표현이 나오게 되고 분량을 채운 후 만족하지만, 이미 그런 글은 자기소개서로서의 가치를 잃은 문장들이다. 자기소개서를 작성하기 전에 어떤 이야기를 어떻게 쓸 것인지 구상해야 한다. 그리고 그 질문에 간명하게 답해야 한다. 한 문장으로 답변하면 더 좋다. 그리고 그 답변에 대해 왜 그렇게 말했는지, 입학사정관이 쉽게 이해할 수 있도록 구체적인 근거로 설득력 있게 설명해야 한다.

셋째, 학생부와 유기적 연관성을 고려해야 한다. 자기소개서는 학생부와 연계하여 평가하기에 상호 보완적인 기능을 한다. 자기소개서는 고등학교가 자신을 선발해야 한다고 설득하는 글이다. 학생부에 기록된 평가 결과에 드러나지 않은 과정상의 노력, 불충분하게 기술된 내용을 소명하는 기회이다. 학생부에 나타난 내용을 부연하거나 평가 결과를 분석하는 것은 의미가 없다. 학생부를 꼼꼼히 분석하여 입학사정관에게 자신의 특성과 능력, 체험과 성장, 결과를 향한 열정과 노력 등을 알려야 한다. 학생부와 자기소개서 내용이 조화를 이루어 지원자를 더 멋지게 드러내야 한다.

　네째, 구체적인 이야기로 자신의 변화와 성장을 묘사해야 한다. 지나치게 자신을 미화하는 상투적인 표현이나 과장된 내용은 지양해야 한다. 예를 들어, 수업 시간에 친구들과 함께 수행한 프로젝트나 동아리 활동으로 공동 수상한 경력을 자신의 실적으로 포장하는 것은 좋지 않다. 실적을 만들게 된 구체적인 동기, 과정, 영향, 변화 등을 표현해야 한다. 학년 전체 학생이 참여한 자율활동이나 진로활동을 인용하는 것은 좋은 평가를 받을 수 없다.

▶ 자기소개서 작성 권장 사항

질문의 요지를 파악하자	질문을 읽고 무엇을 묻는지 의도를 정확히 이해한 후 생각한다.
짧고 간략하게 작성하자	어려운 단어보다 자신이 이해한 단어로 간명하게 글을 쓴다.
구체적으로 작성하자	추상적인 정보는 의미가 없고 구체적이어야 설득력이 있다.
두괄식으로 작성하자	단락을 글의 소재로 구별하고 주제는 말머리에 쓴다.
일관성 있게 작성하자	글의 균형을 생각하고 단락의 일관성을 유지한다.
한 번 더 검토하자	글의 교정과 퇴고의 순간까지 정성을 다한다.

▶ 자기소개서 작성 지양 사항

나열하지 않기	경험을 열거하지 말고 맥을 유지하며 배우고 느낀 점을 기술하라.
식상한 표현 쓰지 않기	누구나 쓸 수 있는 뻔한 이야기가 아니라 나의 이야기를 써라.
비약하지 않기	주장을 하고 힘 있는 근거를 제시하며 논리적으로 글을 써라.

특목고 자소서를 어떻게 써야 하나?

자기소개서에 눈이 가거나 알고 싶어지는 학생이 있는가 하면, 합격이 가능한 학생임에도 자기소개서에서 두드러진 면모가 드러나지 않아 면접의 기회를 얻지 못하는 경우도 발생할 수 있다. 좋은 자기소개서를 쓰는 것도 중요하지만, 더 중요한 것은 자기소개서 유의 사항을 준수해야 한다는 것이다. 무심코 쓴 표현과 금지된 용어를 사용하여 자기소개서를 제대로 평가받지 못하는 일이 생길 수 있다.

1. 자소서 작성 요령
- 자기소개서는 지원자 본인이 직접 작성하여야 한다.
- 자기소개서 작성 시 띄어쓰기를 포함하여 1,500자 이내로 기술한다.
- 지원자 스스로 학습 계획을 세우고, 학습해 온 과정과 이를 통해 느꼈던 점을 기술한다.
- 지원 학교에 관심을 갖고 지원한 동기 및 입학 후 학습 계획과 졸업 후 진로 계획에 대해 기록한다.
- 지원 학교의 교육과정 및 교육프로그램에 대한 충분한 이해와 열정이 나

타나도록 쓴다.

- 중학교 학습과정, 지원동기, 고등학교에서의 학업 계획이 장래 진로와 연계성을 가지고 있음을 구체적으로 서술한다.
- 지원자가 봉사·체험활동, 학급 활동, 동아리 활동 및 기타 중학교 생활을 통해 경험한 구체적인 사례를 중심으로 핵심 인성 요소를 추출하여 작성한다.
- 중학교 생활 중 배려, 나눔, 협력, 타인 존중, 갈등관리, 관계 지향성, 규칙 준수 등의 인성 요소가 포함된 실천 사례를 통해 배우고 느낀 점을 구체적으로 기술한다.
- 모든 인증시험 성적, 경시대회, 자격증, 수상 실적, 영재교육원 교육 및 수료 여부 등은 기재하지 않는다.

2. 자소서 작성 유의 사항

- 자신의 경험이나 사례 등을 들어 구체적으로 작성하되, 지원자 본인을 식별할 수 있는 내용은 기재하지 않도록 한다.
- 각종 창의적 체험활동의 경험은 지원동기와 연관되어 있을 경우 기록할 수 있다.
- 중학교 시절 자기주도 학습 경험 등 학교생활을 얼마나 충실하게 해왔는가를 보여줄 수 있는 사례를 제시하여 기술한다(교과활동 및 방과후 활동 등).
- 대리 작성을 하는 일이 없어야 하며 중학생의 수준 및 시각에서 본인이 직접 작성하도록 한다.
- 미사여구의 나열보다는 구체적인 사례나 일화를 인용하여 인성을 나타냄으로써 신뢰도를 높인다.

- 자기소개서 작성 시 허위 사실 기재, 대리 작성, 기타 부적절한 사실이 발견되는 경우 불합격, 합격 취소 또는 입학허가 취소 등의 불이익을 받을 수 있으므로 정직하고 정확하게 작성하여야 한다.

3. 자소서 배제 사항

- TOEFL·TOEIC·TEPS·TESL·TOSEL·PELT, HSK, JLPT 등 각종 어학인증시험 점수, 한국어(국어)·한자 등 능력시험 점수
- 교내·외 각종 경시대회 입상 실적, 영재교육원 교육 및 수료 여부 등
- 부모(친·인척 포함)의 사회·경제적 지위를 암시하는 내용
  예) 부모(친·인척 포함)의 직장명이나 직위, 소득수준, 고비용 취미 활동 (골프, 승마 등), 학교에서 주관하지 않은 프로젝트 활동(사설 학원 및 기관에서 추진하는 교과 관련 활동) 등

4. 자소서 잘못 작성 사례

- 중학교 1학년 때 처음 TOEIC 시험에 응시해 450점을 받았습니다. 이후 영어공부에 매진한 결과 850점을 얻으며 "노력은 결과를 배신하지 않는다"라는 깨달음을 얻게 되었습니다.
- 중2 겨울방학 중 OOO에서 주최하는 OOOO 경시대회에 참가해 2위 입상이라는 쾌거를 올렸습니다.
- 어렸을 적부터 영어 공부를 열심히 해서 영어인증시험에서 최고 수준에 도달하였고, 전국 단위의 대회에 출전하여 매우 우수한 결과를 얻었습니다.
- OO지검 검사장이신 아버지를 따라 어렸을 때부터 법조인의 꿈을 키웠습니다.

• ○○학교 학생회 간부로서의 자부심을 갖고 성실하게 활동했습니다.

특목고 자기소개서 문항은 어떻게 구성되어 있나?

특목고에서 사용하는 자기소개서 문항은 아래와 같다. 학교에 따라 차이가 있으므로 지원하는 고등학교의 홈페이지에서 정확하게 문항을 확인하고 작성하는 것이 필요하다.

▶ 나의 꿈과 끼, 인성(1,500자 이내 – 띄어쓰기 제외)

본인이 스스로 학습 계획을 세우고 학습해 온 과정과 그 과정에서 느꼈던 점, 학교 특성과 연계해서 우리 학교에 관심을 갖게 된 동기, 고등학교 입학 후 자기 주도적으로 본인의 꿈과 끼를 살리기 위한 활동 계획 및 고등학교 졸업 후 진로 계획에 관하여 구체적으로 기술하십시오. (1,200자)
본인의 인성(배려, 나눔, 협력, 타인 존중, 규칙 준수 등)을 나타낼 수 있는 개인적 경험 및 이를 통해 배우고 느낀 점을 구체적으로 기술하십시오. (300자)

1. 꿈과 끼 작성 요령

본인이 스스로 학습 계획을 세우고 학습해 온 과정과 그 과정에서 느꼈던 점, 학교 특성과 연계해서 우리 학교에 관심을 갖게 된 동기, 고등학교 입학 후 자기 주도적으로 본인의 꿈과 끼를 살리기 위한 활동 계획 및 고등학교 졸업 후 진로 계획에 관하여 구체적으로 기술하십시오. (1,200자)

(1) 지원하는 학교에 대해 정확히 알자

지원동기를 쓰기 위해서는 가장 먼저 지원하는 학교에 대한 정보를 정확하게 파악하고 있어야 한다. 지원하고자 하는 학교의 특성, 학교에서 원하는 인재상과 같은 내용을 아는 것이 중요하다.

(2) 지원하는 이유를 생각하자

지원동기를 쓸 때 가장 중요한 것은 왜 그 학교에 지원하고자 하는지에 대한 명확한 이유를 밝히는 것이다. 일반적이고 정형적인 내용보다는 자신만의 특별한 지원동기를 가지고 작성해야 한다.

(3) 노력한 과정을 쓰자

그 학교에 지원하기까지의 자신의 노력을 보여주는 것 또한 놓쳐서는 안 될 부분이다. 자신이 그 학교에 지원하기 위해 했던 노력 및 그 정도에 대한 전체적인 과정을 구체적으로 쓰는 것이 중요하다.

(4) 앞으로의 비전을 쓰자

그 학교에 지원하게 된 이유를 밝히는 것만큼, 그 학교에 입학한 후 어떠한 비전을 갖고 자신의 꿈과 끼를 키워나갈 것인지를 쓰는 것도 중요하다. 지원하는 학교에서 제시하는 비전과 자신의 비전이 일치한다면 더 좋을 것이다.

(5) 체계적으로 쓰자

그 학교에 지원하는 이유와 노력의 과정은 중학교 때의 모습을 보여줘야 하고, 비전과 진로 계획 등은 고등학교 입학부터 졸업 후 모습을 보여주어야 한다. 두 개의 큰 틀로 나누어서 체계적으로 자신의 지원동기를 보여준다면 좋은 점수를 받게 될 것이다.

◆ 첨삭 지도 사례 1

▶ 자소서 1번 문항은 3개의 질문으로 구성되어 있습니다. 각 질문에 대답을 입으로 하고, 생각을 정한 후, 글로 작성합니다.

- 우리 학교 지원동기가 무엇인가요? 합격하고 나서 어떻게 공부할 거예요? 고등학교 졸업 후 진로 계획이 뭐예요?

▶ 글에도 균형과 조화를 이루면 좋지요

- ① 지원동기, ② 학업 계획, ③ 진로 계획 각각 300자 정도씩 쓴다고 생각해 보세요.

▶ ① 지원동기는 수정할 필요가 있어요.

- 자기소개를 하는 것인데, 학교 이념을 소개하고 있어요. "지원 학교가 제 마음에 들었어요."보다 중요한 것은 "그 학교가 왜 나를 뽑아야 하는지?" 생각하고 나의 매력, 장점, 능력을 써야 합니다.

▶ 900자 분량을 채우는 것이 중요한 것이 아니라, 내가 무슨 이야기를 할 것인지 명료하게 생각을 정리한 후 글을 작성해 봅니다.

▶ 이번 문항의 의도가 무엇인지 생각해 봐야 합니다.

- 쉽게 말하면 "이 학생 공부 잘하네" 이렇게 판단할 수 있는 근거를 써야지요.

- '국어, 영어, 수학 아주 잘하네, 수학 과학은 과학고 가는 수준까지 공부가 되었네, 미리 기초를 탄탄하게 공부했네, 수학적 개념이 잘 잡힌 것 같아' 등의 평가를 받을 내용을 쓰자.

▶ 나의 약점, 개선점을 쓰려고 하기보다는 '능력 있는 학생이다, 고교 진학 후 공부 잘하겠다, 대학 잘 가서 우리 학교 명예 드높이겠다' 등 이런 판단을 할 수 있는 사례를 찾아보세요.

◆ 첨삭 지도 사례 2

▶ 1번 문항을 분석하면 4개의 질문이 있습니다.

본인이 <u>스스로</u> 학습 계획을 세우고 학습해 온 과정과 그 과정에서 느꼈던 점, 학교 특성과 연계해 우리 학교에 관심을 갖게 된 동기, 고등학교 입학 후 자기 주도적으로 본인의 꿈과 끼를 살리기 위한 활동 계획, 고등학교 졸업 후 진로 계획 이상입니다.

▶ 4개의 질문이 평가 요소입니다. 각 요소를 모두 반영하고 있어야 좋은 점수를 받는 것입니다. ① 학습 계획과 과정에서의 자기 주도성(2.0점) ② 학습 경험을 통한 학생의 학업 능력(2.0점) ③ 지원동기(1.5점) ④ 진학 후 학업 계획과 진로 계획(1.5점) *평가 요소와 배점은 예시입니다.

▶ 아래의 질문을 해 주시고 학생이 답해 보세요. 부모님께서 먼저 질문을 합니다. 학생이 구두로 답변을 합니다. 답변이 막히면 아직 글을 쓸 준비가 안 된 것입니다. 답이 나오면 정리를 합니다. 생각을 다듬어 갑니다. 글을 작성합니다. 첨삭을 합니다. 다시 점검하며 완성도를 높입니다.

질문 1) 중학교 때 학습 계획을 세워 학습한 과정을 말해 보세요. (350자)

질문 2) 학습 경험을 통해 배우고 느낀 점을 말해 보세요. (350자)

질문 3) 우리 학교를 지원한 동기를 말해 보세요. (250자)

질문 4) 우리 학교 진학 후 학업 계획과 진로 계획을 말해 보세요. (250자)

2. 인성 영역 작성 요령

본인의 인성(배려, 나눔, 협력, 타인 존중, 규칙 준수 등)을 나타낼 수 있는 개인적 경험 및 이를 통해 배우고 느낀 점을 구체적으로 기술하십시오. (300자)

(1) 기본적인 것들로만 채우지 말자

인성 영역을 쓸 때, 많은 친구들이 오해하고 실수하는 부분이 바로 본인의 인성을 설명하는 형식으로 쓴다는 것이다. 학교에서 원하는 것은 본인이 직접 경험했던 몇 가지 일화에 관한 것이다. 기본적인 정보만 나열해서 쓰는 것은 독이 될 수 있다.

(2) 사례나 에피소드를 쓰자

인성 영역을 쓸 때, 앞서 말한 것처럼 기본적인 정보들이나 사실들을 쓰는 것은 위험할 수 있다. 성장하는 과정에서 자신의 인성을 형성하는 데 영향을 주었던 사례나 에피소드를 구체적으로 기술해야 한다.

(3) 그 학교에 필요한 사람임을 어필하자

지원하는 학교마다 학생들에게 원하는 인재상이 있다. 성장 과정에서 형성된 본인의 모습이 지원하고자 하는 학교의 인재상과 맞는 사람임을 어필하는 것이 중요하다.

◆ 첨삭 지도 사례 1

▶ 최근 인성의 포인트는 개인의 특성이 아니라 사회성입니다. 즉 성실성, 착함, 준법성, 책임감과 같이 개인적인 특성보다는 공동으로 과업을 수행하는 능력, 협업이 포인트입니다.
▶ 솔직하게 작성하는 것도 좋지만, 나의 장점, 나의 특성이 그 직업을 갖는데 어떤 면에서 적합하다고 평가받을 수 있는 것인지 그것에 맞는 소재를 선택하는 것이 좋겠어요.
▶ 협업 능력, 두 사람 이상이 힘을 모아 무엇인가를 수행한 것이 있는지 생각해 보세요.

◆ 첨삭 지도 사례 2

▶ 인성 영역 문항을 분석하면 2개의 질문이 있습니다.
인성 영역의 개인적 경험(250자), 경험을 통해 배우고 느낀 점(50자)
▶ 인성 문항을 2개의 질문을 하고 답을 해 보세요.
질문 1) 인성 영역(배려, 나눔, 협력)과 관련한 경험을 구체적으로 말해 보세요.
질문 2) 그런 경험을 통해 배우고 느낀 점을 말해 보세요.
▶ 인성 영역 문항의 평가 요소는 다음과 같을 수 있습니다.
인성 영역의 경험에 진정성이 있나(1.5점), 그 경험의 다양성과 구체성이 있나(1.5점)

❸ 면접으로 합격증 받기

    고입 전형 1단계에서 일정 배수 안에 들어 면접 대상자가 된다면 착실하게 준비해야 한다. 그리고 어떤 특목고에 지원한 학생들의 1단계 성적은 거의 같기에, 합격을 원한다면 면접을 준비하는 것은 필수적인 일이다. 중학교 3년간의 준비가 되었다면 다행이지만 그런 과정에 소홀했다고 생각하면 더더욱 고입 전형 기간에 최선의 노력을 다해야 한다. 면접을 통해 당락을 결정하기 위한 평가 영역과 평가 요소 및 영역별 점수 등은 학교마다 제각각이다. 아래의 표는 하나의 예시이니 참고만 하기 바란다.

평가 영역	평가 요소	평가 영역 점수	채점					총점
			매우 부족	부족	보통	우수	매우 우수	
자기주도 학습 과정 및 진로 계획	학습 의지 및 자기 주도성	5	1.0	2.0	2.8	4.0	5.0	
	지원동기의 진정성	4	2.0	2.5	2.9	3.5	4.0	
	학습 계획의 구체성	3	1.0	1.5	2.0	2.5	3.0	
	진로 계획의 실현성	3	1.0	1.4	1.9	2.5	3.0	
인성 영역	인성 영역 활동의 유의미성	4	2.0	2.5	3.5	3.8	4.0	
	배려적 사고와 진취성	3	1.0	1.5	2.5	2.8	3.0	

　　면접의 공통 문항 이외에 개인에게 묻는 면접 문항은 지원자의 학생부와 자기소개서에서 주로 출제가 된다. 면접 전형이 시작되면 면접관은 합숙하면서, 지원자의 자기소개서를 평가하고 면접 문항을 출제한다. 그리고 고등학교에서 제공한 평가용 노트북에 내장된 면접 평가 프로그램에 면접 문항을 입력한다. 공통 문항은 면접 고사 본부에서 출제하고 관리하지만, 수험생 개인에 대한 면접 문항은 개인의 자소서에 기초하고 있다. 아래와 같은 요령으로 고교에 제출한 자소서에서 학생이 직접 면접 문항을 뽑아내서 연습하는 것이 좋다. 하나의 예시이므로 참고만 하고 수험생들은 지원한 고등학교의 면접을 정확하게 분석하고 이에 맞게 대비를 해야 한다.

▶ 지원동기 및 진로 계획

1. '세상에 헌신하는 사람이 되자'는 비전을 가지고 있다고 했는데요. 무엇으로 세상에 헌신할 것인지 말해 보세요.
2. 학생이 생각하는 '창의인(창의적인 사람)'은 어떤 사람인지 말해 보세요.
3. 학생이 생각하는 '전인적 인재'란 어떤 사람인지 말해 보세요.
4. 컴퓨터 공학자의 꿈을 갖게 된 계기와 특별히 관심 있는 분야를 말해 보세요.
5. 학생의 꿈을 실현하기 위해 우리 학교에 입학한다면 어떻게 학습할 것인지 진로 계획을 구체적으로 말해 보세요.

▶ 자기주도학습 과정

1. 가장 감명 깊게 읽은 책에 대해 말해 보세요.
2. 유전자 가위 기술이 의학 발전에 어떻게 기여할 것이라고 생각하는지 말해 보세요.
3. 우리나라 크리스퍼의 현 단계와 앞으로의 발전 방향에 대해 말해 보세요.
3. EBS 나비효과 입문편을 왜 공부했는지, 공부를 통해 무엇을 성취했는지 말해 보세요.
4. 국어, 영어, 수학 중 가장 부족한 과목은 무엇인지, 부족함을 극복하기 위한 학생만의 학습법이 있다면 말해 보세요(가장 잘하는 과목은 무엇인지, 자신만의 학습법 소개).

▶ 인성 영역

1. 중학교 3년 동안 가장 의미가 있었던 봉사활동을 소개해 보세요.
2. 출석부 봉사를 하면서 어려움은 무엇이었는지, 그것을 해결한 과정과 배운 점을 말해 보세요.
3. 분리수거 봉사를 왜 하게 되었는지, 그 봉사를 통해 배우고 느낀 점을 말해 보세요.
4. 학급 친구들이 분리수거를 잘하지 않을 때 어떻게 문제를 해결했는지 말해 보세요.
5. 탄소 배출을 줄이기 위해 학생이 (학급에서) 실천할 수 있는 사례를 말해 보세요.

면접 시 꼭 알고 가야 할 면접 문항 7가지

알고 대비하면 자신감이 생기고 다른 답변도 잘할 수 있다. 학교마다 면접 문항은 다르지만 기본적으로 면접에서 준비해야 할 문항이 있다. 아래의 면접 문항은 거의 모든 면접자가 예상할 수 있는 문항이기에 답변 포인트는 일반적인 이야기가 아니라 자신의 이야기를 하는 것이다. 그렇지만 중요한 것은 면접자의 학교생활과 제출서류를 중심으로 준비해야 한다는 것이다. 시중에 공개된 면접 문항과 답변 팁을 보는 것보다는 자신의 학생부를 한 번 더 살펴보고 어떤 질문이 나오더라도 "나를 묻는 문항은 내가 가장 잘 알고 있다."는 자신감으로 나의 이야기를 풀어가는 것이 중요하다. 다음에 제시한 면접 문항에 답을 달아보고 모의 연습을 하는 영상을 찍어보면서, 자신의 답변을 객관적으로 평가하고 부족한 부분을 보완해 간다면 좋은 면접 점수를 받을 것이다.

1. 간단하게 자기소개를 해 보세요

질문의 조건은 두 가지이다. '자기소개'와 '간단하게'이다. 나의 활동, 나의 성격, 나의 현재, 나의 진로, 나의 꿈 등 누구나 할 수 있는 대답으로는 부족하다. 다른 사람 즉 다른 면접자와 구분되는 나만의 고유한 특성이 무엇인가 고민해야 한다. 나의 정체성 즉 나를 나이게끔 하는 무엇을 말해야 하는데, 그것이 어렵다면 나의 어떤 면을 보여줘야 합격에 가장 가까울지 고민하면 된다. 그리고 간단하게 말해야 한다. 장황하게 떠벌리지 말고 논리적으로 표현해야 한다. 생각이 많으면 처음부터 말이 꼬인다. 나를 가장 잘 드러내 주는 세 가지 특성을 논리적으로 연결하여 가장 중요하다고 생각하는 것부터 말하는 것도 괜찮다.

2. 학생 성격의 장점과 단점을 말해 보세요

이 질문은 세 가지를 생각해야 한다. 성격, 장점, 단점이다. 성격(性格)은 개인의 개성과 관련이 있는 독특한 심리 체계로 상대방과 상호작용을 하는 과정에서 일정한 태도나 의견, 성향이나 기분 등으로 표출된다. 즉 어떤 역량이라기보다는 개인적 특성이기에 솔직하게 자신의 장점과 단점을 말하면 된다. 단, '가장'이라는 조건이 숨어 있다고 생각하고 여러 개의 장점과 단점 중에서 가장 큰 특성 하나만을 말하는 것이 좋다. 다른 질문에 답변할 시간도 필요하기 때문이다. 이 질문은 면접자의 학업태도나 의지와 관련이 있고 발전 가능성을 평가해 볼 수 있는 문항이다.

3. 지원동기, 학업 계획, 진로 계획을 말해 보세요

이 질문은 '왜(why), 어떻게(how), 무엇을(what)' 형식으로 답변을 구상해 보자. '왜 우리 학교에 지원하게 되었나요? 입학 후 어떻게 공부를 해나갈 것인가요? 졸업 후 무엇을 할 것인가요?' 이 세 가지 질문에 답을 해서 지원동기가 타당하고 학업 계획이 구체적이며 진로 계획이 실현 가능한지에 대해 긍정의 평가를 받을 만한 답을 준비하자. 지원동기는 지원자의 과거 이야기이고 학업 계획과 진로 계획은 미래를 말하는 것이다. 이 질문에 답을 하기 위해서는 지원 학교의 인재상과 학교특성을 지원 학교 홈페이지를 통해 평상시에 살펴보는 것도 좋다.

4. 가장 좋아하는 과목과 학습법을 말해 보세요

중학교에서 배운 과목 중에서 '가장 좋아하는 과목', '학업성취도가 가장 높은 과목', '장래 희망과 가장 관련이 깊은 과목' 중에서 어떤 것을 답할지 결정해야 한다. 중학생이니 순수하게 자신이 가장 좋아하는 과목을 말하는 것이 좋다. 면접 질문에 솔직하게 답변하는 것이 가장 좋다. 그렇지만 기출문제로 예측이 가능한 문항이라면, 그 질문의 의도를 파악하고 좋은 평가를 받을 만한 답변을 준비하는 것이 합격에 가까워지는 길이다. 가장 좋아하는 과목이 어떤 과목인지는 그렇게 중요한 것이 아니다. 그 과목이 왜 좋은지, 자신에게 어떤 의미가 있는지 설득력 있게 답변하는 것이 더 중요하다. 그리고 학습법은 예습과 복습, 독서와 문제 풀이와 같은 일반적인 학습법이 아니라, 학생의 자기 주도성과 탐구력, 학습 태도와 의지를 평가하려는 문항임을 고려해야 한다.

5. 자신의 진로를 선택하는 데 가장 영향을 준 교내활동을 말해 보세요

이 질문은 기본적으로 진로 역량을 묻고 있다. 수업 시간에 이루어진 학습 경험은 주로 학업역량과 관련이 깊고, 교내활동은 진로활동, 동아리 활동, 자율활동, 봉사활동 등을 하면서 자기 주도적으로 진로를 탐색한 관심과 열정이 드러난다. 학생이 교과 수업 이외에 학교에서 즐겁게 활동한 사례를 말하면 된다. 이왕이면 지적 호기심을 갖고 수행한 학습 경험이 교내활동으로 확장되어 미래에 하고 싶은 일이 생겼다는 흐름으로 답변을 구상하면 된다. 답변할 활동을 선택했다면 그 활동이 왜 가장 기억에 남는 활동인지를 면접관에게 설득력 있게 구체적으로 표현해야 한다. 활동의 계기, 과정, 결과 그리고 그 활동에서 자신이 어떤 역할을 수행했는지를 명확하게 답변해야 한다. 동아리 부장이라면 자연스럽게 리더십과 연결하면 좋을 것이다. 공동의 프로젝트를 수행하는 과정에서 협업 능력을 보여주는 내용과 어려움을 해결하는 과정에서 창의적 문제해결 능력을 보여준다면 더없이 좋은 답변이 될 것이다.

6. 학급에서 배려와 나눔을 실천한 경험을 말해 보세요

위와 같은 질문은 공동체의 일원으로서 갖춰야 할 바람직한 사고와 행동을 할 수 있는지를 알아보려는 인성 영역의 문항이다. 배려와 나눔의 경험이라고 했지만 답변하는 학생의 협업과 의사소통 능력, 표현력 등을 평가하려는 의도이다. 학급으로 범위를 제한했으므로 학생부에 기록된 자율활동에서 답변 사례를 찾아보면 된다. 학급에서 친구를 배려하고 양보한 구체적인 경험은 무엇이 있는지, 학급 친구들과 나눔을 실천한 사례를 답변하면서 타인을 이해하고 존중하는 태도를 지닌 학생이라고 평가받으면 된다. 개인적 경험을 묻는 문항의 답변 포인트는 진솔하게 구체적으로 답변하는 것이다. 답변하는 사례의 좋고 나쁨이 중요한 것이 아니다. 면접관은 답변자의 의사소통 능력을 평가하기 위해 답변하는 자세와 태도에 주목하고 있으니 정직하게 자신의 이야기를 하면 된다. 누구나 답변하는 상투적인 표현이나 추상적인 문구를 인용하는 것은 좋지 않다. 에피소드를 말하는 문항일수록 수다스럽고 산만한 느낌이 들지 않도록 간단하게 말하되 밝은 표정과 시선 처리가 중요하다는 것을 생각하고 답변하자.

7. 끝으로 하고 싶은 말이 있다면 말해 보세요

면접을 마치면서 마지막으로 하고 싶은 말을 할 수 있는 기회이다. 준비한 자가 기회를 잡는 법이다. 준비한 발언 기회를 주지 않는 학교도 있지만, 미리 잘 준비해 뒀다면, 발언 기회가 왔을 때 당황하지 않고 답변할 수 있을 것이다. 마지막 합격의 순간까지 긴장을 풀지 말고 면접의 화룡점정(畵龍點睛)이 될 수 있는 멘트를 준비하도록 하자. 마지막 발언이기에 짧고 임팩트가 있어야 하며 진정성이 전해져야 한다. 진학 의지를 드러내되 감정적인 표현이나 울먹이는 듯 말끝을 흐리는 모호한 표현은 좋지 않다. 힘주어 또박또박 말하는 사전 연습이 필요하다. 면접 자리에서 말을 하고 있다는 자부심과 꼭 합격하고 싶다는 진학 의지 그리고 잘 해낼 수 있다는 자신감을 담은 발언을 준비하자. 자부심, 진학 의지, 자신감이 담긴 3문장을 만들어 보자. 마지막 발언 기회를 나에게 줬다는 것은 모든 면접 대상자에게도 똑같은 기회가 주어졌다는 것이다. 따라서 면접관이 나와 다른 면접자를 같은 기준으로 평가할 수 있다는 것이므로 차별성 있게 나만의 멘트를 준비하여 합격의 영광을 누리길 기원한다.

면접 전에 꼭 확인해야 할 체크리스트

면접 일정과 전형 방법 등은 지원 학교 홈페이지에 공지되어 있으므로 면접 대상자가 되었다면 단기간에 밀도 있게 준비하는 것이 필요하다. 말을 통해 평가하는 것이므로 발표를 많이 하고 평소에 말하는 연습을 하는 것이 좋다. 그렇지만 고입을 치르며 많은 것을 신경 쓰는 수험생에게 면접 고사의 원론적인 이야기를 하는 것은 실효성이 떨어진다. 현실적으로 면접 대상자가 되고 세부 면접 사항이 발표되면 자신의 일정을 고려하여 면접 준비에 몰입하는 것이 좋다. 면접을 준비하면서 점검해야 할 사항을 정리하면 다음과 같다.

연번	점검 내용	확인
1	면접 날짜, 시간, 장소	
2	면접 준비사항, 주의사항	
3	면접 평가 방식과 방법	
4	학생부, 자소서 제출 서류 숙지	
5	학생부, 자소서 면접 문항 뽑기	
6	모의 면접 횟수, 방법, 일정 계획하기	
7	모의 면접 영상 찍기	
8	모의 면접 영상 평가	
9	모의 면접 피드백(인사, 자세, 시선, 말, 표현 등)	
10	면접일 머리 모양은 결정했나?	
11	면접일 복장과 신발은 미리 준비했나?	
12	면접 시간과 장소는 정확하게 확인했나?	
13	면접장 교통편은 여유 있게 계산해서 확인했나?	
14	수험표와 신분증은 준비했나?	
15	면접일 보온을 생각해서 외투를 준비했나?	
16	면접 대기시간에 이용할 메모, 책, 필기구 등은 준비했나?	

학생부에서 면접 문항 추출하기

면접은 학생부와 자소서의 내용을 토대로 고교 면접담당자가 출제한 문항을 수험생이 답변하는 형식이다. 학생부와 자소서의 기록에 대한 진실성을 확인하고 입학 후의 수학능력과 적응력을 평가하는 구술 평가라고 보면 된다. 학생부에 기록된 학업성취도와 활동 경험, 활동에서의 학생의 역할과 가치관 등을 확인하고 지원자의 답변을 관찰하여 개인적 특성과 잠재력을 평가한다. 따라서 자신의 학생부에 기록된 내용에 대해 답변할 수 있는 만반의 준비를 다하는 것이다. 학생부 기록에서 어떤 문제가 출제되는지, 다음 내용을 참고하여 자신의 학생부를 보고 면접 문항을 직접 출제해 보자. 내가 면접관이라고 생각하고 나의 학생부에서 면접 문항을 출제해 보자.

1. 출결사항

학교생활의 성실성과 인성을 보는데 특별한 사항이 없다. 미인정 출결상황에 대해 질문한다면 간단하게 답변하면 되고, 학생 대부분은 출결에 특이사항이 없어서 질문이 없다. 출결에 어떤 문제가 있다면 핑계를 대지말고 솔직하게 답변하고 그 문제를 개선하기 위해 노력한 사례를 말하고 다음 질문으로 넘어가는 것이 좋다.

2. 자율활동

학교교육계획에 의해 실시한 교육활동을 기재하는 항목으로 인성과 발전가능성의 근거가 된다. 학급 활동, 학생회, 도우미 활동 등에서 학생의 기여도와 활동을 통해 배우고 느낀 점을 질문한다. 예를 들면 "학급 반장을 하면서 창의적으로 문제를 해결한 경험이 있다면 말해 보세요"와 같은 형태의 질문에도 활동 사례의 과정을 구체적으로 답변하면 된다.

3. 동아리 활동

진로와 관련이 있는 활동으로 자주 출제되는 영역이다. 예를 들면 "3년 동안 과학탐구반 활동을 하면서 과학 부스를 운영했는데 그 내용과 학생의 역할을 말해 보세요"처럼 활동의 세부 내용과 학생의 역할을 통해 탐구력과 협업 능력 등을 평가한다.

4. 진로활동

진로 탐색과 자기 주도성을 평가하기 좋은 영역이다. 학교에서 공통적으로 시행한 진로활동은 의미가 없다. 학생 스스로 자신의 진로를 개척하기 위한 적극성과 주도성을 파악한다. 예를 들면 "고교 연계 프로그램에 참여했는데, 활동의 내용과 결과에 대해 구체적으로 말해 보세요"처럼 진로 탐색에 관심과 열정을 주로 확인한다.

5. 봉사활동

학교교육계획에 따라 교내에서 실시한 봉사활동을 통해 나눔과 배려 등 인성을 평가한다. 예를 들면 "학교 급식 도우미 활동을 하면서 어려웠던 점과 활동을 통해 어떤 성장을 이루었는지 말해 보세요"와 같은 형태로 활동의 내용보다는 활동을 통해 배우고 성장한 면에 주목한다.

6. 교과학습 발달상황

학년별·학기별 성적과 세부능력 및 특기사항이 기재되어 있다. 교과성적으로 학업역량을 알 수 있다. 세부능력 및 특기사항은 과목별로 다양한 활동이 기록되어 있기에 학업역량, 발전 가능성, 인성을 모두 평가할 근거로 활용되는 만큼 철저한 준비가 필요하다. 예를 들면 "장애인 차별을 금지하기 위한 영상 제작을 통해 박수를 받았다고 하는데 어떤 내용이었는지 구체적으로 말해 보세요"처럼 교과 세특에 기록된 모든 내용은 출제가 가능하다. 특히 진로 희망과 관련이 있는 교과 활동은 필수 출제 문항으로 활용된다.

7. 행동특성 및 종합의견

담임교사가 작성하는 학생에 대한 종합평가이기에 교사의 추천서와 같은 의미를 지닌다. 주로 인성 영역에 대한 평가가 이뤄지고 있고, 고등학교가 학생을 평가한 신뢰도를 검증해 보는 질문과 깊은 관련이 있다. 예를 들면 "시간 관리와 자기 통제력이 강해 발전 가능성이 높은 학생이라고 담임선생님께서 평가했는데, 그렇게 평가한 근거가 무엇인지 말해 보세요"처럼 담임 평가의 이유를 설명하는 문항이 자주 출제된다.

면접관을 사로잡는 답변 전략을 세우자

전략은 단순해야 하고 필수적인 사항을 선별해서 구성해야 한다. 좋은 답변을 하기 위한 과다한 요령과 비법 등은 면접이라는 실제 상황에서 사용하지 못하고 오히려 말문을 막히게 하는 역효과를 낳을 수 있다. 면접장에서 여러분이 꼭 기억했으면 하는 사항만을 아래와 같이 정리하였다.

1. 자신 있게 말하려면 면접 준비를 철저히 해야 한다

자신감은 철저한 준비에서 나온다. 자신의 서류를 정확하게 이해하고 면접 예상 문제를 뽑아 실전과 같은 연습을 한다면 다른 전략은 굳이 필요하지 않다. 학생부의 내용을 면밀하게 분석하여 3년간의 학교생활을 통한 교과 활동과 비교과 활동을 꼼꼼히 살펴야 한다. 또한 지원동기, 입학 후 교육과정에 따른 학업 계획과 졸업 후 진로 계획, 진로와 관련한 시사 문제에 대한 입장과 근거 등 예상 질문에 대한 철저한 준비가 필요하다. 면접은 학교에 따라 전형 유형과 평가 방법이 다르므로, 지원 학교 홈페이지에 공개된 내용을 활용해서 출제경향을 파악하고 대비해야 한다. 선배들의 조언이나 인터넷에 이미 많은 자료가 공개되어 있다.

2. 질문의 의도를 정확하게 파악하고 잠시 생각한 후 답변한다

면접의 출발은 문제가 무엇인지를 정확하게 이해하는 것이다. 면접은 단순해 보이는 질문 속에도 평가 요소가 숨어 있다. 면접관이 질문하는 의도를 파악하고 대답의 방향을 정한 후 답변해야 한다. 많이 아는 것이 문제가 아니라 잘 대답하는 것이 중요하다. 아는 것을 차근차근 조리 있게 설명한다. 주장이나 의견을 묻는 문제라면 근거가 충분해야 설득력이 생긴다. 설명형 문제는 문제의 핵심인 정의나 개념 설명 등을 먼저 단답형으로 짧게 대답한다. 이어서 구체적인 예를 들거나 부연 설명을 통해 내용을 상세화한다. 의견 주장형 문제는 자기의 의견을 먼저 정확하게 밝힌다. 원칙적으로 어떤 주장인가는 평가의 대상이 아니다. 주장은 힘 있는 논거가 바탕이 되어야 한다. 양비론이나 절충형의 대답은 주의해야 한다. 그리고 면접관이 나의 논리를 반박하고 문제점을 지적하더라도 당황하지 말고 차근차근 상대방 논리의 문제점을 공격하거나, 자기주장의 일관성을 유지하려 노력해야 한다.

3. 두괄식으로 결론을 먼저 말하는 것이 좋다

제한된 시간 안에 모든 문항을 답변해야 하므로 면접관의 질문 의도를 파악한 후 결론을 먼저 말하고 그렇게 말한 근거를 논리적으로 설명하는 것이 좋다. 한 가지 질문에 너무 길게 답변하면 다른 질문에 답할 기회를 놓치게 되고 그 문제에 대한 점수를 획득하지 못할 수 있다. 결론을 먼저 말한 다음,

이를 뒷받침하는 주장이나 다른 사례를 근거로 제시하면 논리적 답변으로 좋은 점수를 얻을 수 있다. 면접 연습 때부터 두괄식으로 자신의 주장과 생각을 먼저 말하고 이를 뒷받침할 수 있는 근거를 제시하는 습관을 들이는 것이 좋다.

4. 구체적인 답변으로 신뢰성을 높인다

일반적이고 추상적인 질문이 나왔다면 답변을 구체적으로 해야 한다. 면접은 수험생 자신의 이야기를 하는 것이므로 직접 경험한 사례를 구체적으로 답변하는 것이 좋다. 자기소개, 지원동기, 학업 계획, 진로 계획 등 면접자에게 공통적으로 적용되는 문제일수록 자신의 이야기를 구체적인 활동이나 사례로 설명해야 좋은 점수를 받게 된다. 여러 가지 활동을 나열하는 형태라면 그중에서 가장 중요한 것을 먼저 말하고 사례 간의 유기적인 연결도 고려해야 한다.

5. 시종일관 자신감 있는 태도로 최선을 다한다

면접에서 제일 중요한 것은 자신감 있는 태도이다. 면접에서는 자기가 아는 것을 아는 만큼 대답하는 것이 최선이다. 모르는 질문이 나오면 할 수 없지만 아는 것이라도 최선을 다해 대답할 수 있어야 한다. 하지만 많은 수험생이 면접관 앞에서 위축되어 자기가 아는 것도 제대로 대답하지 못하는 경우가 많다. 자신감 있게 도전하는 자세로 면접에 최선을 다하자. 자신감이 승패의 관건이다.

호감을 주는 외모와 신뢰감을 주는 복장은 따로 있다

사람을 평가하는 것은 쉬운 일이 아니다. '열 길 물속은 알아도 한 길 사람속은 모른다.'는 말이 있다. 면접은 공식적인 자리에서 묻고 답하는 과정을 통해 수험생을 평가하는 것이다. 제한된 시공간에서 깊이 있는 대화가 이루어지기 어려운 만큼 첫인상이 평가에 미치는 영향을 무시할 수는 없다. 외모와 복장은 첫인상을 좌우하기도 하므로 면접 평가에 직간접적으로 반영될 수 있다. 하지만 외모와 복장이 좋은 평가를 받는 요인은 아니다. 오히려 과한 치장으로 인해 나쁜 평가를 받지 않도록 다음과 같은 사항에 주의하도록 한다.

- 화장과 액세서리는 하지 않는 것이 좋다. 귀걸이, 피어싱, 반지 등 확연히 드러나는 액세서리, 머리 염색과 퍼머는 면접 평가자에게 부정적인 선입견을 줄 수 있으니 주의해야 한다.
- 복장은 단정한 사복이 좋다. 블라인드 면접에서 교복이나 신분이 드러나는 표식이 있는 옷을 입어서는 안 된다. 면접을 위해 특별히 옷을 준비하기보다는 평소에 자신과 잘 어울린다고 생각해서, 입으면 마음이 편해지는 무난한 복장이면 된다.
- 색깔이나 디자인이 튀지 않는 복장이 좋다. 예를 들면, 흰색이나 남색 계통의 셔츠나 블라우스에 베이지색 면바지나 청바지를 입어도 무난할 것이다. 온화하고 단정한 느낌이 드는 복장이면 된다.
- 따뜻한 외투를 준비하는 것이 좋다. 추워지는 날씨와 면접이라는 긴장된 상황을 고려하여 보온에 신경을 써야 한다. 면접 대기장까지 가볍고 따뜻한 외투를 입고 있다가 면접실에 들어갈 때 벗어놓고 입장하면 된다.
- 모자, 반바지, 두꺼운 외투, 짧은 치마 등은 면접 복장으로 적절하지 않

다. 신발은 단화를 신거나 흰색 계통의 깨끗한 운동화를 신는 것이 좋다.

면접의 기본자세를 갖추자

면접은 인터뷰(interview)라 하여 면접자 상호 간(inter) 서로 보고(view)대화를 나누는 것을 의미한다. 면접은 면접 평가자와 수험생의 상호작용이지만 기본적으로는 수험생의 답변을 평가하는 것이다. 수험생은 합격을 결정짓는 중요한 시험이기에 평소처럼 자연스럽게 말하지 못할 수 있다. 예상한 문제가 나올 수도 있지만, 면접 상황에서 너무 긴장하여 실력 발휘를 못할 수도 있다. 수험생은 면접에서 답변할 내용을 잘 준비해야 하는 동시에 면접에서 기본이 되는 자세를 몸으로 익숙하게 체화하려는 노력도 해야 한다. 면접에서 기본이 되는 자세를 마음가짐, 언어, 비언어적 요소로 구분하여 정리하면 다음과 같다.

1. 면접의 기본자세는 마음에서 시작된다

수험생이 면접에서 여유를 갖기란 어려운 일이다. 그러나 면접에서 좋은 평가를 받으려면 자신감 있고 당당한 태도를 보여야 한다. 일단 면접 대상자가 됐으니 충분히 합격할 자격이 있고, 최소한 면접장에 들어서기까지 노력한 자신에게 박수를 보내도 좋다. 면접 고사라고 심리적으로 위축될 필요는 없다. 지나치게 걱정하거나 불안해하지 말고 자기의 생각을 아는 대로 최선을 다해서 대답한다는 마음으로 여유를 갖자. 정답이 없는 시험이다. 자신의 이야기를 자연스럽게 하면 되는 것이다. 면접 평가자가 자신에 대해 모든 것을 알고 있지 않다. 예상하지 못한 질문을 받는다면 당황하지 말고, 심호흡

한 뒤 여유를 갖고 다시 질문에 집중하면 된다. 질문 자체가 이해되지 않는다면, 면접관에게 다시 한 번 설명해줄 것을 정중하게 요청하도록 한다. 면접에서 중요한 것은 진정성과 절실함이다. 절실함보다 중요한 것은 없다. '능력 있는 자는 노력하는 자를 이기지 못하고 노력하는 자는 즐기는 자를 이기지 못한다'는 말이 있다. 그런데 즐기는 자를 이기는 것은 절실한 자라고 생각한다. 꼭 합격하고 싶다는 절실함이 진정성으로 드러나면 대답에 힘이 실리고 면접관에게 좋은 인상을 줄 수 있을 것이다.

2. 면접은 언어를 통해 평가하는 것이다

면접에서는 평소보다 좀 더 크게 말한다는 생각으로 답변하는 것이 좋다. 작은 소리는 자신감이 없어 보이고 전달력이 떨어진다. 수험생도 모르게 긴장할 수 있으므로 연습할 때부터 성량을 좀 더 크게 할 필요가 있다. 말할 때 말끝을 흐리거나 어물쩍 넘어가는 것은 좋지 않다. 또한 확신이 들지 않는 '~ 같아요'와 같은 표현이나 '음~, 에~'와 같이 쓸데없는 감탄사를 쓰지 않는 것이 좋다. 시작한 말은 어미를 명확하게 끝맺어야 한다. 말이 길어지면 중언부언하게 되고 본질에서 벗어나는 말을 할 수도 있으니 가능하면 간결하고 명확하게 답변하는 것이 좋다. 한 가지 사안을 길게 말하면 다른 말을 할 수 있는 시간적 여유가 없어지고 시간 안배를 못하여 당황하는 일이 생길 수 있으니 너무 길게 말하지 않도록 주의한다.

3. 비언어적 표현은 면접의 태도 점수를 좌우한다

짧은 면접 시간을 고려하면 비언어적 표현의 영향력은 매우 크다. 수험생의 비언어적 표현은 첫인상과 면접 태도 점수를 좌우한다. 안정적 자세, 시선 처리, 습관적인 몸동작 등을 주의해야 한다. 면접장에 들어서며 면접관 모두를 향해 미소를 지으며 인사한다. 임시 번호를 말하거나 간단한 인사말을 하고 두 손을 공손하게 모아 단전 위에 놓고 고개 숙여 인사한다. 지정된 자리로 천천히 이동하여 자리에 앉는다. 허리를 곧게 세우고 어깨를 펴며 엉덩이를 의자 끝에 붙인다. 발끝을 붙이고 무릎을 모은 후 손을 허벅지 위에 가볍게 올려놓는다. 안정된 자세를 해야 다리를 떨거나 손을 만지작거리는 등 불안한 심리를 드러내는 동작을 사전에 막을 수 있다. 면접관과 시선을 맞추면 자신감이 있어 보인다. 시선을 분산하지 말고 질문하는 면접관의 눈 아래 콧등부터 인중까지 적당한 지점을 응시하면 된다. 면접이 끝났다고 바로 일어서거나 바쁜 동작으로 면접장을 빠져나오려 하지 말고, 입장 때보다 더 시간적 여유를 두고 천천히 퇴장하는 것이 좋다.

모의 면접 이렇게 연습하자

면접에서 합격하기를 원한다면 반드시 모의 연습을 해야 한다. 면접에서 실력을 발휘하려면 충분한 연습이 필요하다. 실전보다 더 좋은 연습이 없기에 실제 면접이 이루어지는 상황을 설정하고 모의 연습을 해야 효과가 크다. 연습을 많이 할수록 실수할 가능성이 작아지고 합격 가능성이 그만큼 커진다. 면접 유형은 학교에서 정하지만, 누구와 면접을 연습하는가는 결국 수험생의 선택에 달려 있다. 혼자 연습하기, 친구나 가족 등 지인과 연습하기, 학교에서 선생님과 연습하기, 사교육 기관에서 강사 선생님과 연습하기 등 연습 형태는 다양하다. 누구와 연습하더라도, 궁극적으로는 다른 사람의 도움을 받아 수험생 개인이 연습하는 것임을 명심해야 한다.